"十二五"职业教育国家规划教材
经全国职业教育教材审定委员会审定
高职高专汽车检测与维修技术专业项目驱动教材

汽车发动机电控系统维修实训

第2版

主　编　吴宗保
副主编　辛　勤
参　编　于晓喜　陈　晴
　　　　史懂深　王世鸿
主　审　林为群

机械工业出版社

本教材是由天津市教委高职高专处组织，机械工业出版社与天津交通职业学院及相关企业共同开发、编辑出版的"高职高专汽车检测与维修技术专业项目驱动教材"之一。本教材编写的宗旨是基于汽车维修生产过程设计项目、基于基本技能的培养设计教材结构，并且在保证使学生学习到汽车电子控制系统的基本结构、原理和训练基本技能的前提下，选择目前职业院校中较为普及的车型进行教学。

本教材内容包括认识发动机电子控制系统总体结构、操作与使用解码器、识别发动机电控系统电路图、检测空气流量计、检测各种传感器、检测点火模块总成、检测喷油器、检测怠速控制阀、检测活性炭罐电磁阀、检测电控燃油喷射系统、设定最终诊断控制与基本怠速、防盗系统的匹配、排除发动机电子控制系统故障的思路与方法、排除发动机电子控制系统综合故障的训练。

本教材可作为高职高专汽车检测与维修专业的教学用书，也可作为相关工程技术人员的参考用书。

本书配有电子课件，**凡使用本书作为教材的教师**可登录机械工业出版社教材服务网 www.cmpedu.com 下载。咨询邮箱：cmpgaozhi@sina.com。咨询电话：010-88379375。

图书在版编目（CIP）数据

汽车发动机电控系统维修实训/吴宗保主编. —2版. —北京：机械工业出版社，2016.2（2023.1重印）
"十二五"职业教育国家规划教材　经全国职业教育教材审定委员会审定　高职高专汽车检测与维修技术专业项目驱动教材
ISBN 978-7-111-53043-5

Ⅰ.①汽… Ⅱ.①吴… Ⅲ.①汽车-发动机-电子系统-控制系统-维修-高等学校-教材　Ⅳ.①U472.43

中国版本图书馆CIP数据核字（2016）第036393号

机械工业出版社（北京市百万庄大街22号　邮政编码100037）
策划编辑：葛晓慧　蓝伙金　责任编辑：葛晓慧　张 茜
版式设计：霍永明　责任校对：樊钟英
封面设计：马精明　责任印制：刘 媛
涿州市般润文化传播有限公司印刷
2023年1月第2版第4次印刷
184mm×260mm·15.75印张·1插页·387千字
标准书号：ISBN 978-7-111-53043-5
定价：45.00元

电话服务　　　　　　　网络服务
客服电话：010-88361066　机　工　官　网：www.cmpbook.com
　　　　　010-88379833　机　工　官　博：weibo.com/cmp1952
　　　　　010-68326294　金　书　网：www.golden-book.com
封底无防伪标均为盗版　机工教育服务网：www.cmpedu.com

序

汽车工业是我国国民经济的支柱产业之一，汽车检测与维修是汽车工业产业链中的重要组成部分。汽车工业发展到现在，汽车后期服务的重要性越来越显示出来，汽车检测与维修技术已成为影响汽车整车发展的重要因素。由于近年来汽车新技术、新结构、新材料和新工艺的不断涌现，特别是智能化电子控制技术在汽车上的大量应用，使得以汽车检测与维修为主要标志的汽车售后服务领域的科技含量越来越高，同时，对汽车维修的从业人员也提出了较高的要求。

几年来天津交通职业学院紧密依托行业和企业，以现代汽车维修企业的岗位能力需求作为人才培养方案的重要目标，对专业课程体系及教学内容做了深层次的改革，并突出了技能训练和顶岗实训的教学环节；为社会和企业培养了大批高素质的技术人才，受到广大用人单位的高度评价。

为适应当前汽车检测与维修技术专业高职高专教育教学改革和教材建设的需要，培养以就业为导向的具备职业化特征的高等技术应用型人才，由天津市教委高职高专处组织，机械工业出版社与天津交通职业学院及相关企业共同开发编辑出版"高职高专汽车检测与维修技术专业项目驱动教材"，很好地解决学校技能实训中与实际现场操作对接的问题，以期推动和加快汽车检测与维修专业教学改革，探索一条培养从事汽车检测与维修的高等技术应用型人才的新路子，适应汽车检测与维修行业的大发展的需要。

先期出版的汽车检测与维修技术专业的四本教材《汽车发动机维修实训》《汽车底盘维修实训》《汽车发动机电控系统维修实训》《汽车空调维修实训》，采用项目驱动式理实一体化编写方式，突出高职教学的实用性和可操作性，打破了传统基础课教材自身知识框架的封闭性，注重知识层次的递进，在具体内容上突出实际的运用知识的能力，实训内容源于企业生产实际，在教学的过程中解决生产问题因而具有实用性和前瞻性，与就业市场结合得更加紧密，在教材的编写上具有一定的创新。

本系列教材内容源于汽车维修企业生产岗位，通俗易懂、可操作性强，不仅能使在校学生了解企业生产实际，缩短顶岗实习的时间，为就业和创业打下坚实的基础，而且能为汽车维修行业的从业人员技术素质的提高提供一套可以借鉴的参考资料，本系列教材还可用作汽车维修行业员工的技术培训教材。

高职高专汽车检测与维修技术专业项目驱动教材编委会

普通高等教育"十二五"规划教材
高职高专汽车检测与维修技术专业项目驱动教材
编 委 会

主任委员：吴宗保　天津交通职业学院

委　　员：孙　诚　天津职业大学
　　　　　吕景泉　天津中德职业技术学院
　　　　　辜忠涛　天津石油职业技术学院
　　　　　张维津　天津机电职业技术学院
　　　　　包红霞　天津开发区职业技术学院
　　　　　李长霞　天津交通职业学院
　　　　　程文友　天津市机动车维修管理处
　　　　　黄俊平　天津交通职业学院
　　　　　王　征　天津市优耐特汽车电控技术服务有限公司
　　　　　杨绍彬　天津开发区捷兴汽车商贸有限公司
　　　　　张卫红　天津交通职业学院

前　言

现代汽车技术经过100多年的发展，已经使汽车成为集机械、电子、材料、化工等多种科技的综合高科技产物。世界上各大汽车制造商仍在不断地将各学科的最新技术成果应用于汽车上。

汽车专业高等职业教育的主要任务是使学生熟练掌握汽车各系统的基本工作原理和各总成的基本结构，掌握基本维修技能，使其在今后的职业生涯中具备不断学习汽车新知识、新技术的能力，并能够运用这些知识和能力创造性地解决生产实际问题，为终身学习和创业发展打下牢固的基础。作为培养汽车维修技术人才的高等职业院校，应把握时代的脉搏，为汽车售后服务行业培养高素质技能型的人才。为此，在教材内容的选择上既要体现现代汽车最新技术的应用，又要注意基本知识的学习和基本技能的养成。

在教材结构设计上，基于汽车电控基本维修技术为项目进行设计。教材以能力训练及基本技能训练为主线，为学生今后的进一步学习打下坚实基础。通过教学使学生掌握汽车电子控制系统的基本结构和工作原理，掌握汽车电子控制系统检测与维修的一般方法和规律性的东西。

教学建议：

1）教学组织形式：每个教学班配备一名主讲教师，三名实训指导教师。以每个项目为一个教学单位，在主讲教师的具体组织下实施教学。实训环节在老师指导下由学生独立完成。各校可根据实际情况将每班学生分为4~8组进行分组教学，每名教师巡回指导1~2组学生进行实训。

2）教学过程：主讲教师应引导学生对各个项目相关的基础知识认真地学习，指导学生在了解和掌握汽车电控技术理论的基础上，加强动手能力，掌握学习方法，养成良好的学习习惯，为今后不断自学打下坚实的基础。

3）教学准备：教师课前应按照项目内容要求认真准备设备、工具及进行场地布置，以确保教学安全、有序地进行。

4）考核：采用形成性教育方式，在学生学习过程中随时进行考核。学生考核合格后即可进入下一项目的学习。

本教材由天津交通职业学院吴宗保任主编，辛勤任副主编，陈晴、史懂深、于晓喜、王世鸿参加编写。其中项目一、二、三、四、五由辛勤编写，项目六、七、八由陈晴编写，项目九、十、十一、十二、十三、十四、二十、二十一、二十二由吴宗保编写，项目十五、十六、十七由史懂深编写，项目十八、十九由于晓喜编写，项目二十三由王世鸿编写。本教材由天津交通职业学院林为群教授主审。

本教材编写过程中参考了多本相关教材、著作和汽车维修资料，并就项目内容的选择和设计征求了部分企业汽车维修技术人员的意见，在此对参考文献的作者和企业相关人员表示衷心的感谢。

由于编者水平有限，书中可能存在疏漏和错误，尤其在基于汽车维修生产过程的项目教学方法和教材结构的设计中还有许多不妥之处，敬请广大读者批评指正。

编　者

目　录

序
前言
项目一　认识发动机电子控制系统总体结构 ………………………………… 1
项目二　操作与使用解码器 …………………………………………………… 10
项目三　识别发动机电控系统电路图 ………………………………………… 31
项目四　检测空气流量计 ……………………………………………………… 42
项目五　检测进气压力传感器 ………………………………………………… 50
项目六　检测进气温度传感器 ………………………………………………… 57
项目七　检测节气门位置传感器 ……………………………………………… 64
项目八　检测凸轮轴位置传感器 ……………………………………………… 74
项目九　检测曲轴位置传感器 ………………………………………………… 82
项目十　检测冷却液温度传感器 ……………………………………………… 89
项目十一　检测爆燃传感器 …………………………………………………… 96
项目十二　检测氧传感器（带加热器） ……………………………………… 103
项目十三　检测车速传感器 …………………………………………………… 111
项目十四　检测点火模块总成 ………………………………………………… 116
项目十五　检测喷油器 ………………………………………………………… 132
项目十六　检测怠速控制阀 …………………………………………………… 138
项目十七　检测活性炭罐电磁阀 ……………………………………………… 157
项目十八　检测电控燃油喷射系统 …………………………………………… 175
项目十九　检测电动燃油泵 …………………………………………………… 188
项目二十　设定最终诊断控制与基本怠速 …………………………………… 197
项目二十一　防盗系统的匹配 ………………………………………………… 205
项目二十二　排除发动机电子控制系统故障的思路与方法 ………………… 215
项目二十三　排除发动机电子控制系统综合故障的训练 …………………… 232
参考文献 ………………………………………………………………………… 244

项目一 认识发动机电子控制系统总体结构

一、教学目的

1）掌握发动机电子控制系统在汽车上的应用。
2）掌握发动机电子控制系统总体组成及其工作原理。
3）掌握发动机电子控制系统的传感器、电子控制单元和执行器的安装位置。

二、教学设备、工具及量具

1）工具：常用工具1套。
2）设备：桑塔纳 AJR 电喷发动机实验台1台，解剖发动机台架1台，桑塔纳时代超人或超越者汽车整车1辆，其他 D 型电控发动机1台。
3）教具：SANTANA（STN）- AJR 发动机教学挂图1套。

三、课时

实训课时安排3课时。

四、相关基础知识

（一）发动机电控技术的发展

汽车电子技术发展始于20世纪60年代，分为四个阶段。

第一阶段，从20世纪60年代中期到70年代中期，主要是为了改善部分性能而对汽车产品进行的技术改造，如在汽车上装用了第一个电子装置——晶体管收音机。

第二阶段，从20世纪70年代末期到90年代中期，为解决安全、污染和节能三大问题，研制出电控燃油喷射系统、电子控制防滑（防抱死）制动装置和集成电路（IC）点火装置。

第三阶段，从20世纪90年代中期以后，电子技术在汽车上的应用已逐步扩展到车用汽油发动机以外的底盘、车身和车用柴油发动机多个领域。

第四阶段，20世纪90年代后期以来，CAN - BUS 技术（控制器局域网络）普遍应用，CAN - BUS 是应用在现场、在微机化测量设备之间实现双向串行多节点的数字通信系统，是一种开放式、数字化、多点通信的底层控制网络。目前，CAN - BUS 总线在汽车上的应用越来越普及，不仅仅局限于高档车，中档车（如上海大众的途安）也越来越多地配备了CAN - BUS 总线。

(二) 发动机电控系统的优点

汽油机电控技术的应用使汽油机的综合性能得到了全面的提高，其主要的优点如下：

1. 改善了各缸混合气的均匀性

在化油器式汽油机中，当混合气经过不同宽度、不同长度及具有一定弯曲弧度的进气歧管时，由于空气和汽油颗粒的密度不同，空气比较容易改变方向，而汽油颗粒受惯性力的作用继续向歧管末端运动，由此造成各缸混合气浓度不均匀。采用电控多点喷射，燃油喷射在各缸进气门附近，使各缸混合气的浓度基本一致。这样不但有利于提高发动机的经济性，也有利于降低一氧化碳（CO）和碳氢化合物（HC）的排放量。

2. 提高发动机的动力性和经济性

由于电控燃油喷射系统的进气管中不存在化油器中的喉管，进气系统的进气阻力和进气压力损失较小，充气效率较高，因此，发动机具有较好的动力性和经济性。另外，电控燃油喷射系统不对进气进行预热，这样提高了进气的密度，对提高发动机动力性有利。

3. 减少排放污染

电控燃油喷射系统采用氧传感器反馈控制时，能够精确地控制空燃比 A/F≈14.7，使三元催化转换器具有最高的转换效率，从而大大减少 CO、HC 和 NO_x 等有害气体的排放量。另外，现代汽油机电控系统还包括废气再循环、二次空气喷射系统、最佳点火提前角等控制功能，从而可使汽油机有害物的排放量进一步减少。

4. 工况过渡圆滑

当发动机运行工况发生变化时，由于电控燃油喷射系统能根据传感器输入信号迅速调整喷油量或喷射正时，提供与该种工况相适应的最佳空燃比，提高了燃油机对加、减速工况的响应速度及工况过渡的平稳性。另外，采用电控燃油喷射方式，汽油的雾化质量好、蒸发速度快，在各种工况下混合气都具有良好的品质，这也有利于提高汽油机非稳定工况的性能。

5. 改善了汽油机对地理及气候环境的适应性

当汽车在不同地理环境或不同气候条件的地区行驶时，对于采用体积流量方式测量进气量的电控燃油喷射系统，电控系统能根据大气压力、环境温度及时对空燃比进行修正，从而使汽车在各种地理环境及气候条件下运行时，无须调整都能保证良好的综合性能。

6. 提高了汽油机高、低温起动性能和暖机性能

发动机在高温或低温条件下起动时，电控燃油喷射系统能根据起动时发动机冷却液的温度，提供与起动条件相适应的喷油量，使汽油机在高温和低温条件下都能顺利起动。低温起动后，电控燃油喷射系统能根据发动机冷却液温度自动调整喷油量和空气供给量，加快汽油机暖机过程，使发动机很快就能进入正常运行状态。

（三）电控系统的组成

配备电子燃油喷射系统的汽车，其发动机控制是由发动机电子控制系统（Engine Electronic Control System，EECS 或 EEC）来完成的，主要功能是控制空燃比、喷油时刻与点火时刻。除此之外，发动机电子控制系统还控制发动机的冷热车起动、怠速转速、最大转速、废气再循环、二次空气喷射、爆燃、电动燃油泵、故障自诊断以及给其他电控系统发送状态信号等。其工作是采集发动机各部位的工况信号，根据采集到的信号计算确定最佳喷油量、最佳喷油时刻和最佳点火时刻，如图 1-1 所示。发动机电子控制系统由传感器、电控单

项目一 认识发动机电子控制系统总体结构

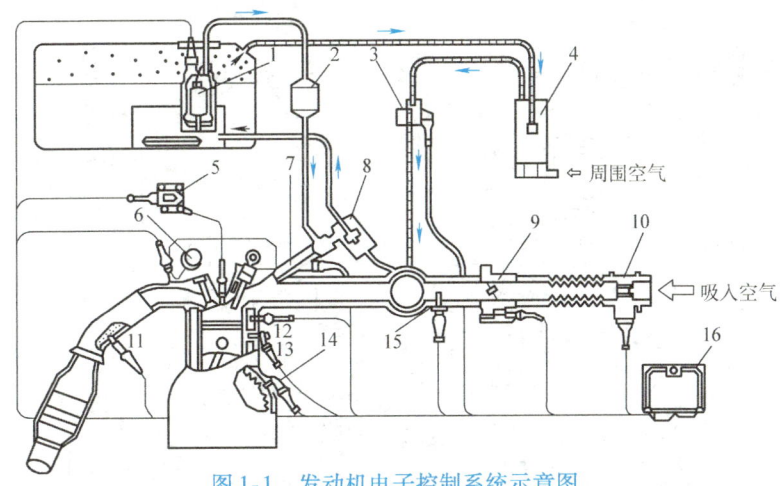

图 1-1 发动机电子控制系统示意图

1—电动燃油泵 2—燃油滤清器 3—活性炭罐电磁阀 4—活性炭罐 5—带输出驱动级的点火线圈 6—凸轮轴位置传感器 7—喷油器 8—燃油压力调节器 9—节气门控制组件 10—空气流量计 11—氧传感器 12—冷却液温度传感器 13—爆燃传感器 14—曲轴位置传感器 15—进气温度传感器 16—发动机电控单元

元和执行器三部分组成。传感器是一种信号检测与转换装置,安装在发动机的各个部位,其功能是:检测发动机运行状态的各种电量参数、物理量和化学量等,并将这些参量转换成计算机能够识别的电量信号输入电控单元。电控单元(Electronic Control Unit,ECU)又称为电子控制器,俗称电脑,是发动机电子控制系统的核心部件,其功能是:根据各种传感器和控制开关输入的信号参数,对喷油量、喷油时刻和点火时刻等进行实时控制。执行器是控制系统的执行机构,其功能是接受电控单元的控制指令,完成具体的控制动作,从而使发动机处于最佳的运行状态,如图1-2所示。图1-3所示为汽油喷射系统和点火系统布置图。

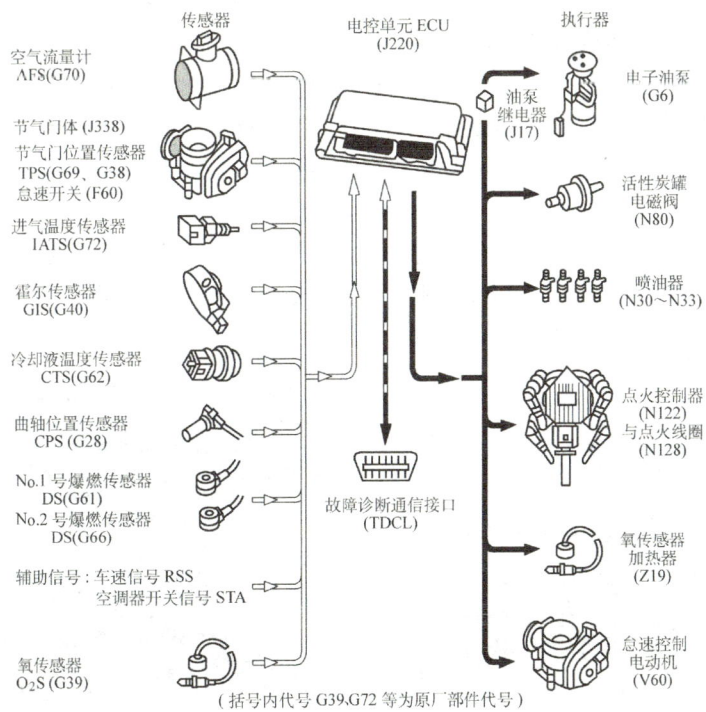

图 1-2 发动机控制系统的主要组成部件

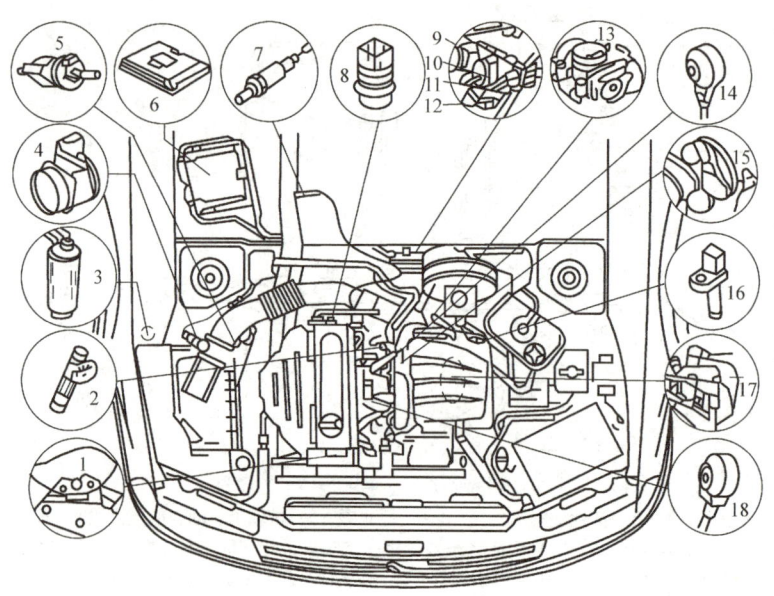

图1-3 汽油喷射系统和点火系统位置布置图

1—霍尔传感器（G40） 2—喷油器（N30～N33） 3—活性炭罐 4—热膜式空气流量计（G70）
5—活性炭罐电磁阀（N80） 6—ECU（J220） 7—氧传感器（G39） 8—冷却液温度传感器（G62）
9—转速传感器插接器（灰色） 10—1号爆燃传感器插接器（白色） 11—氧传感器插接器（黑色）
12—2号爆燃传感器插接器（黑色） 13—节气门控制组件（J338） 14—2号爆燃传感器（G66）
15—转速传感器（G28） 16—进气温度传感器（G72） 17—点火线圈（N152） 18—1号爆燃传感器（G61）

1）空气流量计（MAFS）安装在空气滤清器后进气管上（图1-4），用于测量发动机的进气量，并将进气量转换成电信号输送给ECU，作为燃油喷射和点火控制的主控信号。

2）进气压力传感器（MAPS）安装在进气歧管上，用于测量进气歧管内气体的绝对压力，并将进气压力转换成电信号输送给ECU，作为燃油喷射和点火控制的主控信号（AJR发动机没有进气压力传感器，讲解及认知实物时可选择丰田5A等装配D型电控燃油喷射系统的发动机）。

3）节气门位置传感器（TPS）安装在节气门阀体（图1-5）上，用于检测节气门的开度及开度变化，并将此信号输入ECU，用于燃油喷射控制和其他辅助控制。

图1-4 空气流量计在汽车上的安装位置

图1-5 节气门阀体总成在汽车上的安装位置

4）凸轮轴位置传感器（CMPS）安装在凸轮轴的前端（图1-6，不同车型安装位置不同，有的装在分电器内，如5A发动机），用于给ECU提供曲轴转角基准位置信号（G信号），作为喷油正时和点火正时控制的主控信号。

5）曲轴位置传感器（CKPS）又称为转速传感器，安装于气缸体中下部（图1-7），用于测量曲轴转角位移，给ECU提供发动机转速和曲轴转角信号，作为喷油正时控制和点火控制的主控信号。

图1-6　凸轮轴位置传感器在汽车上的安装位置　　图1-7　曲轴位置传感器在汽车上的安装位置

6）进气温度传感器（IATS）安装在进气管上（图1-8），功用是给ECU提供进气温度信号，作为燃油喷射控制和点火控制的修正信号。

7）发动机冷却液温度传感器（ECTS）安装于水道中（图1-9，在AJR发动机上装于缸盖后部），功用是给ECU提供发动机冷却液温度信号，作为燃油喷射控制和点火控制的修正信号。

图1-8　进气温度传感器在汽车上的安装位置　　图1-9　冷却液温度传感器在汽车上的安装位置

8）氧传感器（O_2S）安装在排气管上，用来检测排气中氧的含量，向ECU输送空燃比反馈信号，进行喷油量的闭环控制。

9）爆燃传感器（KS）安装在缸体上（图1-10），用来检测汽油机是否爆燃及爆燃强度，将此信号输入ECU，作为点火正时控制修正（反馈）信号。

10）电控单元（ECU）根据车型不同安装位置也不同。装备 AJR 发动机的桑塔纳 2000 型轿车的 ECU 安装在驾驶室仪表盘下面，装备 5A 发动机的威驰轿车的 ECU 安装在驾驶室内右前乘客侧的杂物箱下面，丰田皇冠轿车的 ECU 则安装在发动机室内，其他车型的 ECU 安装位置在此不一一叙述。ECU 的功用是按照一定的程序对各种输入的信号进行运算、储存和分析处理，然后输出指令，控制执行元件工作，以达到快速、准确、自动控制发动机工作的目的。

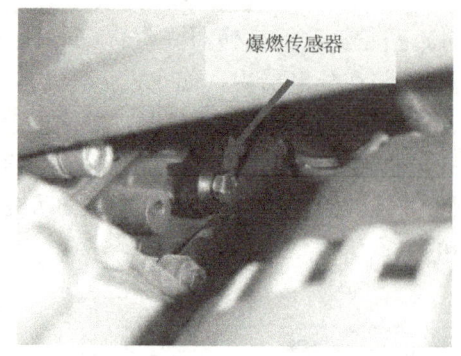

图 1-10　爆燃传感器在汽车上的安装位置

11）电子燃油泵安装在汽油箱内，向发动机提供燃料。

12）活性炭罐电磁阀安装在右内侧翼子板附近（图 1-11），用于将活性炭罐内的活性炭吸附的燃油蒸气送入进气管，有利于减少汽车排放。

13）喷油器安装在进气歧管的末端（图 1-12），用于适时、适量地喷射燃油，由 ECU 控制喷油器打开和关闭的时间。

图 1-11　活性炭罐电磁阀在汽车上的安装位置

图 1-12　喷油器在汽车上的安装位置

14）点火模块安装进气歧管的下面（图 1-13），不同车型其安装位置也不相同，点火模块根据 ECU 的指令，适时产生高压火花，点燃气缸内的可燃混合气。

15）氧传感器加热器与氧传感器在一起共同安装在发动机排气管上，用于给氧传感器加热，以便氧传感器正常工作。

16）怠速控制电动机安装于节气门阀体内，不同车型怠速控制方式不一样，有节气门直动式和旁通气道式，所用执行器有直流电动机式、步进电动机式、旋转滑阀式和占空比电磁阀式，其功能都是一样的，就是在怠速时控制进气量，根据不同怠速工况满足怠速对空气的需要。

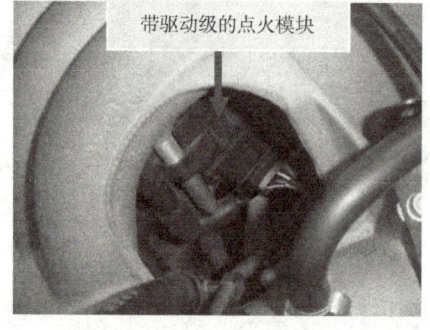

图 1-13　点火模块在汽车上的安装位置

在现代汽车运用与维修专业的职业教育中，电控燃油喷射系统的教学是不可缺少的一个重要环节，尤其是电控燃油喷射系统的故障排除,在实训教学过程中,有着举足轻重的作用,要想培养出高技术、高素质、高水平的有动手能力的学生,就必须要让学生实际动手练。对于学校来说,斥资引进整车进行实操训练有成本太大且故障不好设置的困难,所以必须有适合学校教学使用的电控发动机台架,才能既满足教学的需要,又使教学成本下降。图1-14所示是汽车微机控制故障检测诊断系统(桑塔纳AJR)实验台的控制面板部分。该实验台架以桑塔纳AJR发动机为台架的主要机械部分,整个台架由AJR发动机总成、发动机线束、仪表线束、发动机ECU、散热器、进气装置、排气装置、蓄电池、汽油箱、仪表、显示检测面板、故障设置面板等组成。该台架能设置发动机故障,能演示发动机正常运转情况、出现电路故障时的运行情况,可供学生进行电控系统的元件检测、线路检测、读取发动机ECU故障码、消除故障码、读数据流,进行故障诊断、分析、排除,训练学生实际动手排除发动机故障的能力。台架结构紧凑、操作方便、安全可靠、教学直观,是汽车电控系统教学中不可缺少的设备。

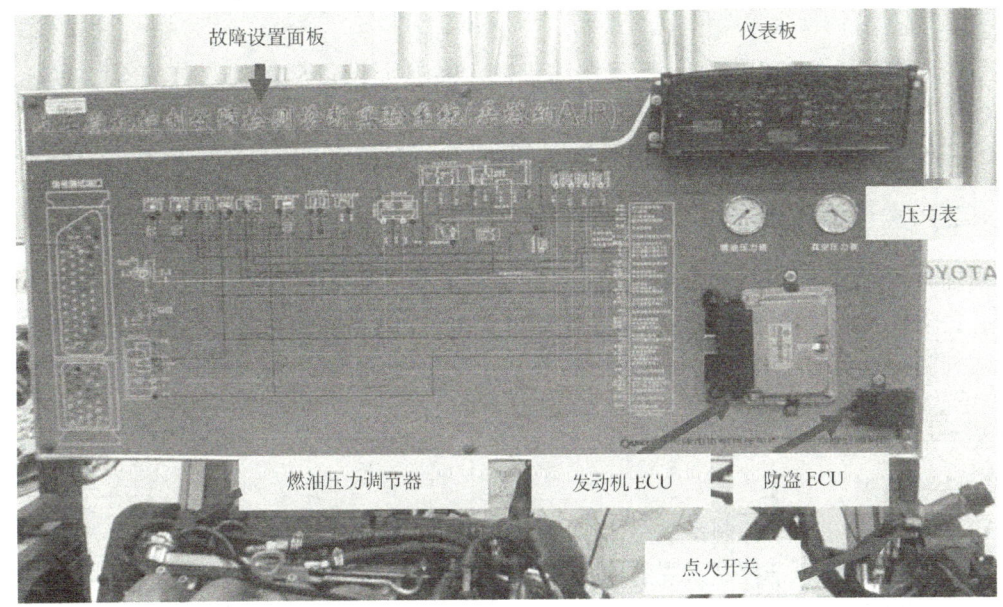

图1-14　AJR发动机实验台架控制面板图

(四) 电控系统的控制方式

电控系统的控制方式分为开环控制和闭环控制两种。开环控制是指ECU根据传感器的信号对执行器进行控制,而控制的结果是否达到预期目标对其控制过程没有影响。开环控制示意图如图1-15所示。闭环控制也称为反馈控制,在开环的基础上,它对控制结果进行检测,并反馈给ECU,进行原先的控制修正。闭环控制示意图如图1-16所示。

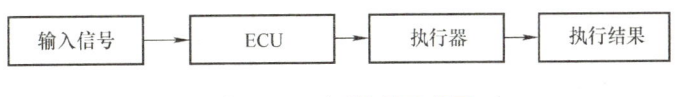

图1-15　开环控制示意图

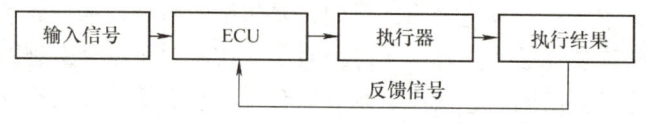

图 1-16　闭环控制示意图

五、实训操作

（一）实训操作注意事项

1）遵守实验室规章制度，未经许可，不得擅自移动和拆卸仪器与设备。
2）注意安全和教具完好性。
3）严禁未经许可擅自扳动教具、设备的电器开关、点火开关和起动开关，以防发生危险。
4）在教师允许和监控下，起动发动机时，需保证设备周围的人员安全，防止意外发生。
5）未关闭点火开关时，严禁拔下各传感器及执行器接口，以免损坏 ECU。

（二）实训操作步骤

由辅导教师起动 STN—2 汽车电控系统示教台或桑塔纳 AJR 发动机实验台或整车，结合实物，让学生现场观察各传感器与执行器的工作情况，熟悉各传感器、电控单元和执行器的位置，外观特点及功用。

六、考核要点与评分标准

1. 考核要求

1）掌握发动机电子控制系统总体组成及其工作原理。
2）掌握发动机电子控制系统的传感器、电控单元及执行器的安装位置。

2. 考核时间

考核时间：15min。

3. 考核评分

结合发动机实验台，由学生回答发动机电子控制系统的组成，传感器、执行器、电控单元的名称以及在实物发动机上的安装部位及功用，考核要点与评分标准见表 1-1。

表 1-1　发动机电子控制系统总体结构认识考核要点与评分标准

序号	考核要点	配分	评分标准	考核记录	得分
1	清楚电控系统基本组成和各组成部分的功用	30	一项叙述不清扣 5 分		
2	正确指出各主要传感器的安装位置	25	指出位置错误一次扣 5 分		

（续）

序号	考核要点	配分	评分标准	考核记录	得分
3	正确指出主要执行器的安装位置	25	一项叙述不清扣5分		
4	整理工具，清理现场 实习态度和纪律	20	保持实习现场秩序和卫生，保证人身及设备的安全，违规一次扣5分		
5	分数合计	100			

七、思考题

1. 电控发动机系统有哪些优点？
2. 发动机电子控制系统由哪几部分组成？
3. 什么是传感器？传感器功能是什么？发动机电子控制系统常用传感器有哪些？
4. 什么是执行器？执行器的功能是什么？发动机电子控制系统常用执行器有哪些？
5. 什么是ECU？ECU的功能是什么？
6. 氧传感器一般安装在什么位置，起什么作用？
7. 简述各种不同车型的电控元件的安装位置。
8. 怠速执行器分几种形式，安装在什么位置，起什么作用？
9. 什么是开环控制？什么是闭环控制？

项目二

操作与使用解码器

一、教学目的

1) 熟练掌握金德 K8、金德 KT300、OB91、MT2500、修车王、电眼睛 X—431、IT—Ⅱ、V. A. G1551、V. A. S5051 等解码器的正确操作方法。
2) 掌握第二代随车诊断系统（OBD—Ⅱ）相关知识。
3) 掌握基本数据流分析的方法。

二、教学设备、工具及量具

1) 解码器：金德 K8、金德 KT300、OB91、MT2500、修车王 SY—380、电眼睛 X—431、IT—Ⅱ、V. A. G1551、V. A. S5051（根据教学设备，酌情准备）。
2) 设备：桑塔纳 AJR 电喷发动机实验台 1 台、桑塔纳时代超人或超越者汽车整车 1 辆、其他 D 型电控发动机 1 台。

三、课时

实训课时安排 4 课时。

四、相关基础知识

现代汽车都具有自诊断功能，通过使用解码器可调出 ECU 内部的故障码和数据流。带有数据流功能的故障诊断仪可分为原厂专用型和通用型两大类。

专用型故障诊断仪是汽车制造公司为自己生产的汽车而专门设计制造的，世界上一些大的汽车制造公司都有自己专用的故障诊断仪，如日本本田车系专用的 PGM、美国克莱斯勒车系专用的 DRB—Ⅱ、美国福特车系专用的 STAR—Ⅱ、德国大众车系专用的 V. A. G1551 和 V. A. G1552、德国宝马车系专用的 MODIC—Ⅲ等。专用故障诊断仪一般只适合在特约维修站配备，以便提供良好的售后服务，充分发挥故障诊断仪的功能。故障自诊断系统具有及时地检测出发动机管理系统出现的故障，并可能用默认值代替不正常的传感器数据，以保证发动机能够保持运转；将故障信息以故障码的形式存储在发动机控制模块的存储器内，同时还可能存储故障出现时的相关数据；通知驾驶人发动机管理系统出现故障（通常使仪表板上的故障灯发亮）；允许维修技术人员读取故障码和数据流，以快速诊断出故障位置等功能。

图 2-1 所示为克莱斯勒车系 DRB—Ⅱ和福特车系 STAR—Ⅱ专用型故障诊断仪。

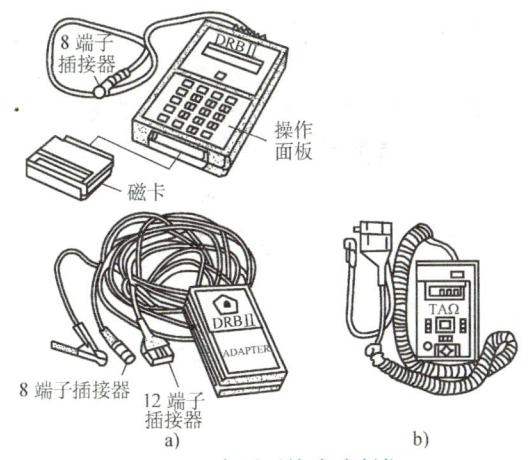

图 2-1 专用型故障诊断仪

a) 克莱斯勒车系 DRB—Ⅱ b) 福特车系 STAR—Ⅱ

通用型故障诊断仪是汽车保修设备制造公司为适应诊断检测多种车型而设计制造的，一般都配有不同车系的测试卡和适合各种车型的检测连接电缆插接器，测试卡存储有几十种甚至上百种不同公司、不同车型汽车的电控系统的检测程序、检测数据和故障码等资料，适合综合性维修企业使用。目前常用的通用型故障诊断仪有美国 Snap—on 公司生产的 MT2500、美国 IAE 公司生产的 OTC4000、深圳生产的 431ME 电眼睛和三元修车王、笛威公司生产的 OB91 等。MT2500 和 OTC4000 通用型故障诊断仪如图 2-2 所示。

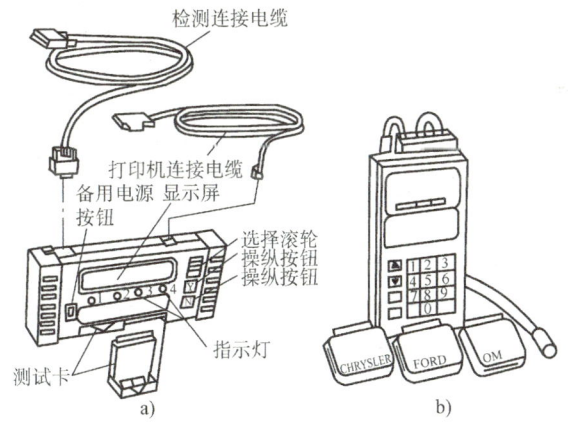

图 2-2 通用型故障诊断仪

a) MT2500 故障诊断仪 b) OTC4000 故障诊断仪

1. OBD—Ⅱ简介

在汽车技术发展的历程中，由于世界各大汽车制造公司的技术特点各不相同，缺乏统一的标准，导致各种汽车自诊断系统的故障诊断形式和位置、读取与清除故障码的方法各异，这给汽车用户和维修人员带来了很大不便。为此，20 世纪 70 年代，汽车电控系统中开始采用了第一代随车诊断系统（OBD—Ⅰ）；1994 年以后，美国、日本和欧洲的主要汽车制造厂家生产的电控汽车逐步开始采用第二代随车诊断系统（OBD—Ⅱ）。

OBD 是 "ON—BOARD DIAGNOSTICS" 的英文缩写，即随车诊断系统。OBD—Ⅱ指第二代随车诊断系统。OBD—Ⅱ由美国汽车工程学会（SAE）提出，经环保机构（EPA）和加州资源协会（CARB）认证通过。OBD—Ⅱ的主要特点如下：

1）汽车按标准装用统一的16端子诊断座，如图2-3所示，并将诊断座统一安装在驾驶室仪表板下方。

2）OBD—Ⅱ具有数据传输功能，并规定了两个传输线标准：欧洲统一标准（ISO—Ⅱ）规定数据传输用"7"号和"15"号端子，美国统一标准（SAE—J1850）规定数据传输用"2"号和"10"号端子。

3）OBD—Ⅱ具有行车记录功能，能记录车辆行驶过程的有关数据资料；能记忆和重新显示故障码的功能，可利用仪器方便、快速地调取或清除故障码。

4）装用OBD—Ⅱ的汽车，采用相同的故障码代号及故障码意义统一。故障码由1个英文字母和4个数字组成，如图2-4所示。故障码说明见表2-1。SAE共规定了100个统一的OBD—Ⅱ故障码，其含义见表2-2。

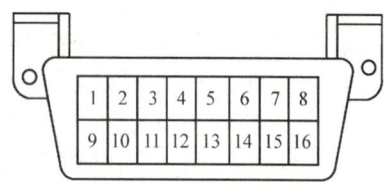

图2-3　OBD—Ⅱ诊断座

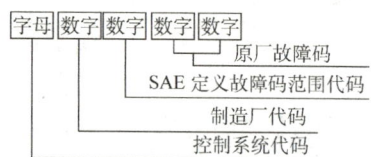

图2-4　OBD—Ⅱ故障码形式

表2-1　OBD—Ⅱ故障码说明

故障码性质	代码	代码含义
控制系统代码 （英文字母）	P	汽车发动机和自动变速器控制系统
	C	汽车底盘控制系统
	B	汽车车身控制系统
制造厂代码 （1位数字）	0	SAE定义的故障码
	其他1、2、3、…、9	汽车制造厂自定义的故障码
SAE定义故障码范围代码 （1位数字）	1	燃油或进气测量系统故障
	2	燃油或进气测量系统故障
	3	点火系统故障或发动机间歇熄火故障
	4	废气控制系统故障
	5	怠速控制系统故障
	6	ECU或执行元件控制系统故障
	7	自动变速器控制系统故障
	8	自动变速器控制系统故障
原厂故障码（2位数字）	—	由原厂规定的具体元件故障码不同，代码有不同的含义

表2-2　OBD—Ⅱ故障码含义

故障码	故障含义
P0100	空气流量计线路故障
P0101	怠速时空气流量计信号不良

（续）

故障码	故障含义
P0102	空气流量计信号电压过低
P0103	空气流量计信号电压过高
P0105	大气压力传感器信号不良
P0107	进气管绝对压力传感器信号电压过高
P0108	进气管绝对压力传感器信号电压过低
P0110	进气温度传感器线路故障
P0111	进气温度传感器信号不良
P0112	进气温度传感器线路短路
P0113	进气温度传感器线路断路
P0115	冷却液温度传感器线路故障
P0116	冷却液温度传感器信号不良
P0117	冷却液温度传感器线路短路
P0118	冷却液温度传感器线路断路
P0120	节气门位置传感器信号不良
P0121	节气门位置传感器调整不当
P0122	节气门位置传感器信号电压过低
P0123	节气门位置传感器信号电压过高
P0125	发动机无法达到闭环工作温度
P0130	主氧传感器信号电压过高或过低
P0131	氧传感器信号电压过低
P0132	氧传感器信号电压过高
P0133	主氧传感器信号电压变化不灵敏
P0135	主氧传感器加热线圈线路不良
P0136	副氧传感器信号电压过高或过低
P0137	副氧传感器信号电压过低
P0138	副氧传感器信号电压过高
P0140	副氧传感器线路断路
P0141	副氧传感器加热线圈线短路
P0150	后氧传感器信号电压过高或过低
P0151	前氧传感器信号电压过低
P0152	前氧传感器信号电压过高
P0153	后氧传感器信号变化率过慢
P0154	前副氧传感器线路断路
P0155	后氧传感器加热线圈线路短路
P0158	后副氧传感器信号电压过高
P0160	后副氧传感器信号线路不良
P0161	后副氧传感器信号线路受干扰
P0171	氧传感器信号电压过低
P0172	氧传感器信号电压过高
P0174	后氧传感器信号电压过低
P0175	后氧传感器信号电压过高
P0201	1缸喷油器线路不良

（续）

故障码	故障含义
P0202	2缸喷油器线路不良
P0203	3缸喷油器线路不良
P0204	4缸喷油器线路不良
P0205	5缸喷油器线路不良
P0206	6缸喷油器线路不良
P0207	7缸喷油器线路不良
P0208	8缸喷油器线路不良
P0300	发动机有间歇性不点火故障
P0301	1缸有间歇性不点火故障
P0302	2缸有间歇性不点火故障
P0303	3缸有间歇性不点火故障
P0304	4缸有间歇性不点火故障
P0305	5缸有间歇性不点火故障
P0306	6缸有间歇性不点火故障
P0307	7缸有间歇性不点火故障
P0308	8缸有间歇性不点火故障
P0320	发动机转速信号不良
P0321	曲轴位置传感器信号不良
P0325	前爆燃传感器信号不良
P0330	后爆燃传感器信号不良
P0335	起动或运转中未收到曲轴传感器信号
P0336	凸轮轴和曲轴位置传感器信号不良
P0340	起动或运转中未收到凸轮轴传感器信号
P0400	EGR阀控制系统不良
P0401	EGR阀控制系统温度信号或线路不良
P0402	EGR阀怠速时漏气
P0403	EGR阀控制系统线路不良
P0420	TWC或后氧传感器不良
P0421	TWC不良
P0422	同P0421
P0430	后TWC不良
P0440	活性炭罐堵塞或控制不良
P0443	活性炭罐电磁阀线路不良
P0444	活性炭罐电磁阀信号电压过低
P0445	活性炭罐电磁阀信号电压过高
P0500	无车速信号

（续）

故障码	故障含义
P0501	实际车速在 29km/h 以上，但无车速信号
P0502	已挂入档位，且发动机转速在 3000r/min 以上，但无车速信号
P0505	急速步进电动机不良
P0510	节气门位置传感器不良
P0605	主 ECU 的 ROM 存储器不良
P0703	制动灯开关信号不良
P0707	档位开关信号电压过低
P0708	档位开关信号电压过高
P0712	变速器油温传感器短路
P0713	变速器油温传感器断路
P0720	变速器输出轴车速传感器信号不良
P0740	变矩器离合器电磁阀不良
P0741	变矩器离合器电磁阀不良或卡在全开位置
P0743	变矩器离合器电磁阀控制线路不良
P0750	换档电磁阀 A 不良
P0751	换档电磁阀 A 卡在全开位置
P0753	换档电磁阀 A 短路或断路
P0755	换档电磁阀 B 不良
P0756	换档电磁阀 B 卡在全开位置
P0758	换档电磁阀 B 短路或断路
P0770	变矩器离合器（ECC）电磁阀不良
P0773	变矩器离合器（ECC）电磁阀短路或断路

2. 解码器的使用

解码器是唯一能与 ECU 直接进行交流信息的故障诊断仪。解码器通过 ECU 的自诊断座在一定协议支持下与 ECU 进行互相通信交流各种信息，从而获取 ECU 工作的重要参数。

解码器主要功能包括方便而可靠地读取故障码、清除故障码、读取数据流、元件动作测试等功能。

解码器（故障诊断仪）的种类繁多，虽然使用方法不同，但操作方法大同小异，参照使用说明书能很快掌握。下面以金德 KT300 为例介绍通用解码器的使用。

KT300 智能诊断仪（图 2-5）是威宁达公司新一代诊断设备，具有结构化、标准化、模块化和可持续开发等先进特点。它包含了大多数原厂通信协议及控制器局域网（CAN）的通信协议，可扩充性强。其主要功能有：汽车故障诊断、数据流波形显示/存储/对比、自带大众/奥迪维修技术手册、RFID 钥匙诊断、汽车英汉词典、有多种升级方式、具有设备自检功能、OBD—Ⅱ测试插头兼容大部分 16pin 诊断座的车型测试。

（1）金德 KT300 诊断仪的连接　首先确认被测车辆蓄电池电压为 11～14V，关闭点火开关，确定诊断座的位置、形状以及是否需要外接电源。如需外接电源按图 2-6 所示连接。根据车型及诊断座的形状选择相应的插头，将测试延长线的一端插入 KT300 的测试口内，另一端连接测试插头。将连接好测试延长线的测试插头插到车辆的诊断座上，连接好仪器接通电源，启动 KT300 进入主菜单。选择汽车诊断模块，如图 2-7 所示，界面说明见表 2-3。

图注号	项目	说明
1	电源指示灯	KT300主机通电开机后电源指示灯就会亮起
2	显示屏	TFT640×480 5.6寸真彩屏,触摸式
3	触摸笔	操作显示屏

图 2-5 金德 KT300 诊断仪

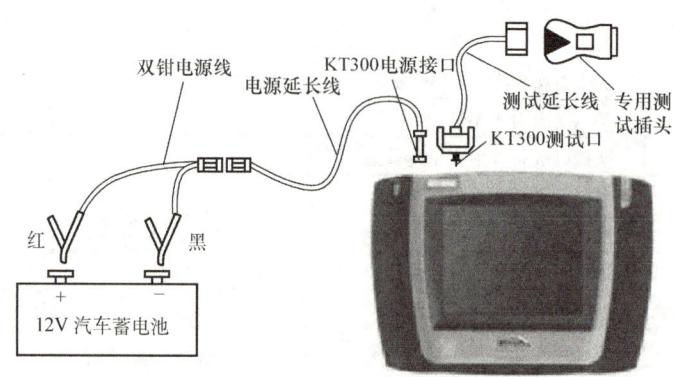

图 2-6 接外接电源

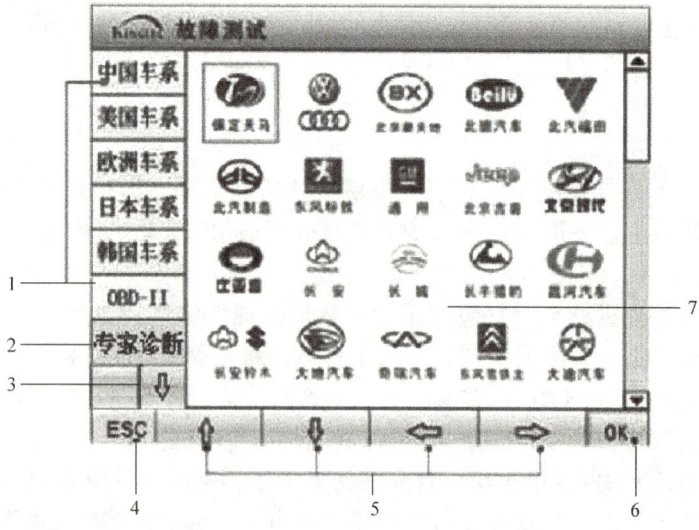

图 2-7 汽车诊断模块

表 2-3　汽车诊断模块界面说明

图注号	项　　目	说　　明
1	车系选择	中国车系/美国车系/欧洲车系/日本车系/韩国车系/OBD—Ⅱ，请根据被测车辆正确选择
2	专家诊断	专家诊断功能中包含"电控系统"，能够正确识别电控系统类型的用户可以通过此测试路径快速进行汽车诊断
3	⇩	滚动按钮，单击此按钮读取下一条菜单信息
4	ESC	触摸按钮，退出，返回上级菜单
5	⇧⇩⇦⇨	触摸按钮，方向选择
6	OK	触摸按钮，确认选择
7	选择车型	请根据被测车型正确选择（车型图标会根据使用的频率自动排列）

（2）故障诊断测试　选择相应的车型图标进行车辆故障测试，如单击中国车系、奥迪大众图标，屏幕显示该车的诊断信息（V02.06 为当前仪器内该车型的诊断车型版本，根据测试版本的不同，该号码在程序升级后会随之改变），如图 2-8 所示。

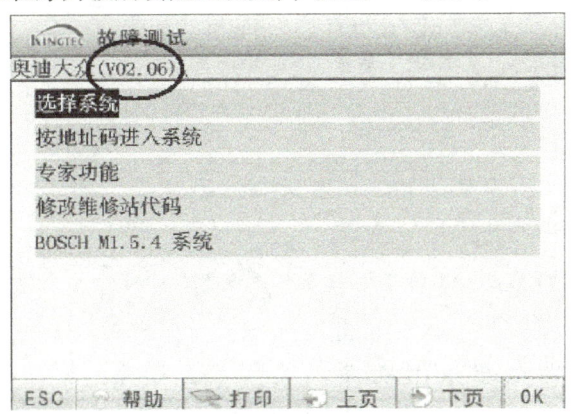

图 2-8　奥迪大众故障测试界面

　　测试功能包括读取故障码、清除故障码、读取数据流、基本设定、控制器编码、元件控制测试、各种调整匹配、自适应清除、系统登录、匹配防盗钥匙等，在图中单击"选择系统"进入可选择车上被测系统，如图 2-9 所示。"按地址码进入系统"可直接输入系统代码进入被测系统；"专家功能"菜单后面显示维修帮助功能菜单，维修帮助功能菜单下包含了"音响解码功能"和"奥迪大众车系维修技术手册"（包含故障码分析、数据流分析、基本设定与调整技巧，控制单元编码技巧，第二、三代防盗系统匹配）；"修改维修站代码"菜单可以修改维修站的代码；"BOSCH M1.5.4 系统"菜单可进入 BOSCH M1.5.4 系统。

　　进入系统选择菜单后，可根据实际情况选择相应的被测系统，如选择"01 – 发动机"，将显示 ECU 版本号，部分车型会有多屏显示，请单击查看。读取完 ECU 版本号后，按任意键，进入系统诊断界面。下面分别对各测试系统功能菜单进行说明。

　　1）在系统功能选择菜单中选择"01 – 读取车辆电脑型号"，屏幕显示如图 2-10 所示。此项功能可以读取被测试系统的 ECU 信息，包括版本号、CODING 号、服务站代码以及相关信息。

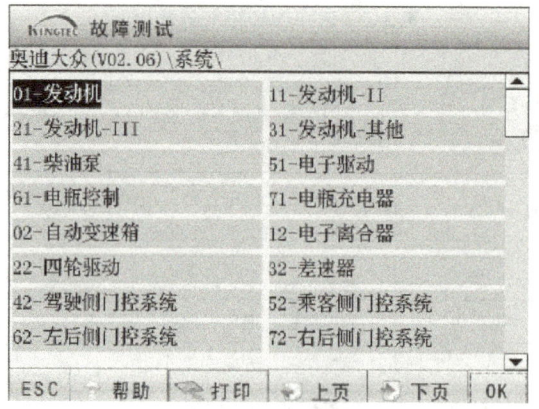

图 2-9　系统选择菜单

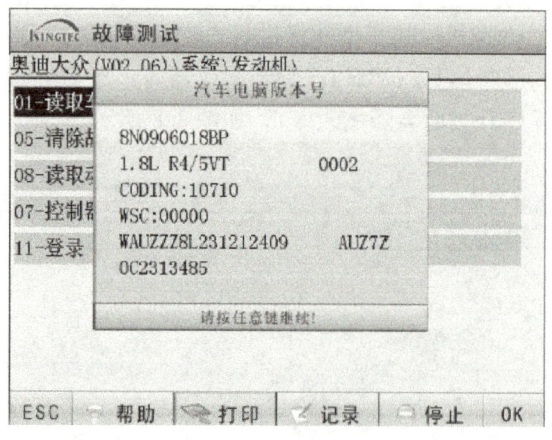

图 2-10　读取 ECU 型号

2）在系统功能选择菜单中选择"02 - 读取故障码",系统开始检测 ECU 随机存储器(ROM)中存储的故障记忆内容。测试完毕,屏幕显示出测试结果,如图 2-11 所示。通过滚动条滚动屏幕查看所有故障码信息,若所测试系统无故障码,则屏幕显示"无故障码"字样,选择 ESC 按键返回上一级菜单。此项功能可以读取被测试系统 ECU 存储器内的故障码,帮助维修人员快速地判断发动机故障的范围。特别说明:在故障显示内容后如标有/SP 字样的故障为偶发性故障。

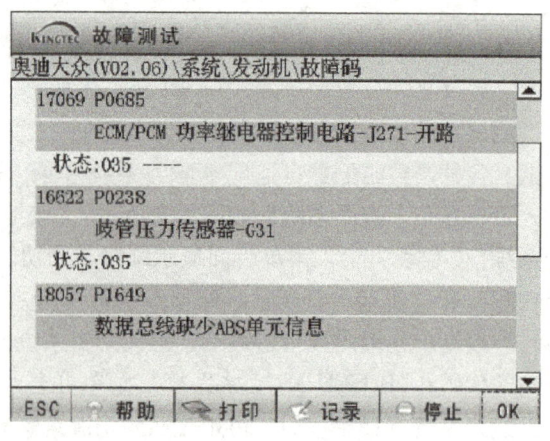

图 2-11　读取故障码

3）在系统功能选择菜单中选择"05 - 清除故障码"进入操作故障码清除界面,如图 2-12 所示。此项功能可以清除被测试系统 ECU 内存储的故障码,一般车型请严格按照常规顺序操作:先读故障码并记录(或打印),然后清除故障码,试车、再次读取故障码进行验证,维修车辆,清除故障码,再次试车确认故障码不再出现。

硬（当前）故障码：代表测试时发现的故障，并且在故障原因排除之前会一直存在。软（间歇性）故障码：代表时有时无的间歇性故障。当它们发生时，PCM 会记录下软故障码。软故障表示过去某时曾发生但在现在测试又不存在的故障。

当前硬性故障码是不能被清除的，如果是氧传感器、爆燃传感器、混合气修正、气缸失火等技术型故障码虽然能立即清除，但在一定周期内还会出现。必须要彻底排除故障之后故障码才不会再出现。

总结故障码的情况如下：有故障码存在，确有故障，故障症状明显，如冷却液温度、节气门位置传感器；有故障码存在，确有故障，故障症状并不明显，如进气温度传感器；有故障码却不一定有故障，如软故障。有故障症状出现时，一定有故障，但不一定有故障码。总之，有故障码不一定有故障，没有故障码不一定没有故障。

分析故障码查找故障原因应注意以下问题，整个控制系统是由许多子系统（各个传感器、执行器、电源及 ECU 中的各部分电路等）电路组成的。故障码所包含的内容不单是指该传感器（或执行器）出现故障，而是表示该子系统的信号出现不正常的现象，不正常的原因则可能出现在组成该子系统的任何一部分——机械、器件、插头、线路或 ECU 上。所以故障码仅为维修人员提供了进一步检测的大方向，而并不能也不是告诉我们究竟什么地方和什么部件出现故障。要确定是什么地方和什么部件发生故障，还需要根据相应的技术资料（包括电路图、器件位置、标准值等），利用可能的检测手段进一步测量。

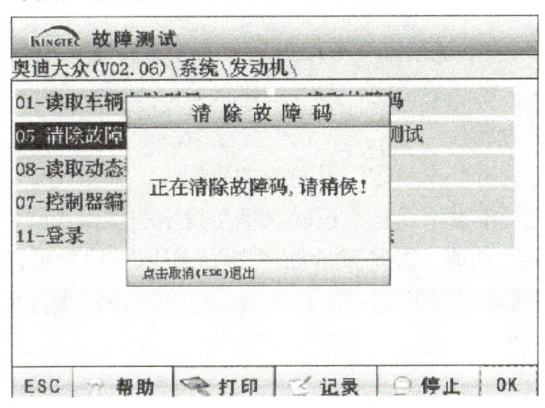

图 2-12　清除故障码界面

4）在系统功能选择菜单选择"03 - 元件控制测试"进入操作界面，如图 2-13 所示。此项功能可以检查执行元件的电路工作状况，进行元件控制测试时可以观察该元件是否正常工作，如果该执行元件不正常工作，则需要检查相关电器元件、插头线束或机械部位是否存在故障。特别注意："03 - 元件控制测试"功能的使用请按照原厂手册操作，以免造成车辆故障。

5）数据流即显示电控系统各元件运行参数，通过读取数据流，并与标准进行比较来

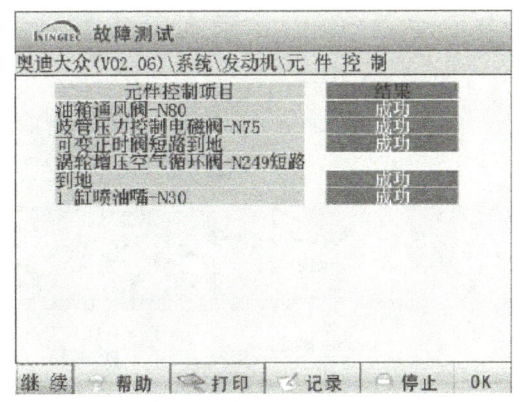

图 2-13　元件控制测试界面

判断该元件是否正常。在系统功能选择菜单选择"08 – 读取动态数据流"菜单进入操作界面，奥迪大众车系的数据流很全，但是需要原厂手册支持；否则，只显示数据而不知道内容。例如：进入奥迪大众车系的测试系统，仪器默认读取 1、2、3 组数据流，如图 2-14 所示。用户可以通过点击屏幕界面上的组号调节框顺序增、减组号大小，选择不同的数据流组；或者直接单击组号框，利用界面弹出的小键盘输入具体的数据流组号。因此通过此项功能，用户可以读取到任意组的动态数据流。

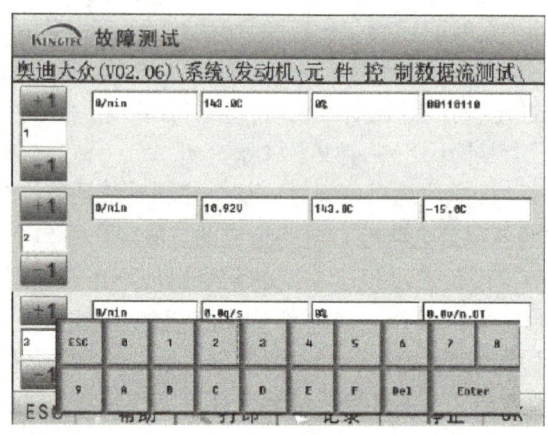

图 2-14　读取动态数据流菜单

6）对奥迪大众车系某些系统维修或者维护后，必须进行基本设定，如节气门自适应过程、点火正时、混合气、怠速稳定阀的设定，ABS 的排气等。不同车型、不同参数的基本设定选择不同的组号，以原厂手册为准。

一般情况下，可以先查看基本设定组号对应的数据流，如果无此组数据流或者数据流和基本设定内容不符合，则此基本设定组号不正确。基本设定的操作步骤如下：在系统功能选择菜单里选择"04 – 基本设定"功能，屏幕显示如图 2-15 所示。用户可以通过界面弹出的小键盘进行组号设定，完成设定后单击 OK 键确认并退出。注意：设定条件为控制单元内无故障码存储；冷却液温度不低于 80℃；关闭所有电器（设定时散热器电风扇必须关闭），空调关闭。

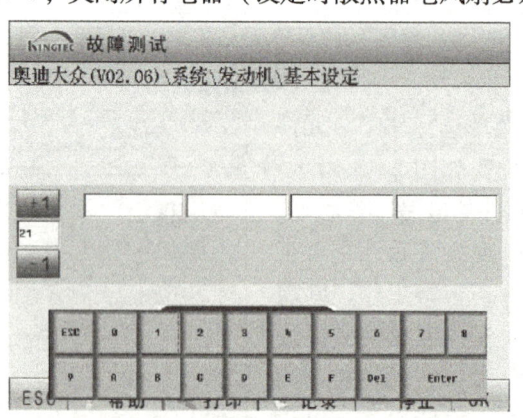

图 2-15　基本设定功能

7）如果车辆的代码没有显示或者 ECU 已经更换后，则必须进行控制单元编码。如果新的控制单元零件号和索引号完全和老的控制单元一样，只需读出老的控制单元的编码，然后编入新的控制单元。一般如果车辆配置不同，控制单元编码就肯定不同，一些车型的控制单元可能只允许编码一次，且错误的编码轻则会导致车辆的性能不良，重则给车辆带来严重故障，所以尽量不能误操作。

在系统功能选择菜单里选择"07-控制器编码"，系统将会弹出编码值录入窗体，确认屏幕显示如图2-16所示。单击录入窗体后，利用界面弹出的软键盘在新CODING栏输入正确的控制单元编码，单击Enter键确认并退出或直接单击ESC退出软键盘后，单击确认按键则控制单元编码完成。返回上一级重新执行"01-读取车辆电脑型号"功能，可以查看刚才录入的编码是否已经显示在CODING后面。

8）一般在对系统执行"10-调整"功能时，需要先登录，然后才能进行调整，比如：匹配防盗钥匙、对仪表系统一些组号进行的调整，还有一些车型的怠速调整等均需要先登录，然后才能执行各项功能。

在系统功能选择菜单里选择"11-登录"功能，单击OK键，屏幕显示如图2-17所示。通过单击小键盘输入登录密码后，单击Enter键确认并退出，或者直接单击小键盘上的ESC键退出小键盘，单击界面提示菜单上的确定按键登录成功。单击ESC键返回上一级菜单。

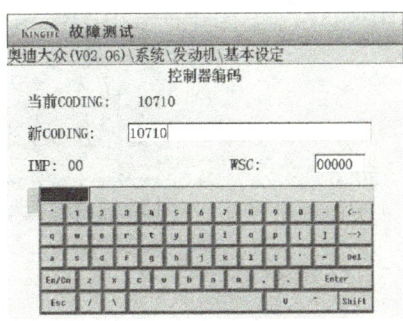

图2-16 控制器编码

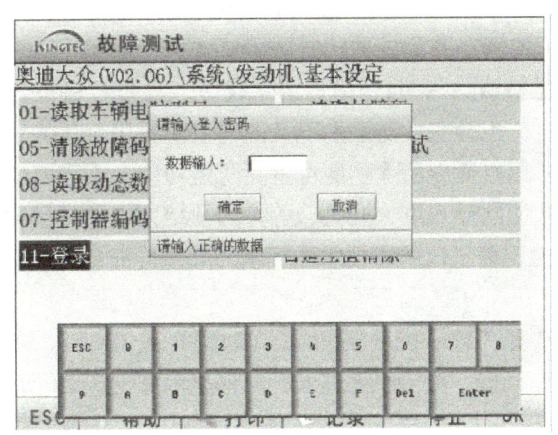

图2-17 登录功能

9）调整功能在各系统中的组号有不同的用途，需要查看该车型的原厂手册，才可对车辆进行操作，但并不是所有车型都具备该功能，关键在于该车型的电控单元是否支持该调整功能。通过该功能，用户可以实现防盗钥匙匹配、怠速稳定阀的设定等功能。

首先在系统功能选择菜单里选择"11-登录"功能，登录成功后，选择"10-调整"功能进入图2-18所示的操作界面。在使用调整功能时，请参照车型的原厂手册。首先输入组号，通过界面弹出的小键盘输入所要调整的组号后，单击读取键，系统将自动读取该组号的原始值，选择调整值窗体通过界面弹出的软键盘，录入想要的数值，单击测试键进入测试阶段，测试完成以后单击保存键，系统将自动保存刚才的调整信息，按ESC键退出调整功能。

注意：在做防盗钥匙匹配时，每把钥匙适配时间不得超过30s，不得将刚匹配的钥匙重新插入点火开关重复匹配,否则防盗钥匙匹配自动终止,需重新执行此功能。没有带芯片的钥匙不能匹配。

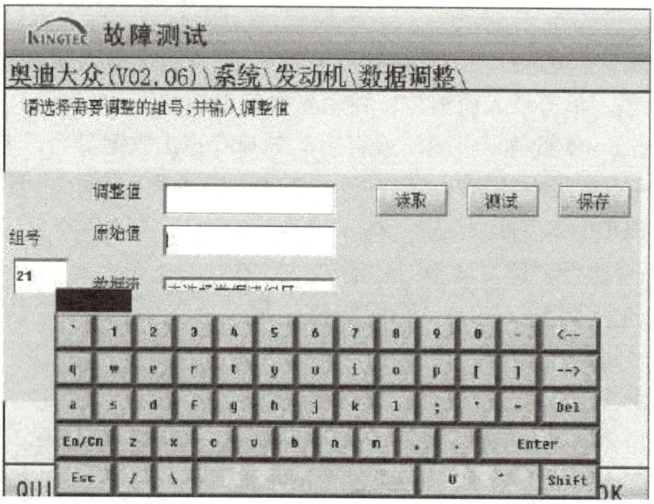

图2-18 调整功能

10) 自适应值清除功能相当于调整功能的00组,是为了恢复控制单元的初始值。

在奥迪大众车系安装第二代防盗ECU的车型更换发动机ECU时,只需进入防盗系统,在系统功能选择菜单中选择自适应值清除功能,无需进行钥匙的匹配。

选择自适应清除按OK键,屏幕显示"是否确认要执行该操作?",按确定键执行,系统信息将会提示"自适应值已被清除",自适应值清除成功,按ESC键或任意点击触摸屏退出。当用非法钥匙起动发动机时,也会触发防盗系统,此时只需要用合法的钥匙插入点火开关,打开点火开关不起动发动机,用自适应清除功能可解除防盗功能,不需要配钥匙。注意:如果发动机闭锁了,则只有将合法钥匙插入点火开关,等待闭锁结束,才可起动发动机。

11) 奥迪大众车系使用第三代防盗技术的车辆,如果同时更换发动机控制单元和仪表,则需要进行设定底盘编码。

在系统选择菜单中选择"17－仪表板组合"(防盗)按OK键,在系统功能选择菜单里选择"15－设定底盘编码"功能,按OK键进入,屏幕显示如图2-19所示。利用界面弹出的软

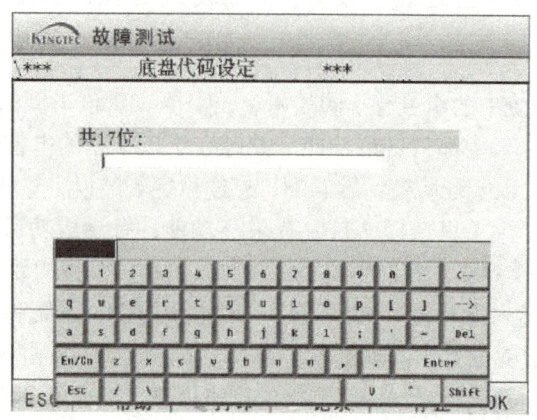

图2-19 底盘编码设定

键盘，输入该车的底盘号，单击［设定］按钮，系统执行参数设定。参数设定完成后，单击触摸屏退出。

注意：只有同时更换发动机控制单元和仪表板系统时才需要执行此项功能，而且只能设定一次。

（3）读取数据流　解码器通过与汽车 ECU 交流通信，可以随时取得 ECU 内部运行的重要参数。ECU 传送来的一系列参数称为数据流。数据流的长度与数目，因生产厂家、年份、型号、发动机、燃油系统、点火方式、排放净化设备和在解码器上选定的数据列的不同而不同。在进入发动机系统后，选择读取动态数据流，即可读取 ECU 的运行数据，并以数据组的形势显示，再根据需要选择不同的数据组号，每个组号有 4 个显示位置，每个显示位置的数据有其自己的含义。

测试条件：
1）冷却液温度不低于 80℃。
2）测试时，冷却风扇不允许转动。
3）关闭空调及其他用电设备。
4）无故障码存在。
5）发动机怠速运转。

显示组号	屏幕显示	显示位置内容
00（或 000）	读取测量值 00 组 1 2 3 4 5 6 7 8 9 10	1）冷却液温度 2）发动机负荷 3）发动机转速 4）蓄电池电压 5）节气门开度 6）怠速空气质量控制值 7）怠速空气质量测量值 8）混合气成分控制值（λ 控制值） 9）混合气成分测量值（λ 测量值） 10）混合气成分测量值（λ 测量值）

各显示值说明：
1）冷却液温度：正常值 170~204（相当于 80~105℃）。
2）发动机负荷：正常值 20~50（相当于 1~2.5ms）。
3）发动机转速：正常值 70~90（相当于 700~900r/min）。
4）蓄电池电压：正常值 146~212（相当于 10~14.5V）。
5）节气门角度：正常值 0~12（相当于 0~5°）。
6）怠速空气质量控制值：正常值 118~138（相当于 -2.5~+5kg/h）。
7）怠速空气质量测量值：正常值 112~144（相当于 -4.0~+4.0kg/h）。
8）混合气成分控制值（λ 控制值）：正常值 78~178（相当于 -10%~+10%）。
9）混合气成分测量值（λ 测量值）：正常值 115~141（相当于 0.64~6.4ms）。
10）混合气成分测量值（λ 测量值）：正常值 118~138（相当于 -8%~8%）。

显示组号	屏幕显示	显示位置内容
01（或001）	读取测量值01组 1 2 3 4	1）发动机转速 2）发动机负荷 3）节气门开度 4）点火提前角

各显示值说明：

1）发动机转速：正常怠速值为800±30r/min。若怠速超出规定，检查怠速。

2）发动机负荷：怠速时正常值为1.00～2.50ms。若小于1.0ms，可能是进气系统有泄漏；燃油系统压力过高。

3）节气门开度：怠速时正常值为0～5°。若大于5°，可能是节气门控制部件J338没有进行系统基本调整；节气门拉线过紧，需调整；节气门控制部件损坏。

4）点火提前角（BTDC）：怠速时正常值为12°±4.5°。若小于12°，则可能是发动机负荷过大。

显示组号	屏幕显示	显示位置内容
02（或002）	读取测量值02组 1 2 3 4	1）发动机转速 2）发动机负荷 3）发动机每循环喷油时间 4）进入的空气质量

各显示值说明：

1）发动机转速：正常怠速值为（800±30）r/min。若怠速超出规定，检查怠速。

2）发动机负荷：怠速时正常值为1.00～2.50ms。若小于1.00ms，可能为进气系统有泄漏；燃油系统压力过高。

3）发动机每循环喷油时间：怠速时正常值为2.0～5.0ms。若小于2.0ms，可能是活性炭罐净化系统排气比例过高；若大于5.0ms，发动机负荷过大。

4）进入的空气质量：怠速时正常值为2.0～4.0g/s。若小于2.0g/s，可能是进气系统有泄漏；若大于4.0g/s，可能发动机负荷过大。

显示组号	屏幕显示	显示位置内容
03（或003）	读取测量值03组 1 2 3 4	1）发动机转速 2）蓄电池电压 3）冷却液温度 4）进气温度

各显示值说明：

1）发动机转速：正常怠速值为（800±30）r/min。若怠速超出规定，检查怠速。

2）蓄电池电压：正常值为10.0～14.5V。若电压值超出规定值，检查ECU的供电压。

3）冷却液温度：正常值为80～105℃。若小于80℃，可能是发动机未达到此温度，或检查冷却液温度传感器。

4）进气温度：若读值在19.5℃不变化，可能是进气温度传感器信号有故障。

04～24组各组显示值说明如下：

显示组号04（或004）：

1）节气门角度：怠速时正常值为 0~5°。若大于 5°，可能是节气门控制部件 J338 没有进行系统基本调整；节气门拉索过紧，需调整节气门控制部件损坏。

2）怠速空气质量测量值（自动变速器 N 位位置）：-1.70 ~ +1.70g/s。若小于 -1.70g/s，为节气门有泄漏；若大于 +1.70g/s，为进气系统有泄漏。

3）怠速空气质量测量值（自动变速器 D 位位置）：0.00g/s（手动变速器无效）。

4）工作状态：在发动机怠速时，应显示怠速；否则，应检查怠速开关。

显示组号 05（或 005）：

1）发动机转速：正常怠速值为（800±30）r/min。若怠速超出规定，检查怠速。

2）怠速转速规定值：正常值为 800r/min，应保持不变。

3）怠速控制：正常值为 -10% ~ +10%。

4）进入的空气质量：怠速时正常值为 2.0 ~ 4.0g/s。若小于 2.0g/s，可能是进气系统有泄漏；大于 4.0g/s，可能是发动机负荷过大。

显示组号 06（或 006）：

1）发动机转速（测量值）：正常怠速值为（800±30）r/min。若怠速超出规定，检查怠速。

2）怠速控制：正常值为 -10% ~ +10%。

3）混合气 λ 控制：正常值为 -10% ~ +10%。若超出规定值，检查 λ 控制。

4）点火提前角（BTDC）：怠速时正常值为 12°±4.5°。若小于 12°，可能是发动机负荷过大。

显示组号 07（或 007）：

1）混合气 λ 控制：正常值为 -10% ~ +10%。若超出规定值，检查 λ 控制。

2）氧传感器电压：正常值为该电压值不断地在 0 ~ 1.0V 变化。若电压为 0.1 ~ 0.3V，排气中残余氧气太多，混合气过稀；若电压为 0.7 ~ 1.0V，排气中残余氧气太少，混合气过浓；若电压保持在 0.45 ~ 0.5V，表示氧传感器未工作。

3）活性炭罐净化电磁阀 N80 占空比：百分比值表示电磁阀的控制状态，0% 表示电磁阀完全关闭，99% 表示电磁阀完全打开。

4）活性炭罐净化时的混合气修正系数：小于 1.00 时，活性炭罐净化系统送出浓混合气，λ 控制减少喷油时间；等于 1.00 时，油箱未排出或送出标准混合气（λ=1）；大于 1.00 时，活性炭罐净化系统送出稀混合气，λ 控制增加喷油时间。

显示组号 08（或 008）：

1）发动机每循环喷油时间：怠速时正常值为 2.0 ~ 5.0ms。若小于 2.0ms，可能活性炭罐净化系统排气比例过高；若大于 5.0ms，发动机负荷过大。

2）怠速的 λ 调节值：正常值 -10% ~ +10%。若控制超出范围，检查 λ 控制。

3）部分负荷时 λ 调节值：正常值 -8% ~ +8%。若控制超出规定值，检查 λ 控制。

4）活性炭罐净化系统：TE active 净化电磁阀 N80 动作；TE not active 净化电磁阀 N80 关闭；λ adaption 净化电磁阀 N80 关闭，λ 调节起作用。

显示组号 09（或 009）：

1）发动机转速（测量值）：正常怠速值为（800±30）r/min。若怠速超出规定，检查怠速。

2）混合气 λ 控制：正常值为 -10% ~ +10%。若超出规定值，检查 λ 控制。

3) 氧传感器电压：正常值为该电压值不断的在 0～1.0V 变化。若电压为 0.1～0.3V，排气中残余氧气太多，混合气过稀；若电压为 0.7～1.0V，排气中残余氧气太少，混合气过浓；电压保持为 0.45～0.5V，表示氧传感器未工作。

4) 急速时 λ 调节值：正常值 -10%～+10%。若超出范围，检查 λ 控制。

显示组号 10（或 010）：

1) 活性炭罐净化电磁阀 N80 占空比：百分比值表示电磁阀的控制状态，0% 表示电磁阀完全关闭，99% 表示电磁阀完全打开。

2) 活性炭罐净化时的混合气修正系数：小于 1.00 时，活性炭罐净化系统送出浓混合气，λ 控制减少喷油时间；等于 1.00 时，油箱未排或送出标准混合气（λ=1）；大于 1.00 时，活性炭罐净化系统送出稀混合气，λ 控制增加喷油时间。

3) 活性炭罐充满程度：-3% 表示活性炭罐没有燃油蒸气；+32% 表示活性炭罐已充满燃油蒸气。

4) ACF 阀供给空气的比例：0.00 表示 ACF 阀关闭；0.30 表示 ACF 阀供应空气比例占 30%。

显示组号 11（或 011）：

1) 发动机转速：正常急速值为（800±30）r/min。

2) 发动机负荷（曲轴每转喷油时间）：正常值为 1.00～2.50ms。

3) 车速：显示车速值。

4) 燃油消耗：正常值（无附加负荷）为 0.5～1.5L/h。

显示组号 12（或 012）：

1) 发动机转速：正常急速值为（800±30）r/min。

2) 蓄电池电压：正常值为 10.0～14.5V。

3) 燃油消耗：正常值（无附加负荷）为 0.5～1.5L/h。

4) 点火提前角：急速时正常值为 12°±4.5°（BTDC）。若小于 12°（BTDC），发动机负荷过大。

显示组号 13（或 013）：

1) 第 1 缸爆燃控制点火延迟角：正常值为 0～15°。

2) 第 2 缸爆燃控制点火延迟角：正常值为 0～15°。

3) 第 3 缸爆燃控制点火延迟角：正常值为 0～15°。

4) 第 4 缸爆燃控制点火延迟角：正常值为 0～15°。

显示组号 14（或 014）：

1) 发动机转速：正常急速值为（800±30）r/min。

2) 发动机负荷：正常值为 1.00～2.50ms。

3) 第 1 缸爆燃控制点火延迟角：正常值为 0～15°。

4) 第 2 缸爆燃控制点火延迟角：正常值为 0～15°。

显示组号 15（或 015）：

1) 发动机转速：正常急速值为（800±30）r/min。

2) 发动机负荷：正常值为 1.00～2.50ms。

3) 第 3 缸爆燃控制点火延迟角：正常值为 0～15°。

4）第 4 缸爆燃控制点火延迟角：正常值为 0~15°。

显示组号 16（或 016）：

1）第 1 缸爆燃传感器信号电压：正常值为 0.3~1.4V。

2）第 2 缸爆燃传感器信号电压：正常值为 0.3~1.4V。

3）第 3 缸爆燃传感器信号电压：正常值为 0.3~1.4V。

4）第 4 缸爆燃传感器信号电压：正常值为 0.3~1.4V。

注：各缸爆燃信号电压之差不应大于 50%，在猛踩加速踏板时，爆燃传感器信号电压最高可达 5.1V。

显示组号 17（或 017）：

1）发动机转速。

2）发动机负荷（曲轴每转喷油时间）。

3）催化加热能量平衡。

4）点火提前角。

各显示区说明：本组数据主要反映催化器加热的状态，因本车型未装催化器，故省略。

显示组号 18（或 018）：

1）发动机转速：正常怠速值为（800±30）r/min。若怠速超出规定，检查怠速。

2）发动机负荷（未修正）：怠速时正常值为 1.00~2.50ms。若小于 1.00ms，可能是进气系统有泄漏；燃油系统压力过高；若大于 2.50ms，可能是发动机负荷过大。

3）发动机负荷（已修正）：没有规定值。

4）按空气密度修正的海拔高度修正系数。在海平面为 0%；在海拔 2000m 为 -20%。

显示组号 19（或 019）：

1）发动机转速。

2）发动机负荷（曲轴每转喷油时间）。

3）变速器档位信号。

4）点火提前角。

各显示区说明：该组数据反映自动变速器档位信号，因该车现未装自动变速器，故省略。

显示组号 20（或 020）：

1）发动机转速：正常怠速值为（800±30）r/min。若怠速超出规定，检查怠速。

2）自动变速器变速杆位置：若是手动变速器，该数据流为 0。

3）空调开关：A/C-LOW（空调关闭）或 A/C-HIGH（空调打开）。

4）空调压缩机：压缩机关闭或压缩机打开。

显示组号 21（或 021）：

1）发动机转速：正常怠速值为（800±30）r/min。若怠速超出规定，检查怠速。

2）发动机负荷：正常值为 1.00~2.50ms。

3）冷却液温度：正常值为 80~105℃。若小于 80℃，可能发动机未达到此温度，或检查温度传感器。

4）λ 控制：闭环或开环。

显示组号 23（或 023）：

第 1 位：无意义。

第 2 位：表示节气门电位计 G69 与节气门定位电位计 G88 的匹配。"0"表示未完成匹配；"1"表示已完成匹配。

第 3 位：无意义。

第 4 位：表示节气门电位计 G69 最大停止位置调节过程。"0"表示调节过程已完成，调节正常；"1"表示调节过程未完成，调节不正常。

第 5 位：表示节气门电位计 G69 最小停止位置调节过程。"0"表示调节过程已完成，调节正常；"1"表示调节过程未完成，调节不正常。

第 6 位：表示节气门定位电位计 G88 最大停止位置调节过程。"0"表示调节过程已完成，调节正常；"1"表示调节过程未完成，调节不正常。

第 7 位：表示节气门定位电位计 G88 最小停止位置调节过程。"0"表示调节过程已完成，调节正常；"1"表示调节过程未完成，调节不正常。

第 8 位：无意义。节气门定位器最小停止位置：正常值为 72%～95%；节气门定位器紧急运行状态停止位置：正常值为 67%～83%；节气门定位器最大停止位置：正常值为 18%～54%。

显示组号 24（或 024）：

1）发动机转速：正常怠速值为（800±30）r/min。若怠速超出规定，检查怠速。

2）发动机负荷：正常值为 1.00～2.50ms。

3）点火提前角：正常值为 -10°～+45°。

4）第 1～第 4 缸总点火延迟角平均值：最小值为 0。

同时，解码器还具有元件动作测试功能。解码器通过汽车 ECU 直接发出指令使汽车的执行器（线圈元件，如各种电磁阀、喷油器等）开始动作，通过判断元件响应动作情况，可以判断元件是否工作正常。响应动作：声音、运行快慢等。如果没有相应的响应动作，说明该元件或回路有问题。

解码器使用方便，数据可靠准确，可以直接与汽车 ECU 互相交流信息。利用解码器可以得到一些强大的诊断功能：行车数据记录、配钥匙、基本设定。但是解码器需要定期升级，维护费用高；在检查机械部分故障时，解码器就很难发挥作用；当汽车无法与解码器交流信息时，解码器就没用了；解码器可能会显示错误的信息，如车型；数据信息并不总是很可靠，如当 ECU 收不到传感器传来的信号时，解码器显示的是备用信号；利用解码器进行检查时，很容易出现对 DTC 故障码的不理解或误解；在检查非 PCM 控制部分的故障时，解码器并不是很有用。当汽车无法提供数据或数据无法取出时，解码器就无法发挥作用。

五、实训操作

（一）实训操作注意事项

1）遵守实验室规章制度，未经许可，不得擅自移动和拆卸仪器与设备。

2）注意安全和教具完好性。

3）严禁未经许可擅自扳动教具、设备的电器开关、点火开关和起动开关，以防发生危险。

4）在教师允许和监控下，起动发动机时，需保证设备周围的人员安全，防止意外发生。

5）未关闭点火开关时，严禁拔下各传感器及执行器接口，以免损坏ECU。

6）使用解码器调取故障码和数据流时，未连接解码器之前，不得打开点火开关，未关闭点开关之前，不得拔下解码器与ECU的连接接口，防止损坏解码器和发动机ECU。

（二）实训操作步骤

本单元旨在让学生了解自诊断系统和熟悉解码器的使用，为以后各单元的实践打基础，关于故障码、怠速设定、防盗匹配等以后单元还有进一步练习。

先由教师操作解码器，分步示范讲解给学生操作方法，再由学生自己动手操作解码器，直至熟练掌握解码器的使用方法。

六、考核要点与评分标准

1. 考核要求

1）掌握解码器的使用方法及注意事项。
2）掌握数据流、解码器的含义。
3）掌握数据流、故障码的读取方法并能够进行分析。

2. 考核时间

考核时间：15min。

3. 考核评分

结合发动机实验台，正确连接解码器并读取故障码数据流，分析数据流信息，考核要点与评分标准见表2-4。

表2-4 解码器的操作与使用考核要点与评分标准

序号	考核要点	配分	评分标准	考核记录	得分
1	仪器的连接	10	连接方法不正确一次扣5分		
2	解码器读取故障码	20	不能正确读出故障码一次扣10分		
3	解码器读取数据流	30	不能正确读出数据流一次扣10分		
4	解码器消除故障码	20	不能正确消除故障码一次扣10分		
5	整理工具，清理现场	20	保持实习现场秩序和卫生，保证人身及设备的安全，违规一次扣5分		
	实习态度和纪律				
6	分数合计	100			

七、思考题

  1. 如何正确连接发动机 ECU 解码器？找出不同车型的诊断座位置并连接到解码器。

  2. 如何正确读出故障码？读出不同车型的故障码，并使用解码器清除故障码。

  3. 数据流反映的是什么？对维修车辆有什么帮助？读取不同车型的数据流，并分析冷车状态与热车状态下的数据流有哪些参数不同。

  4. ECU 储存的故障码被人工清除后，是不是发动机没有故障，为什么？

  5. 如果储存的故障码标有"SP"，表示什么含义？这样的故障码所对应的故障是不是可以不检查？

  6. 故障码的清除方法有哪些？详述各种清除故障码的步骤。

  7. 使用解码器的注意事项有哪些？

项目三
识别发动机电控系统电路图

一、教学目的

1）了解全车电路图识读的基本知识。
2）熟悉读全车电路图的规则。
3）掌握正确分析全车电路图的方法。
4）掌握电控台架和整车上用万用表检测电路的方法。

二、教学设备、工具及量具

1）工具：常用工具1套。
2）设备：桑塔纳AJR电喷发动机实验台1台，桑塔纳时代超人或超越者汽车整车1辆，其他D型电控发动机1台。
3）教具：STN-AJR电路图1套。

三、课时

实训课时安排4课时。

四、相关基础知识

1. 汽车电路的特点

随着电子技术的发展，汽车发动机集中控制系统的控制功能越来越多，电路也越来越复杂。在维修资料中，各车型都配有电路图，读不懂电路图，会导致在汽车电控修理过程中走许多的弯路，能正确识读汽车电路图，不仅可进一步了解各电控系统元件的工作原理和它们之间的相互连接关系，而且对汽车故障诊断和检修也十分重要。在对汽车进行故障诊断或检修时，利用汽车电路图可按汽车上的线路迅速查找电控系统元件的安装位置，以便对故障相关线路进行检查，并可避免检修过程中将线路错误连接。

汽车电路图分为线路图、线路简图和电路原理图三种。

线路图是按各电器元件在汽车上的位置来绘制的电路图，图中元件的位置、外形和线路的走向都与实际情况一致，便于了解电气系统的构成、熟悉整车线路，对于电控系统元件及其线路的故障诊断和检修也很方便。

线路简图是线路图的一种简化画法，它不注重电器元件的安装位置，独立系统划分比较明确，图中既有表示电器元件的符号，又有外形特征，线条简单。

电路原理图是将各电器元件用符号表示，并做原理性的连接，重在表达各电路系统内部的电路原理，使每个单元电路子系统及每个电器元件间的联系一目了然，对于了解其工作原理、分析故障都很方便。

线路图中由于需将电器元件的位置、外形和线路的走向都表达清楚，所以比较复杂，尤其"线条"密集，在各种维修资料和教材中一般不多见。在各种维修资料中给出的汽车电路图一般都是线路简图或电路原理图。

汽车电气线路虽然因车而异，但它们有如下的共同特点：

（1）双电源、低直流电压　汽车上均有蓄电池和发电机两个电源；蓄电池主要用于向起动机供电，发电机主要用于在发动机正常工作时向蓄电池充电和向用电设备供电；汽车电源电压一般为12V，也有部分车型采用24V电源。

（2）单线制　众所周知，直流电源向用电设备供电必须要有两根导线形成回路，才能使电流通过用电设备，用电设备才能工作。

在汽车上，电源和所有用电设备的一端（一般是负极）与汽车的金属部分相连，俗称"搭铁"，而形成一"根"公共搭铁线，用电设备与电源之间只需要一根连接导线，这种连接方式已形成汽车电路设计安装的制度，称为"单线制"。单线制接线方法具有节约导线、简化线路、便于安装、易于维护和检修等优点。

在发动机控制系统中，灵敏度或精度要求很高的传感器或执行元件与ECU之间一般仍采用双线连接，以保证其工作可靠。

（3）并联连接　汽车上的两个电源之间，所有用电设备和控制系统均为并联连接。这样，能发挥两个电源的优越性，可方便地启用或停止任何一个用电设备工作，能限制电路的故障范围，便于设备的独立拆装、维护、故障排除。

但也有少数电器设备必须采用串联连接，如电流表就必须串联在电路中，转向灯闪光器也必须与转向灯电路串联。

（4）负极搭铁　汽车电路一般都是负极搭铁。我国规定汽车线路全部负极搭铁。

（5）布局基本相同　无论哪个公司、哪种品牌的汽车，为保证电控系统元件检测或控制的灵敏度和精度，多数元件的安装位置都有固定的范围，如冷却液温度传感器的安装位置必须靠近水套，凸轮轴/曲轴位置传感器的安装位置必须与曲轴有固定传动关系，节气门位置传感器和怠速控制阀必须安装在节气门体附近等；由于各电控元件安装位置基本相同，这样就形成了汽车电路的走向和布局的共性。

2. 汽车电路中的线路颜色标记及符号

为方便识别和检修复杂的汽车电器线路，各汽车制造公司普遍采用不同颜色、不同编号的导线区分不同的电器回路。

汽车电路的颜色在同一电系中，双色线的主色应与其单色线的颜色相同；分支电路必须按规定选配相应的辅色；辅色在导线的主色上形成两条轴对称直线。国产汽车电路的主色与颜色标记见表3-1。电路的辅色选配规定见表3-2，其中"▲"表示允许配成双色线。

表3-1 国产汽车电路的主色与颜色标记

电路种类	主色	颜色标记
电源线路	红	R
点火与起动线路	白	W
前照灯、雾灯等外部照明线路	蓝	U
转向灯及灯光信号线路	绿	G
防空灯及车内照明线路	黄	Y
仪表、报警信号及电喇叭线路	棕	N
收音机、电钟、点烟器等辅助电器线路	紫	P
多种辅助电动机及电器等辅助电器线路	灰	S
搭铁线路	黑	B

表3-2 国产汽车电路的辅色选配

主色＼辅色	红	黄	白	黑	棕	绿	蓝
红		▲	▲	▲		▲	▲
黄	▲			▲	▲		
蓝		▲		▲			
白				▲	▲	▲	▲
绿		▲			▲		▲
棕	▲		▲			▲	▲
紫		▲	▲	▲		▲	
灰	▲	▲	▲	▲		▲	▲

世界各大汽车公司对汽车电器线路颜色的规定有较大差别，但每个系统中的线路主色相同，且电路中的线路颜色标记一般为英文缩写，在使用与维修中只要加以注意，很容易区别。图3-1、图3-2所示为日本丰田2JZ-GE型发动机控制系统电路。

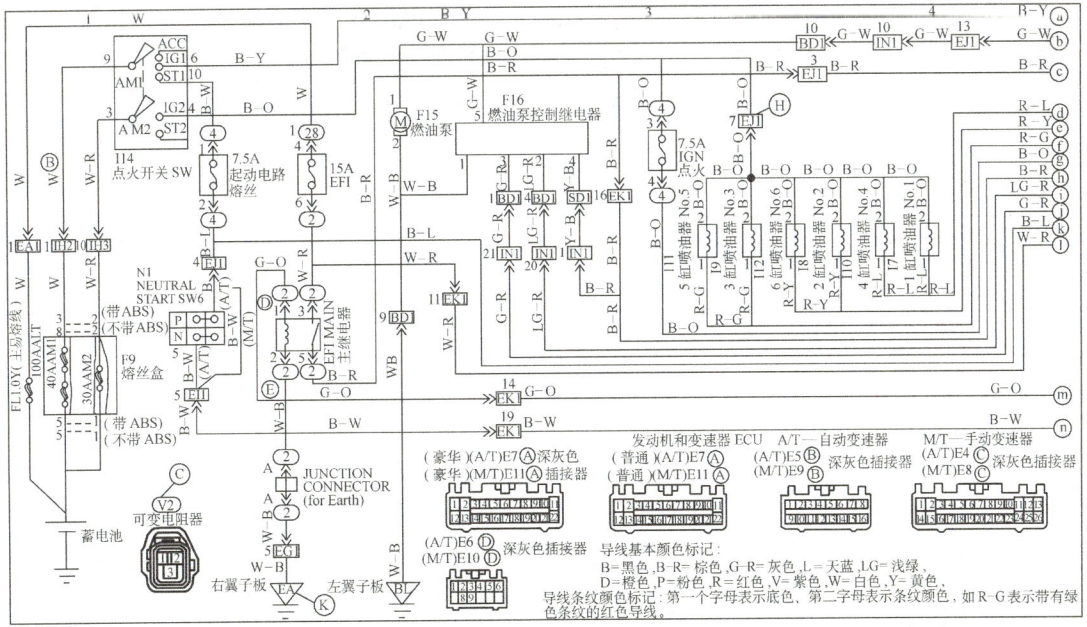

图3-1 日本丰田2JZ-GE型发动机控制系统电路（1）

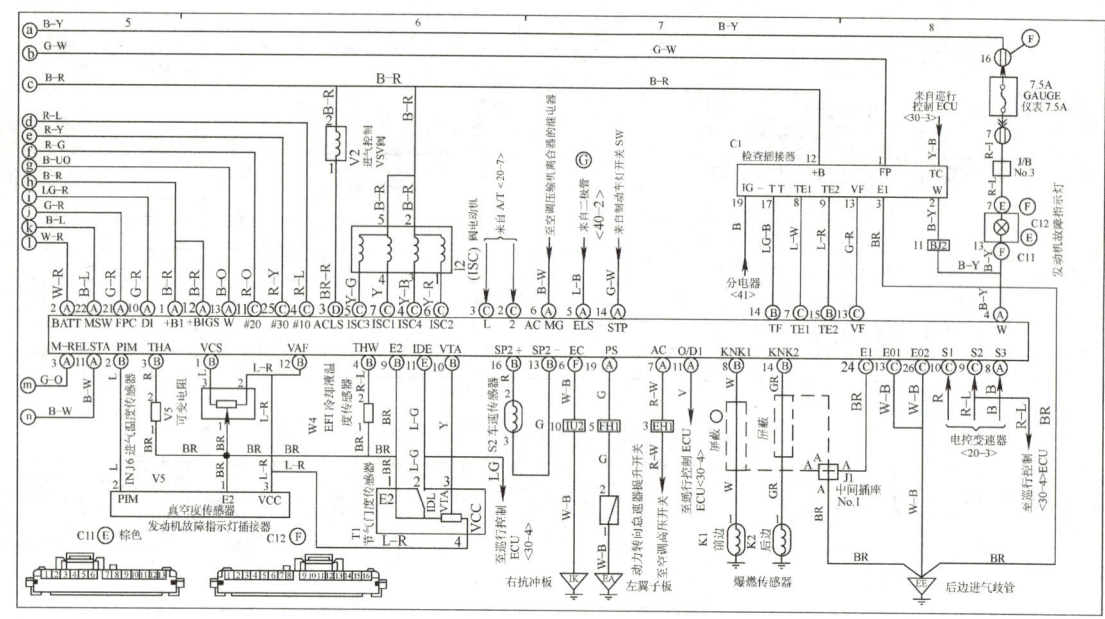

图3-2　日本丰田2JZ-GE型发动机控制系统电路（2）

丰田车系电路图中的线路标记如图3-3所示，线路颜色标记见表3-3。电路中的"G-W"、"B-Y"等表示线路为双色线，如"G-W"表示主色为黑色、辅色为白色的双色线。丰田车系电路图中常用的符号见表3-4。

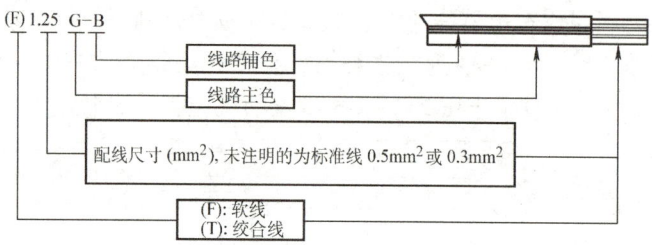

图3-3　丰田车系线路标记

表3-3　丰田车系线路颜色标记

标记	颜色	标记	颜色
B	黑色	V	紫色
BR	棕色	W	白色
G	绿色	Y	黄色
GR	灰色	LG	浅绿色
L	蓝色	CLR	无色
O	橙色	PPL	紫色
P	粉色	TRN	黄褐色
R	红色	—	—

表 3-4　丰田车系电路图中常用的符号

符号	符号作用	说　　明
Ⓐ	图注	1）元件名称 2）ECU 高电压（12V）输入、输出端子
Ⓑ	图注	1）配线颜色 2）ECU 输入信号（变化的低电压信号）端子
Ⓒ	图注	1）元件侧的线束插接器 2）ECU 输出信号（搭铁）端子
Ⓓ	图注	1）线束插接器的端子号 2）ECU 输出信号（占空比信号）端子
Ⓔ	图注	1）继电器盒 2）ECU 输入信号（低电压"通—断"）端子
Ⓕ	图注	1）接线盒 2）ECU 搭铁端子
Ⓖ	图注	相关联系统
Ⓗ	图注	线路与线路之间的插接器
Ⓙ	图注	屏蔽的线路
Ⓚ	图注	搭铁点
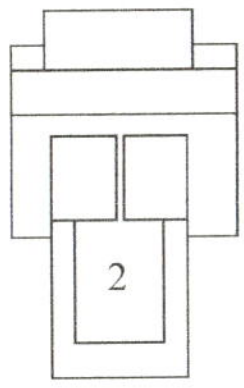 （插接器图形，数字2）	标记	电控元件上的线束插接器形状，数字表示端子号，面对线束插接器，元件侧端子编号顺序"由左上到右下"递增，线束侧端子编号顺序则由"左上到右下"递增
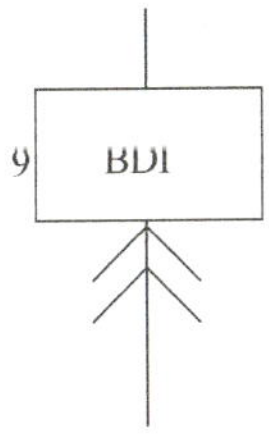 9 BD1（框图形）	标记	线路与线路之间的连接，"框"外数字为插接器编号，"框"内为插接器位置代号
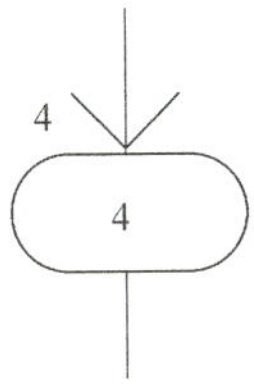 4（圈内数字4）	标记	接线盒或继电器盒内线路与其他元件之间的插接器，"圈"外数字为插接器编号，"圈"内数字为接线盒或继电器盒编号

3. 读识电路图的一般要点

1）纵观"全车"，眼盯"局部"——由"集中"到"分散"。

全车电路一般都是由各个局部电路构成的，它表达了各个局部电路之间的连接和控制关系。要把局部电路从全车总图中分割出来，就必须掌握各个单元电路的基本情况和接线规律。

汽车电路的基本特点是：单线制、负极搭铁、各用电设备互相并联。各单元（局部）电路，例如电源系统、起动系统、点火系统、照明系统、信号系统、仪表系统等都有其自身的一些特点，看电路要以其自身的特点为指导，去分解并研究全车电路，这样做会少一些盲目性，能较快速、准确地识读汽车电路图。

开始，必须认真地读几遍图注，对照线路图查看电器在车上的大概位置及数量，电器的用途，有没有新颖独特的电器，如有，应加倍注意。

2）抓住"开关"的作用——所控制的"对象"。开关是控制电路通断的关键，特别注意继电器不但是控制开关也是被控制对象。

3）寻找电流的"回路"——控制对象的"通路"。

回路是最简单的电气学概念。无论什么电器，要想正常工作（将电能转换为其他形式的能），必须与电源（发电机或蓄电池）的正、负两极构成通路。即：从电源的正极出发→通过用电器→回到同一电源的负极。这个简单而重要的原则无论在读什么电路图时都是必须用到的，在读汽车电路时却往往被忽略，理不出头绪来。

桑塔纳2000系列轿车整车电气系统采用中央电路板方式，即大部分继电器和熔丝都安装在中央电路板正面（图3-4和表3-5），主线从中央电路板背面接插后通往各用电器（图3-5）。中央电路板上标有线束和导线接插位置的代号及接点的数字号。主要线束的插件代号有A、B、C、D、E、G、H、L、K、M、N、P、R。其中P插座插入常相线，R、K、M均为空位插孔。查找时只要根据电路图中导线与中内线路板区域中下框线交点处的代号，就能了解其导线在某个线束中的第几个插头上。

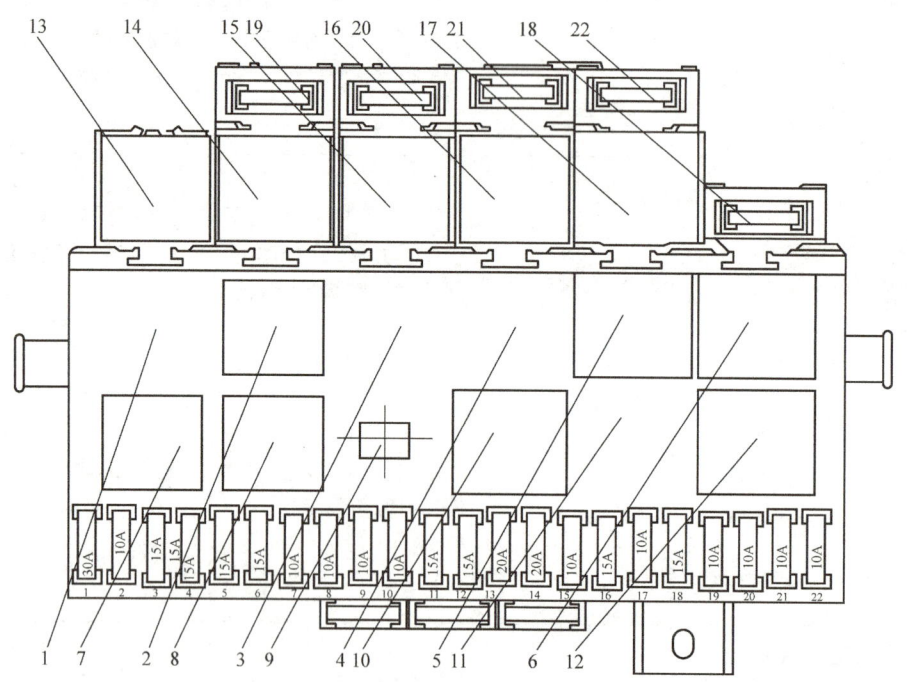

图3-4 中央电路板正面布置

1、3、4、11—空位　2—进气歧管预热继电器　5—空调组合继电器　6—双音喇叭继电器　7—雾灯继电器
8—X-接触继电器　9—拆卸熔丝专用工具　10—前风窗刮水及清洗继电器　12—转向继电器　13—冷却风扇继电器
14、15—摇窗机继电器　16—内部照明继电器　17—冷却液位指示继电器　18—后雾灯熔丝（10A）
19—过热保护器　20—空调熔丝（30A）　21—自动天线熔丝（10A）　22—电动后视镜熔丝（3A）

项目三 识别发动机电控系统电路图

表 3-5 中央电路板上的熔丝 （单位：A）

编号	名称	额定电流	编号	名称	额定电流
1	散热器风扇	30	15	倒车灯、车速传感器	10
2	制动灯	10	16	进气预热器温控开关、怠速切断电磁阀	15
3	点烟器、收音机、钟、车内灯、中央集控门锁	15	17	双音喇叭	10
4	危险报警闪光灯	15	18	驻车制动、阻风门指示灯	15
5	燃油泵	15	19	转向灯	10
6	前雾灯	15	20	牌照灯、杂物箱照明灯	10
7	尾灯和停车灯（左）	10	21	前照灯近光（左）	10
8	尾灯和停车灯（右）	10	22	前照灯近光（右）	10
9	前照灯远光（右）	10	23	后雾灯	10
10	前照灯远光（左）	10	24	空调	30
11	前风窗刮水器及清洗装	15	25	自动无线	10
12	电动摇窗机	15	26	电动后视镜	3
13	后风窗加热器	20	27	ECU	10
14	鼓风机（空调）	20			

注：熔丝 23~27 为桑塔纳 2000GSi 型轿车的编号，插在中央电路板的旁边。

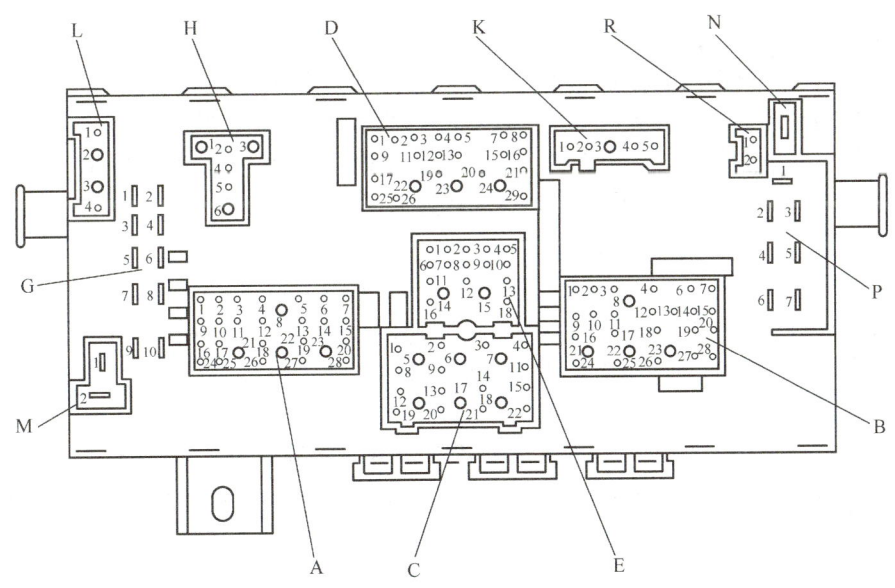

图 3-5 中央电路板反面布置

A—用于仪表板线束，插件颜色为蓝色　B—用于连接仪表板线束，插件颜色为红色
C—用于连接发动机室左边线束，插件颜色为黄色　D—用于连接发动机室右边线束，插件颜色为白色
E—用于连接车辆后部线束，插件颜色为黑色　G—用于连接单个插头（主要用于冷却液不足指示控制器）
H—用于连接空调装置的线束，插件颜色为棕色　K—空位　L—用于连接双音喇叭等线束，插件颜色为灰色　M—空位
N—用于单个插头（主要用于进气管预热器的加热电阻的电源）　P—用于单个插头（主要用于蓄电池相线与中央电路板"30"的连接，中央电路板"30"与点火开关"30"接线柱连接）　R—空位

桑塔纳2000系列轿车电路图中的符号说明如图3-6所示。

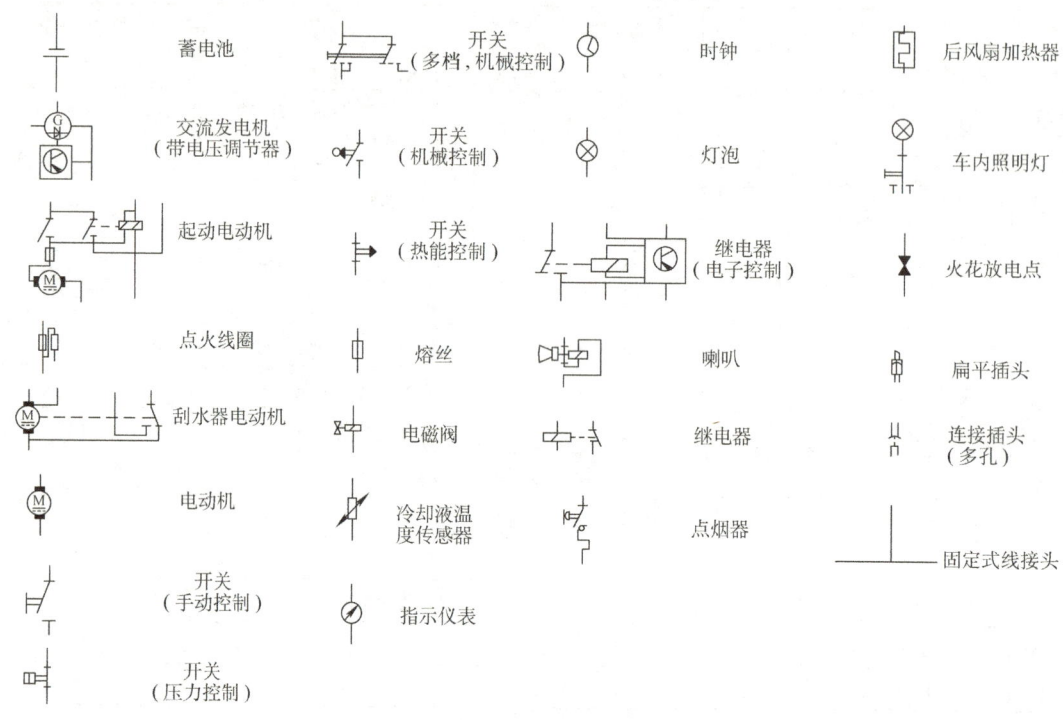

图3-6　桑塔纳2000系列轿车电路图中的符号说明

为了识读电路，现以图3-7为例进行说明：

1）整车电气系统正极电源分三路：标有"30"的为常相线，电压为12V，即与蓄电池直接相连，中间不经过任何开关，不论是停车时或发动机处于熄火状态均有电。专供发动机熄火时也需用电的电器使用，如停车灯、制动灯、警告灯、顶灯、冷却风扇电动机等；标有"15"的为小容量电器相线，它是在点火开关接通后方能有电的相线；标有"X"的为车辆起步时才可接通的大容量电器用相线。

2）搭铁线也分三路：标有"①"的为搭铁线；标有"②"、"③"、"④"的为中央线路板搭铁线；标有"⑦"的为尾灯线束搭铁线；而标有"31"的为中央电路板内搭铁线。

3）对照图3-7可知，J2为继电器（电子控制）。表示该继电器位于中央电路板上第2位。

4）S代表熔丝，其后的数字代表该熔断器在中央电路板上的位置。如S19表示该熔断器处于中央电路板第19位，熔丝的容量可从它的颜色来判断：红色为10A，蓝色为15A，绿色为30A，黄色为20A。

5）A13为中央电路板接头说明，该蓝/黑色导线连接于中央电路板A线束第13位插头上。以此类推，B28即在B线束第28位插头上。导线上标有的数字表示线的截面面积，如1.5、1.0、2.5分别表示该线截面面积为1.5mm²、1.0mm²、2.5mm²。

6）T29/8表示连接插头，即29孔插头的第8位上。以此类推，T29/6表示29孔插头的第6位。

7）导线尾部标号表示该导线连接的开关接线柱号，如"15"表示E3开关的"15"接线柱。

项目三 识别发动机电控系统电路图

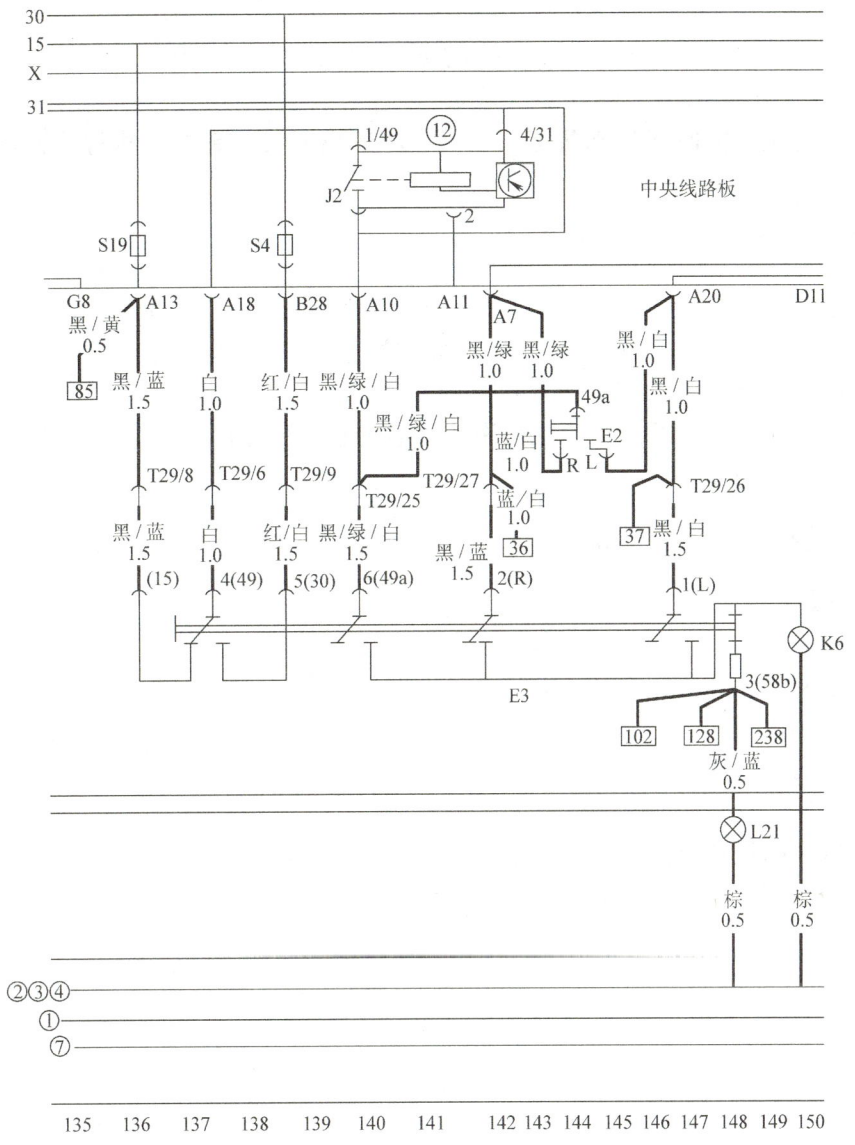

图 3-7 电路图示例

8）K6 表示报警闪光装置指示灯。

9）"102"、"128"、"238" 表示此导线与线路图下端第 102、128、238 编号上方的导线连接。

五、实训操作

（一）实训操作注意事项

1）遵守实验室规章制度，未经许可，不得擅自移动和拆卸仪器与设备。

2）注意安全和教具完好性。

3）严禁未经许可擅自扳动教具、设备的电器开关、点火开关和起动开关，以防发生危险。

4）在教师允许和监控下，起动发动机时，需保证设备周围的人员安全，防止意外发生。

5）打开点火开关时或发动机运行期间，严禁拔下各传感器及执行器接口，以免损坏 ECU。

（二）实训操作步骤

以 1 缸喷油器电路为例：结合电路原理图在电控台架和整车上找出与 1 缸有关的电路，识别 1 缸喷油器接端子，线路走向。1 缸喷油器接线端子 1 号脚接至熔断器，经 N 插接器连接到 J17 继电器第 87 脚，2 号脚接至 ECU 的 T80/73 脚。

由学生自己熟悉电路图，结合电路图在台架或整车上找出各传感器、执行器的连接线路，熟悉各元件的电路。

六、考核要点与评分标准

1. 考核要求

1）掌握识读全车电路图的规则。

2）掌握正确分析全车电路图的方法。

2. 考核时间

考核时间：15min。

3. 考核评分

结合 AJR 发动机电路图和发动机实验台，正确识读电路图，分析电路图。发动机电控系统电路图识别考核要点与评分标准见表3-6。

表3-6 发动机电控系统电路图识别考核要点与评分标准

序号	考核要点	配分	评分标准	考核记录	得分
1	熟悉图中标注	20	不清楚电路图标记每次扣5分		
2	正确说明电路图中线路的连接与走向	25	错误一次扣5分		
3	正确指出电路图与实际电路的对应关系	20	一项叙述不清扣5分		
4	正确分析电路图	25	分析错误一次扣5分		
5	整理工具，清理现场	10	保持实习现场秩序和卫生，保证人身及设备的安全，违规一次扣5分		
	实习态度和纪律				
6	分数合计	100			

七、思考题

1. 汽车电器的特点是什么？
2. B、BR、G、GR、L、O、P、R、V、W、Y、LG、CLR、PPL、TRN 都代表什么颜色？
3. "G-W"在导线颜色中代表什么含义？
4. 识别电路的要点是什么？
5. 试画出空气流量计的电路图。
6. 试画出节气门位置传感器电路图。

项目四

检测空气流量计

一、教学目的

1）掌握常见空气流量计的结构及工作原理。
2）掌握空气流量计故障对整个电控系统的影响。
3）掌握空气流量计的检测方法（电阻测试、电压测试、波形测试、数据流测试）、工艺流程和技术规范。
4）掌握空气流量计数据分析的方法。

二、教学设备、工具及量具

1）工具：数字万用表，汽车示波器，家用电热吹风机，普通温度计，12V/5V变压器，常用工具1套。
2）设备：桑塔纳AJR电喷发动机实验台1台，解剖发动机台架1台，桑塔纳时代超人或超越者汽车整车1辆。
3）教具：STN-AJR发动机教学挂图1套，空气流量计解剖教具1只，测量用桑塔纳3000型轿车空气流量计8~10只。

三、课时

实训课时安排4课时。

四、相关基础知识

空气流量计（Air Flow Meter，AFM）是进气歧管空气流量计（Manifold Air Flow Meter，MAFM）的简称，又称为空气流量传感器（Air Flow Sensor，AFS），一般安装在进气道空气滤清器和节气门体之间靠近空气滤清器一边。空气流量计安装在L型的电控发动机系统中。其功用是检测发动机进气量大小，并将进气量信息转换成电信号输入电控单元（ECU），电控单元根据空气流量计和发动机转速信号进行计算确定喷油量。进气量信号是电控单元精确计算喷油量的主要依据，如果空气流量计发生故障，电控单元将启动备用模式，把空气流量值设定在5g/s，同时记录故障码。此时将造成怠速不稳、发动机喘抖、怠速游车、怠速转速偏高、燃油脉宽增加、行驶费油、点火推迟、尾气排放恶劣等。

本次实训选用的是桑塔纳3000型超越者轿车使用的空气流量计，属于"L"型热膜式空气流量计，安装在空气滤清器壳体与进气软管之间。

热膜式空气流量传感器的结构特点：热膜式空气流量传感器是热丝式传感器的改进产品，其发热元件采用平面形铂金属薄膜（厚度约200μm）电阻器，故称为热膜电阻。热膜电阻的制作方法是：首先在氧化铝陶瓷基片上采用蒸发工艺淀积铂金属薄膜，然后通过光刻工艺制作成梳状图形电阻，将电阻值调节到设计要求的阻值后，在其表面覆盖一层绝缘保护膜，再引出电极引线而制成。

在传感器内部的进气通道上设有一个矩形护套（相当于取样管），热膜电阻设在护套内。为了防止污物沉积到热膜电阻上影响测量精度，在护套的空气入口一侧设有空气过滤层，用以过滤空气中的污物。为了防止进气温度变化使测量精度受到影响，在热膜电阻附近的气流上游设有铂金属式温度补偿电阻。如图4-1所示，温度补偿电阻和热膜电阻与传感器内部控制电路连接，控制电路与线束插接器插座连接，线束插座设在传感器壳体中部。

热膜式流量传感器与热丝式相比，因为热膜电阻的阻值较大，所以消耗电流较小，使用寿命较长。但是，由于其发热元件表面制作有一层绝缘保护膜，存在辐射热传导作用，因此相应特性略低于热丝式流量传感器。

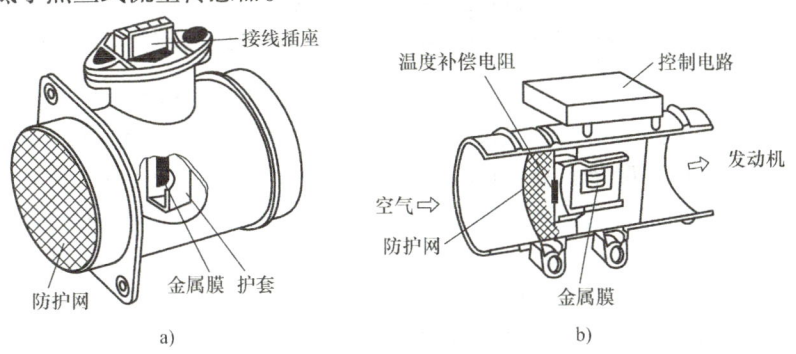

图4-1 热膜式空气流量计
a）外形 b）结构组成

1. 空气流量计的测量原理

空气流量计按照工作原理可分为叶片式、卡门旋涡式和热式三种，叶片式空气流量计和卡门旋涡式空气流量计目前已经淘汰。热式分为热丝式和热膜式两种，热丝式和热膜式的空气流量计在结构上有所不同，原理不一样。现在L型的电控发动机上大多采用的是测量精度比较高的热膜式空气流量计。热膜式空气流量计的测量原理是：空气流量计内部电路连接成惠斯登电桥电路，如图4-2所示。

热膜电阻R_h和温度补偿电阻R_t分别连接到电桥的一个臂上，电桥各个臂的电流由控制电路A控制。电桥电压平衡时，控制电路供给热膜电阻的电流I_h（$I_h = 50 \sim 120 \text{mA}$）使其温度$T_h$保持恒定（$T_h = 120℃$左右），供给温度

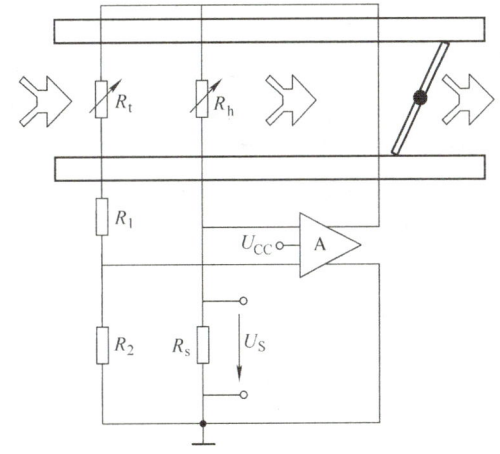

图4-2 热丝式与热膜式流量传感器AFS原理电路
R_t—温度补偿电阻（进气温度传感器）
R_h—发热元件电阻（热丝或热膜）
R_s—信号取样电阻 R_1、R_2—精密电阻 A—控制电路

补偿电阻的电流使热膜电阻的温度与温度补偿电阻的温度 T_r 之差保持恒定（$\Delta = T = T_h - T_r \approx 100℃$）。当空气流经温度补偿电阻和热膜电阻，热膜电阻和温度补偿电阻受到冷却，温度降低，阻值减小。当热膜电阻的阻值减小时，电桥电压失去平衡，控制电路将增大供给热膜电阻的电流，使其温度保持恒定（120℃）。电流增加值的大小取决于热膜电阻受到冷却的程度，即取决于流过流量传感器的空气量。当电桥电流增大时，取样电阻 R_s 上的电压就会升高，从而将空气流量的变化转换为信号电压 U_S 的变化。由于电阻为线性元件，因此取样电阻上信号电压 U_S 将随空气流量的变化而呈线性变化，信号电压输入电控单元（ECU）后，ECU 便可根据信号电压计算空气流量。当发动机怠速或空气为热空气时，因为怠速时节气门关闭或接近全闭，所以空气流速低，空气量少，又因空气温度越高，空气密度越小，所以在体积相同的情况下，热空气的质量小，因此热膜电阻受到冷却的程度小，电阻值减小的少，保持电桥平衡需要的电流小，故取样电阻上的信号电压低。电控单元（ECU）根据信号电压即可计算出空气量。桑塔纳 AT、GSI 型轿车怠速时的空气流量标准值为 0.39g/s 左右。当发动机负荷增大或空气为冷空气时，因为节气门开度增大、空气流速加快，使空气流量增大；而冷空气密度大，在体积相同的情况下冷空气质量大，所以热膜电阻受到冷却的程度增大，电阻值减小的多，保持电桥平衡需要的电流增大，因此当发动机负荷增大时，信号电压升高。

2. 温度补偿原理

当进气温度变化时，热膜电阻的温度发生变化，测量进气量的精度就会受到影响。设置温度补偿电阻后，从电桥电路上可以看出，当进气温度降低使热膜电阻上的电流增大时，为了保持电桥平衡，温度补偿电阻上的电流相应增大，以保证热膜电阻的温度与温度补偿电阻的温度之差保持恒定，使传感器测量精度不受进气温度变化的影响。热膜式与热线式空气流量传感器的响应速度很快，能在几毫秒时间内反映出空气流量的变化，因此其测量精度不会受到进气气流脉动的影响（气流脉动在发动机大负荷、低转速运转时最为明显），此外还具有进气阻力小、无磨损部件等优点。热膜式传感器热膜的面积远比热线大，并与热电阻制作在一起，因此不会因沾染污物而影响测量精度。

AJR 发动机的空气流量计与 ECU 连接如图 4-3 所示，空气流量计共有 5 个管脚，其中 1 脚为空脚，2 脚与燃油泵继电器第 2 脚（继电器 87 脚）相连，3 脚与 ECU12 脚相连，4 脚与 ECU11 脚相连，5 脚与 ECU13 脚相连，具体说明及检测参数见表 4-1。

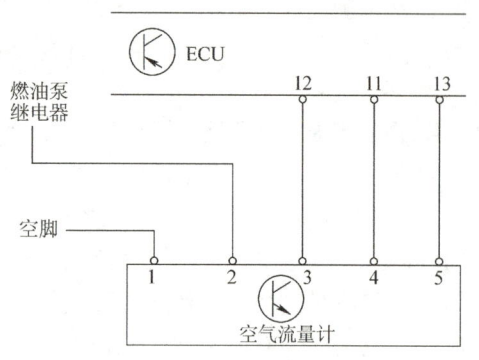

图 4-3 AJR 发动机的空气流量计与 ECU 连接方式

表 4-1 AJR 发动机的空气流量计检测条件与检测参数

管脚编号	管脚定义	电阻测量		电压测量/V	
		测量点	电阻值/Ω	测量点	电压值
1	空	空	空	空	空
2	连接燃油泵继电器插座第 2 脚（继电器 87 脚），由燃油泵继电器提供 12V 供电电压	2 脚（空气流量计）~2 脚（油泵继电器）	<0.5	2 脚~搭铁	12

（续）

管脚编号	管脚定义	电阻测量		电压测量/V	
		测量点	电阻值/Ω	测量点	电压值
3	连接ECU第12脚，空气流量计的搭铁，经ECU内部搭铁	3脚（空气流量计）~12脚（ECU）	<0.5		
4	连接ECU第11脚，由ECU向空气流量计的提供5V工作电压	4脚（空气流量计）~11脚（ECU）	<0.5	4脚~搭铁	5
5	连接ECU第13脚，空气流量计向ECU反馈进气量的电压值	5脚（空气流量计）~13脚（ECU）	<0.5	急速时	1.4
				急加速时	2.8

五、实训操作

（一）实训操作注意事项

1）遵守实验室规章制度，未经许可，不得擅自移动和拆卸仪器与设备。

2）注意安全和教具完好性。

3）严禁未经许可擅自扳动教具、设备的电器开关、点火开关和起动开关，以防发生危险。

4）在教师允许和监控下，起动发动机时，需保证设备周围的人员安全，防止意外发生。

5）未关闭点火开关时，严禁拔下各传感器及执行器接口，以免损坏ECU。

6）空气流量计是精密电子器件，要轻拿轻放，避免空气流量计掉在地上摔坏内部电路和元件。

7）用电热吹风机时，注意不要将出风口离空气流量计太近，以免烫坏零部件；防止烫伤手指、衣物和其他实验设备。

8）在实验台测试电压信号时，注意操作流程和相对应的测试端口。原则上只做本次实验相关的测试，其他无关的部位不要测试；否则，按原理不清或看不懂电路图扣分。

9）在实物台架上，测试端口与电控单元直接相连，不要将任何电压加在发动机实验台的测试端口上，以免损坏电控单元。

（二）实训操作步骤

1. 电阻测试

本项目电阻测试为辅助性测试，主要是检测线束的导通性，以确认线束通畅，无断路短路，插接器牢靠，各信号传递无干扰。测试在汽车微机控制故障检测诊断实验系统的发动机实验台上进行。

（1）线束导通性测试　将数字万用表设置在电阻200Ω档，在面板上按电路图找到空气流量计图形下面的针脚号与ECU信号测试端口图相应的针脚号，分别测试空气流量计3、4、5号针脚对应至电控单元12、11、13号针脚的电阻，所有电阻都应低于5Ω。

（2）线束短路性测试　将数字万用表设置在电阻200kΩ档，测量空气流量计针脚2与电控单元针脚11、12、13之间的电阻，应为∞。测量空气流量计针脚与电控单元针脚：3—11、13，4—12、13，5—11、12之间电阻均应为∞。

注意：在实际维修中，欲测试各条线束的导通性，应关闭点火开关，拔下传感器插头与电控单元插接器，使用数字万用表分别测量各线束间的电阻，相连导线电阻应当小于5Ω，不相连导线电阻应为∞。而在汽车微机控制故障检测诊断实验系统的发动机实验台上，进行本项测试不用拔传感器与电控单元插头。在实际测量中，由于测量手法、万用表本身的误差以及被测物体表面的氧化与灰尘等因素，发生几个欧姆的误差属正常现象，不必拘泥于具体数字。

2. 电压测试

本项目电压测试有电源电压测试和信号电压测试两部分，其中信号电压测试是确定空气流量计是否失效的主要依据。

（1）电源电压测试　在汽车微机控制故障检测诊断实验系统的发动机实验台上进行。如图4-4、图4-5所示，打开点火开关，将数字万用表设置在直流电压20V档，红色表针置于空气流量计针脚2，黑色表针置于蓄电池负极或发动机进气歧管壳体，起动起动机时应显示12V；红色表针置于空气流量计针脚4，黑色表针置于蓄电池负极或发动机进气歧管壳体，应显示5V。

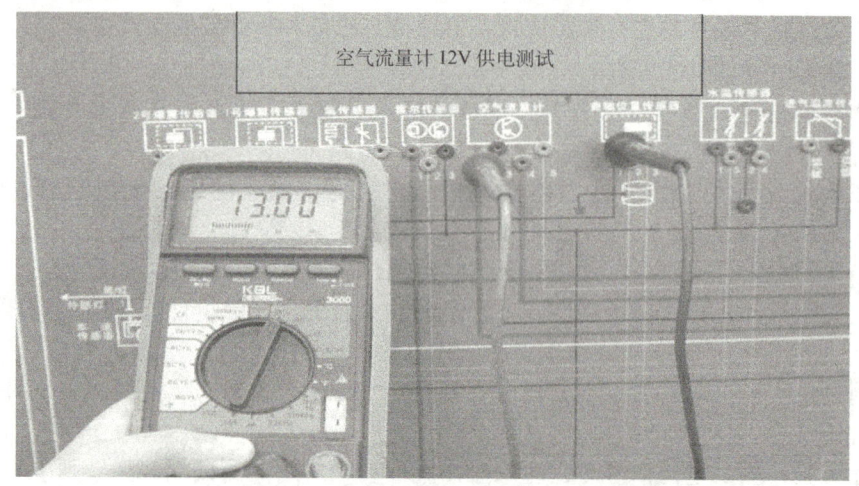

图4-4　空气流量计12V供电测试

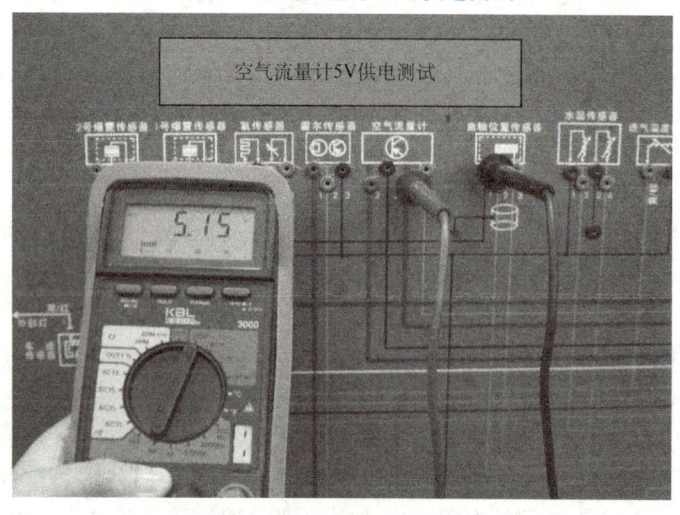

图4-5　空气流量计5V供电测试

注意：在实际维修中，应拔下传感器插头，打开点火开关，测量 2 号端子与蓄电池负极间电压，打开起动机时应显示 12V。此时电控单元会记录空气流量计的故障码，测试完毕后要使用诊断仪清除故障码。而在汽车微机控制故障检测诊断实验系统的发动机实验台上，进行本项测试时不用拔传感器插头。

（2）信号电压测试　分单件测试和就车测试两部分，就车测试在汽车微机控制故障检测诊断实验系统的发动机实验台上进行，如图 4-6 所示。

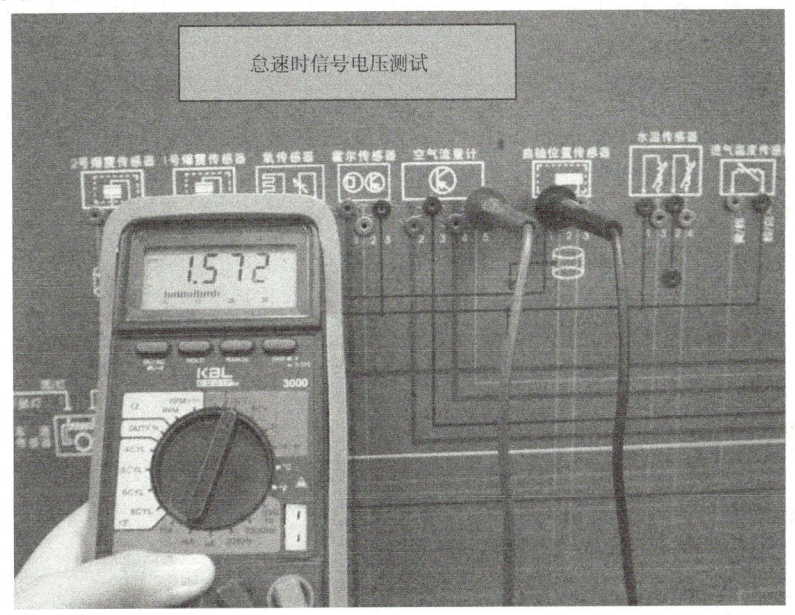

图 4-6　怠速时信号电压测试

1）单件测试：取一个空气流量计总成部件，将 12V/5V 变压器的 12V 电压或蓄电池电压施加在空气流量计电器插座针脚 2 上，将 5V 电压施加在空气流量计电器插座针脚 4 上，将数字万用表设置在直流电压 20V 档，测量空气流量计电器插座针脚 3 和针脚 5，应有 1.5V 左右电压；使用吹风机从空气流量计隔栅一端向空气流量计吹入冷空气或加热的空气，测量空气流量计电器插座针脚 3 和针脚 5，电压应瞬时上升至 2.8V 回落。不能满足上述条件，可以判定空气流量计有故障。

2）就车测试：起动发动机至正常工作温度，将数字万用表设置在直流电压 20V 档，测量汽车微机控制故障检测诊断实验系统的发动机实验台上的空气流量计针脚 5 的反馈信号，红色表针置于空气流量计针脚 5，黑色表针置于空气流量计针脚 3、蓄电池负极或进气歧管壳体，怠速时应显示电压为 1.5V 左右；急踩加速踏板时应显示 2.8V 变化。若不符合上述变化，或电压反而下降，在电源电压与参考电压完好的前提下，可以断定空气流量计损坏，必须更换。

注意：在实际维修中，反馈信号电压的就车测试应在传感器插头尾部，挑开防水胶堵或刺破导线外皮，接万用表后踩动加速踏板，观察电压变化。在汽车微机控制故障检测诊断实验系统的发动机实验台上，进行本项测试时不用挑开防水胶堵或刺破导线外皮。

3. 数据流测试

本项目的数据流测试是使用进口或国产的汽车故障诊断仪，登录发动机控制单元直接读取空气流量计的各项参数，测试条件是发动机在运行中并达到工作温度。数据流的检测方法简便易行，数据直观准确，并能够随时观察到数据的动态变化，是当代汽车电子控制系统故障检测诊断的重要方法，也是当前汽车维修一线急缺的技术。

(1) 解码器的操作　连接解码器，点击"选择系统"，选择"[01]发动机系统"，选择"[08]读取动态数据流"，选择"[02]组"。

(2) 数据分析　读取测量数据流第二组第四项。

数据应显示为在急速下为 2.0~4.0g/s。如果小于 2.0g/s，说明进气系统有泄漏；如果大于 4.0g/s，说明发动机负荷过大。

4. 教学延伸

测量空气流量的传感器有很多，请同学们查阅相关资料，学习翼板式空气流量计、量芯式空气流量计、涡流式空气流量计、热线式空气流量计的工作原理、结构特点。同时同学们要思考在电控系统是根据各种传感器传递的信号来精确控制喷油和点火的，哪些传感器的信号或哪些发动机非电控系统对空气流量计输出的信号有较大的影响。

六、考核要点与评分标准

1. 考核要求

1）掌握空气流量计的结构与工作原理。

2）掌握空气流量计的检测方法（电阻测试、电压测试、波形测试、数据流测试），工艺流程，技术规范。

3）分析空气流量计对电控发动机工作的影响。

2. 考核时间

考核时间：15min。

3. 考核评分

结合 AJR 发动机实验台，正确检测空气流量计及其线路，能正确分析空气流量计数据流信息。空气流量计的检测考核要点与评分标准见表 4-2。

表 4-2　空气流量计的检测考核要点与评分标准

序号	考核要点	配分	评分标准	考核记录	得分
1	空气流量计的检测原理	20	一处叙述不清扣 5 分		
2	空气流量计的故障检测	25	错误一次扣 5 分		
3	故障码与数据流的读取	20	错误一次扣 5 分		
4	数据流的分析	25	错误一次扣 5 分		
5	整理工具，清理现场	10	保持实习现场秩序和卫生，保证人身及设备的安全，违规一次扣 5 分		
	实习态度和纪律				
6	分数合计	100			

七、思考题

1. 简述热膜式空气流量计的作用及其工作原理。
2. 为什么设置温度补偿电阻？
3. 简述如何判断热膜式空气流量计的好坏。
4. 简述空气流量计的测量步骤。
5. 利用万用表进行传感器相关端子电阻的测量时，注意事项是什么？
6. 空气流量计在发动机起动时是否给电控单元信号？
7. 空气流量计出现故障时对发动机有什么影响？

项目五

检测进气压力传感器

一、教学目的

1）掌握各类进气压力传感器的结构与工作原理。
2）掌握常见进气压力传感器故障对整个电控系统的影响。
3）掌握进气压力传感器的检测方法（电阻测试、电压测试、波形测试、数据流测试）、工艺流程和技术规范。
4）掌握进气压力传感器数据分析的方法。

二、教学设备、工具及量具

1）工具：数字万用表，汽车示波器，解码器，手动真空泵，12V/5V变压器，常用工具1套。
2）设备：丰田5A发动机台架，或其他D型电控发动机1台。
3）教具：进气压力传感器8~10只。

三、课时

实训课时安排4课时。

四、相关基础知识

电控燃油喷射系统必须对空气流量进行精确的计量，才能通过对喷油量的控制，实现混合气浓度的高精度控制。按对进气量的计量方式不同，电控燃油喷射系统可分为D型和L型，上一项目已把L型的空气流量计做了详细介绍，本项目介绍D型电控燃油喷射系统。D型电控燃油喷射系统利用绝对压力传感器检测进气管内的绝对压力，在发动机燃油喷射系统中，如果安装了歧管压力传感器，就无须安装空气流量计；反之，如果安装了空气流量计，就无须安装歧管压力传感器。现代的一些高端轿车会在车上一同安装空气流量计、进气压力传感器。由于进气压力传感器是通过检测进气道的压力变化来检测进气量的，而且现代电控轿车上，如制动系统的真空助力器、活性炭罐系统、曲轴箱强制通风系统、废气再循环系统等工作的时候会取进气系统的真空，这样会造成进气系统的压力波动，从而造成进气压力传感器信号输出不准确，所以进气压力传感器一般安装在进气系统压力波动比较小的稳压腔上,以使其检测的信号更精确一些。有些车型把进气温度传感器和进气压力传感器做在一起并同时安装在稳压腔上。

ECU根据进气管内的绝对压力和发动机转速推算出发动机的进气量,再根据进气量和发动机转速确定基本喷油量。

在D型电控燃油喷射系统中,由进气管绝对压力传感器测量进气管压力,并将信号输入ECU,ECU根据进气管内的绝对压力和发动机转速推算出发动机的进气量,再根据进气量和发动机转速确定基本喷油量。进气压力信号作为燃油喷射和点火控制的主控制信号之一。

进气管绝对压力传感器的种类较多,按其检测原理可分为压敏电阻式、电容式、膜盒式、表面弹性波式等,在D型电控燃油喷射系统中应用最多的是压敏电阻式和电容式两种。图5-1所示为进气压力传感器工作原理图。

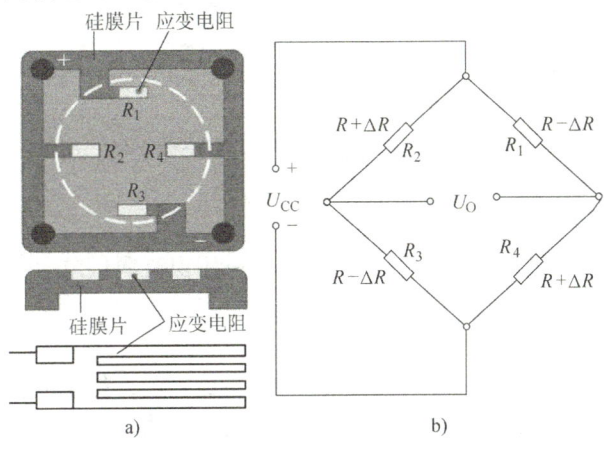

图5-1 进气压力传感器工作原理图

1. 压敏电阻式进气管绝对压力传感器

进气压力传感器的结构如图5-2所示,主要由绝对真空室、硅片和IC放大电路组成。硅片的一侧是真空室(绝对压力为0),而另一侧承受进气管内的压力,在此压力作用下使硅片产生变形。硅片的长和宽约为3mm、厚度约为160μm,在硅片的中央中部位采用腐蚀方法制作有一个直径为2mm、厚度约为50μm的薄膜片。在薄硅膜片的表面上,采用集成电路加工技术与台面扩散技术制作有4只梳状阻值相等的半导体力敏电阻,通常称为固态压阻器件或固态电阻,如图5-1a所示,并利用低阻扩散层(P型扩散层)将4只电阻连接成惠斯顿电桥电路,如图5-1b所示,然后与传感器内部的信号放大电路和温度补偿电路等混合集成电路连接。由于真空室的压力是固定的,进气管绝对压力变化时,硅片的变形量不同。硅片是一个压力转换元件(压敏电阻),其电阻值随其变形量而变化,导致硅片所处的电桥电路输出电压发生变化,

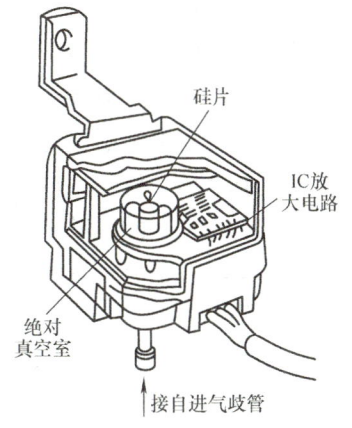

图5-2 压敏电阻式进气管绝对压力传感器

电桥电路输出的电压（很小）经IC放大电路放大后输送给ECU。

压敏电阻式进气压力传感器的工作原理如下：

在应力作用下，半导体压敏电阻的电阻率发生变化而引起阻值变化，惠斯顿电桥上电阻值的平衡就被打破。当电桥输入端输入一定的电压或电流时，在电桥的输出端就可得到变化的信号电压或信号电流。根据信号电压或信号电流的大小，就可检测出歧管压力的高低。当差动电桥采用恒流源供电时，可得电桥输出电压的计算公式，即

$$U_0 = \frac{3\pi_{44}IR}{16h^2}[(1+\mu)r^2 - (1+3\mu)x^2]p$$

式中　U_0——传感器输出信号电压（V）；

　　　r——圆形膜片的有效半径；

　　　x——计算点半径（即压敏电阻中心至膜片圆心的距离）；

　　　h——膜片厚度；

　　　μ——泊松比（硅取$\mu=0.35$）；

　　　π——剪切压阻系数，可由实验测得；

　　　I——恒流源供给电流（A）；

　　　R——每只固态电阻的阻值（Ω）；

　　　p——均布压力（Pa）。

由公式可见，当压阻效应式传感器结构一定并采用恒流源供电时，差动电桥的输出电压与硅膜片上作用的压力成正比。

2. 电容式进气管绝对压力传感器

电容式进气管绝对压力传感器结构示意图如图5-3所示，位于传感器壳体内腔的弹性膜片用金属制成，弹性膜片上、下两个凹玻璃的表面均有金属涂层，这样在弹性膜片与两个金属涂层之间形成两个串联的电容。

电容式进气管绝对压力传感器利用电容效应检测进气管绝对压力。发动机工作时，进气管内的空气压力作用在弹性膜片上，使弹性膜片产生位移，弹性膜片与两个金属涂层之间的距离发生变化，一个距离减小，而另一个距离增大，在弹性膜片与两个金属涂层之间形成的两个电容的电容量就一个增加、另一个减小。电容量的变化量与弹性膜片的位移成正比，两弹性膜片的位移取决于上、下两个空腔的气体

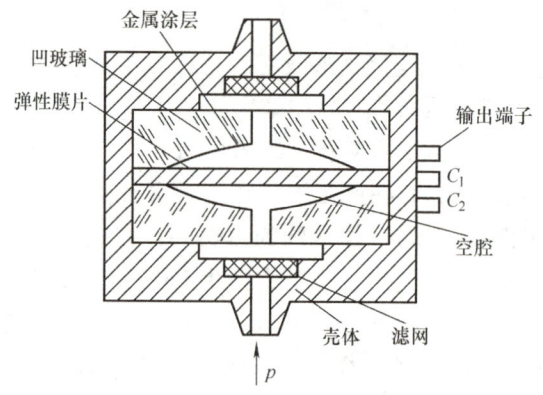

图5-3　电容式进气管绝对压力传感器结构示意图

压力，只要弹性膜片上部的空腔为绝对真空，下部空腔接通进气歧管，即可通过检测电容量的变化来检测进气歧管的绝对压力。电容量的变化量经过测量电路转换成电压信号输送给ECU。测量电路可以是电容电桥电路或谐振电路等。

丰田5A发动机进气压力传感器电路如图5-4所示。

由于进气压力传感器把进气歧管的压力转换成电信号输送给ECU，根据转换电路的设计不同，转换成的电信号有两种，一种是模拟信号，一种是数字信号。模拟信号

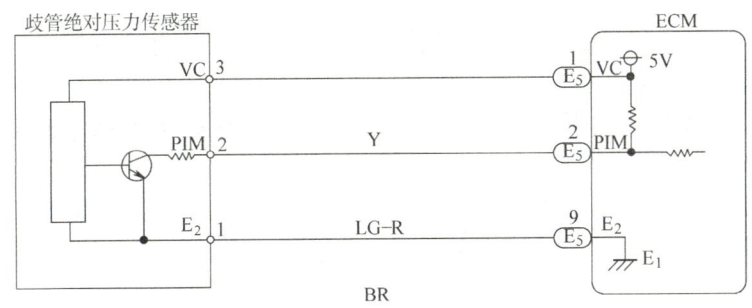

图 5-4　丰田 5A 发动机进气压力传感器电路

的电压值是随压力的变化而成线性变化的，如图 5-5 所示。数字信号输出的频率信号，其电压值不变，频率随压力的变化而变化，如图 5-6 所示。

丰田 5A 发动机的进气压力传感器与发动机 ECU 相连的参数见表 5-1。

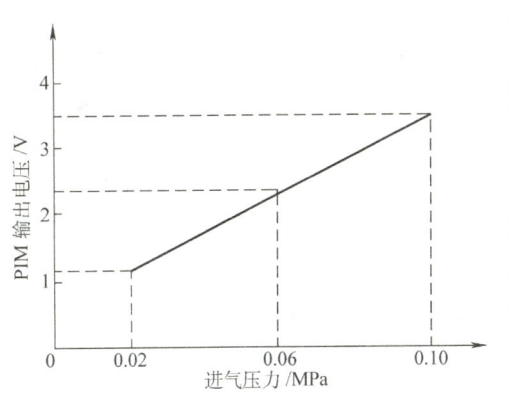

图 5-5　模拟信号的电压值随压力变化的线性关系图

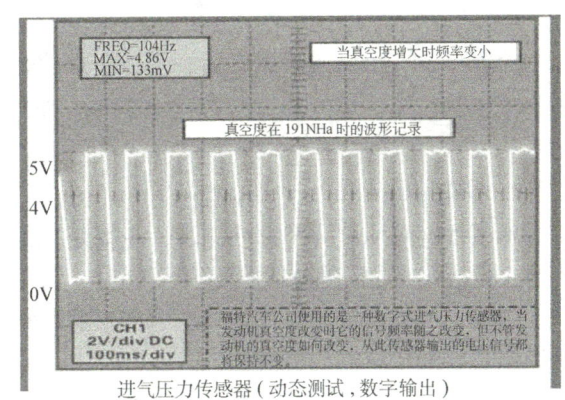

图 5-6　电压值不变，数字信号输出的频率随压力改变的变化图

表 5-1　丰田 5A 发动机的进气压力传感器与发动机 ECU 相连的参数

管脚编号	管脚定义	电阻测量		电压测量	
		测量点	电阻值	测量点	电压值
1	连接 ECU 的 E_5 插头第 9 脚，通过 ECU 搭铁	1 脚（传感器）~ ECU 的 E5－9 脚	$<0.5\Omega$		
2	连接 ECU 的 E_5 插头第 2 脚，向 ECU 传输模拟信号	2 脚（传感器）~ ECU 的 E5－2 脚	$<0.5\Omega$	2 脚~搭铁	随歧管压力变化输出 0~5V 的电压
3	连接 ECU 的 E_5 插头第 1 脚，由 ECU 向进气压力传感器提供 5V 工作电压	3 脚（传感器）~ ECU 的 E5－1 脚	$<0.5\Omega$	3 脚~搭铁	5V

五、实训操作

（一）实训操作注意事项

1）遵守实验室规章制度，未经许可，不得擅自移动和拆卸仪器与设备。

2）注意安全和教具完好性。

3）严禁未经许可擅自扳动教具、设备的电器开关、点火开关和起动开关，以防发生危险。

4）在教师允许和监控下，起动发动机时，需保证设备周围的人员安全，防止意外发生。

5）未关闭点火开关时，严禁拔下各传感器及执行器接口，以免损坏 ECU。

6）进气压力传感器是精密电子器件，要轻拿轻放，避免进气压力传感器掉在地上摔坏内部电路和元件。

7）实验台测试电压信号时，注意操作流程和相对应的测试端口。原则上只做本次实验相关的测试，其他无关的部位不要测试。

8）在实物台架上，测试端口与电控单元直接相连，不要将任何电压加在发动机实验台的测试端口上，以免损坏电控单元。

（二）实训操作步骤

当进气压力传感器出现故障后，最明显现象就是怠速不稳、油耗增加、冒黑烟。若进气压力传感器损坏，氧传感器也会受其影响，重者中毒。进气压力传感器的检测项目及内容如下：

1. 电阻测试

本项目电阻测试为辅助性测试，主要是检测线束的导通性，以确认线束通畅、无断路、短路，插接器牢靠，各信号传递无干扰。

注意：根据压敏电阻式进气压力传感器的结构原理，该传感器是无法通过测量传感器的电阻值来判断传感器的好坏的。

（1）**线束导通性测试** 将数字万用表设置在电阻200Ω档，在面板上按电路图找到进气压力传感器的针脚号与ECU信号测试端口相应的针脚号，分别测试进气压力传感器1、2、3号针脚对应至电控单元 E_5 插头的9、2、1号针脚的电阻，所有电阻都应低于0.5Ω。

（2）**线束短路性测试** 将数字万用表设置在电阻档，测量进气压力传感器针脚2与电控单元针脚 E_5 插头的9、1之间电阻，应为∞。测量进气压力传感器针脚与电控单元针脚1—1（E5）、2（E5）；3—2（E5）、9（E5）之间电阻，均应为∞。

注意：在实际维修中，欲测试各条线束的导通性，应关闭点火开关，拔下传感器插头与电控单元插接器，使用数字万用表分别测量各线束间的电阻，相连导线电阻应当小于0.5Ω，不相连导线电阻应为∞。在实际测量中，由于测量手法、万用表本身的误差以及被测物体表面的氧化与灰尘等因素，发生几个欧姆的误差属于正常现象。

2. 电压测试

本项目电压测试有电源电压测试和信号电压测试两部分，其中信号电压测试是确定进气压力传感器是否失效的主要依据。

（1）**电源电压测试** 在汽车微机控制故障检测诊断实验系统的发动机实验台上进行。打开点火开关，将数字万用表设置在直流电压20V档，红色表针置于进气压力传感器针脚3，黑色表针置于蓄电池负极或发动机进气歧管壳体，起动起动机时应显示5V。

注意：在实际维修中，应拔下传感器插头，打开点火开关，测量3号端子与蓄电池负极间电压，起动起动机时应显示 5V。此时电控单元会记录进气压力传感器的故障码，测试完毕后要使用诊断仪清除故障码。

(2) 信号电压测试　分单件测试和就车测试两部分。就车测试在汽车微机控制故障检测诊断实验系统的发动机实验台上进行。

1) 单件测试：取一进气压力传感器总成部件，将变压器 5V 电压施加在进气压力传感器电器插座针脚 3 上，将数字万用表设置在直流电压 20V 档，测量进气压力传感器电器插座针脚 2 和针脚 1，应有 1.5V 左右电压。使用手动真空泵从进气压力传感器接进气歧管的端口施加真空，测量进气压力传感器电器插座针脚 2 和针脚 1。输出信号电压应随真空度增加（绝对压力减小）而下降，若不能满足上述条件，可以判定进气压力传感器有故障。

2) 就车测试：起动发动机并使其达到工作温度，将数字万用表设置在直流电压 20V 档，测量汽车微机控制故障检测诊断实验系统的发动机实验台上的进气压力传感器针脚 2 的反馈信号，红色表针置于进气压力传感器针脚 2，黑色表针置于进气压力传感器针脚 1、蓄电池负极或进气歧管壳体，急速时应显示电压为 1.5V 左右；急踩加速踏板应显示 2.8V 变化。若不符合上述变化，或电压下降，在电源电压与参考电压完好的前提下，可以断定进气压力传感器损坏，必须更换。

注意：在实际维修中，反馈信号电压的就车测试应在传感器插头尾部，挑开防水胶堵或刺破导线外皮，接万用表后踩动加速踏板，观察电压变化。

3. 数据流测试

连接解码器 IT—Ⅱ 到诊断接口，选择车上诊断或自动诊断，选择测试系统－发动机，选择 DTC 并进入，选择数据列表，找到进气压力信号，记录进气压力信号值并与标准值进行比较。在进气管不漏气，发动机工作正常时，如果与标准值相同，则说明进气压力传感器正常；如果与标准值不符，应对线路、传感器、硬件进行进一步检查。

六、考核要点与评分标准

1. 考核要求

1) 掌握进气压力传感器的结构与工作原理。
2) 掌握进气压力传感器的检测方法（电阻测试、电压测试、波形测试、数据流测试）、工艺流程、技术规范，掌握数据流的读取方法和数据流的分析。

2. 考核时间

考核时间：20min。

3. 考核评分

正确检测进气压力传感器及其线路，能正确分析进气压力传感器数据流信息。进气压力传感器的检测考核要点与评分标准见表 5-2。

表 5-2　进气压力传感器的检测考核要点与评分标准

序号	考核要点	配分	评分标准	考核记录	得分
1	进气压力传感器的检测原理	20	一处叙述不清扣 5 分		
2	进气压力传感器的故障检测	25	错误一次扣 5 分		

（续）

序号	考核要点	配分	评分标准	考核记录	得分
3	故障码与数据流的读取	20	错误一次扣 5 分		
4	数据流的分析	25	错误一次扣 5 分		
5	整理工具，清理现场 实习态度和纪律	10	保持实习现场秩序和卫生，保证人身及设备的安全，违规一次扣 5 分		
6	分数合计	100			

七、思考题

1. 简述进气压力传感器的作用及其工作原理。
2. 进气压力传感器输出信号都一样吗？为什么？
3. 简述进气压力传感器的测量步骤。
4. 测量进气压力传感器信号电压不正确时，下一步应如何进行操作？
5. 进气压力传感器损坏时，对电控发动机工作有什么影响？

项目六

检测进气温度传感器

一、教学目的

1）掌握常见进气温度传感器的结构与工作原理。
2）掌握进气温度传感器的检测方法（电阻测试、电压测试、波形测试、数据流测试）、工艺流程和技术规范。
3）掌握进气温度传感器数据分析的方法。

二、教学设备、工具及量具

1）工具：数字万用表，汽车示波器，家用电热吹风机，普通温度计，常用工具1套。
2）设备：桑塔纳AJR电喷发动机实验台1台，解剖发动机台架1台，桑塔纳时代超人或超越者汽车整车1辆。
3）教具：STN-AJR发动机教学挂图1套，测量用进气温度传感器8~10只。

三、课时

实训课时安排4课时。

四、相关基础知识

进气温度传感器（Intake Air Temperature Sensor，IATS）的功能是检测进气温度，并将温度信号转换为电信号输入发动机电控单元。进气温度信号是多种控制功能的修正信号，包括燃油脉宽、点火正时、怠速控制和尾气排放等，进气温度传感器是检测进气温度的，所以安装位置一定在进气道中，一般安装在空气滤清器上、节气门后方的进气道中，或与进气压力传感器安装在一起，安装在稳压腔上。若进气温度传感器信号中断，将导致发动机热起动困难，燃油脉宽增加，尾气排放恶化。

温度是反映发动机热负荷状态的重要参数，为了保证电控单元能够精确地控制发动机正常运行，必须随时监测发动机的进气温度，以便修正主控制参数，准确计算吸入气缸的空气质量流量以及进行排气净化处理等。空气质量大小与进气温度（密度）和大气（进气）压力密切相关。当进气温度低时空气密度大，相同体积气体的质量增大；反之，当进气温度升高时，相同体积气体的质量将减小。在采用各种歧管压力式或空气流量式传感器的燃油喷射系统中，都需要加装进气温度传感器，有些还需要加装大气压力传感器，以便随时监测周围环境温度和大气压力的变化，修正喷油量，使电控单元自动适应外部环境寒冷或高温温度以及不同海拔大气压力的变化情况。温度传感器的种类很多，常用的有热敏电阻式、金属热电阻式、线绕电阻式、半导体晶体管式等。

热敏电阻是利用陶瓷半导体材料的电阻值随温度变化而变化的特性制成的。根据热敏电阻的特性不同，可分为负温度系数（NTC）热敏电阻、正温度系数（PTC）热敏电阻和临界温度（CTR）热敏电阻。电阻值随温度升高而减小的热敏电阻称为负温度系数（NTC）热敏电阻；电阻值随温度升高而增大的热敏电阻称为正温度系数（PTC）热敏电阻；有一类热敏电阻的阻值以某一温度（称为临界温度）为界，高于此温度时阻值为某一水平，低于此温度时阻值为另一水平，这类热敏电阻称为临界温度（CTR）热敏电阻，三种热敏电阻的温度特性曲线如图6-1所示。

汽车上常用的是负温度系数型热敏电阻式温度传感器，如进气温度传感器、冷却液温度传感器、排气温度传感器和润滑油温度传感器等，如图6-2所示。其结构主要由热敏电阻、金属或塑料壳体、接线插座与连接导线组成。

热敏电阻是温度传感器的主要部件，汽车用热敏电阻是在陶瓷半导体材料中掺入适量金属氧化物，并在1000℃以上的高温条件下烧结而成的。控制掺入氧化物的比例和烧结温度，即可得到不同特性的热

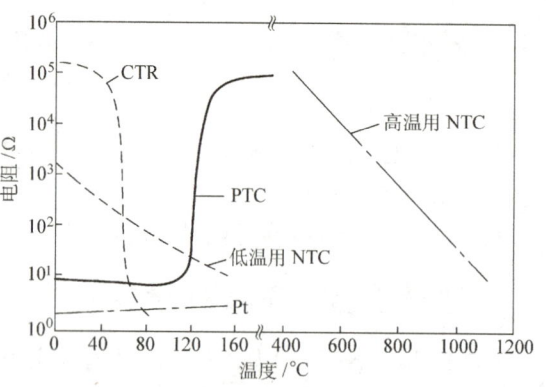

图6-1　热敏电阻与铂（Pt）金属电阻的特性

敏电阻，从而满足使用要求。例如，如果测量发动机冷却液温度，则热敏电阻的工作温度为-30℃～+130℃；如果测量发动机的排气温度，热敏电阻的工作温度则为600℃～1000℃。

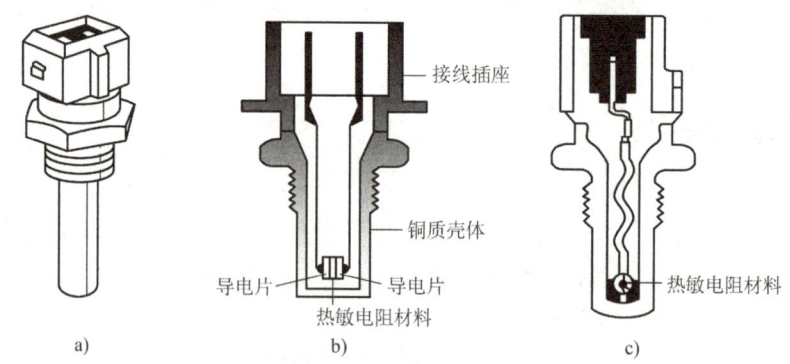

图6-2　热敏电阻式温度传感器的结构
a) 外形　b) 两端子式　c) 单端子式

热敏电阻的突出优点是灵敏度高、响应及时、结构简单、制造方便、成本低廉。在热敏电阻的两个端面各引出一个电极并连接到传感器插座上。传感器壳体上制作有螺纹，以便安装与拆卸。接线插座分为单端子式和两端子式两种，中高档轿车燃油喷射系统一般采用两端子式温度传感器，低档轿车燃油喷射系统以及汽车仪表一般采用单端子式温度传感器。如传

感器插座上只有一个接线端子,则壳体为传感器的一个电极。目前电控系统使用的温度传感器插座大多数都有两个接线端子,分别与 ECU 插座上的相应端子连接,以便可靠传递信号。

汽车电子控制系统普遍采用了负温度系数 NTC 热敏电阻式温度传感器,其阻值与温度的关系曲线如图 6-3 所示。NTC 型热敏电阻具有温度升高阻值减小、温度降低阻值增大的特性,而且成明显的非线性关系。

当被测对象的温度升高时,传感器阻值减小,热敏电阻上的分压值降低;反之,当被测对象的温度降低时,传感器阻值增大,热敏电阻上的分压值升高。ECU 根据接收到的信号电压值,便可计算求得对应的温度值,从而进行实时控制。

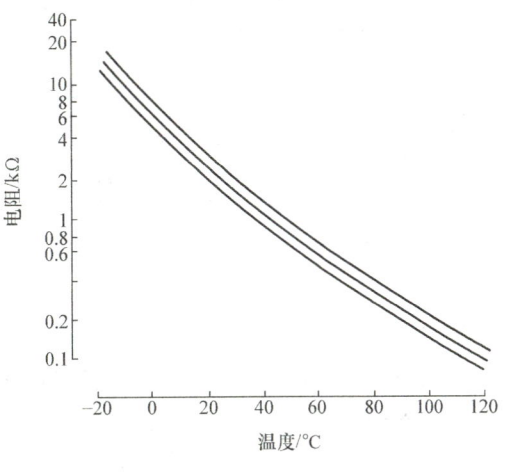

图 6-3 温度传感器的阻值与温度的关系曲线

桑塔纳 3000 型超越者轿车使用的是负温度系数热敏电阻进气温度传感器。传感器壳体上制有螺纹,安装在进气系统的动力腔上。当进气温度传感器发生故障时,电控单元能够检测到,将设置 P00527 号故障码,同时电控单元启动备用模式,将进气温度恒定在 19.5℃,使发动机在故障应急状态下运行。利用进口或国产故障诊断仪,通过连接 16 端子诊断插座可以读取此故障的有关信息。

图 6-4a、b 所示为桑塔纳 2000GSi 型轿车 AJR 发动机的进气温度传感器端子图与线路图,进气温度传感器 G72 安装在进气歧管上。传感器插座上有两个接线端子,信号输出端子与电控单元端插座上的端子 54 连接,传感器负极与电控单元插座上的传感器搭铁端子 67 连接,如图 6-4b 所示。利用负温度系数热敏电阻的特性,可以对进气温度传感器进行电阻测试、电压测试以确定进气温度系统工作是否正常。进气温度传感器的阻值可直接用万用表电阻档进行测试。检测时,断开点火开关,拔下进气歧管压力传感器插头,检测传感器插座上端子 1、2 间的电阻值,应当符合规定值,见表 6-1。若阻值过大、过小或为无穷大,说明传感器失效,应予以更换。

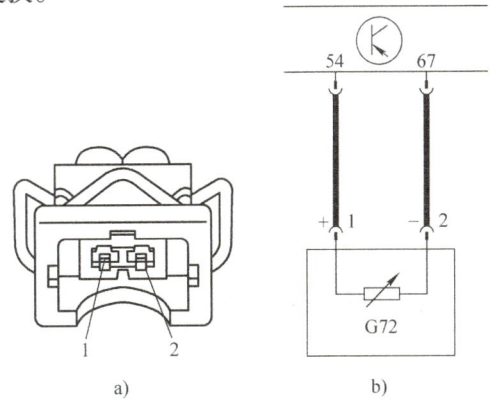

图 6-4 桑塔纳 2000GSi 型轿车 AJR 发动机进气温度传感器

表 6-1 桑塔纳 2000GSi 型轿车进气温度传感器的阻值与温度的关系

温度/℃	阻值/Ω	温度/℃	阻值/Ω
-20	14000~20000	50	720~1000
0	5000~6500	60	530~650
10	3300~4200	70	380~480
20	2200~2700	80	280~350
30	1400~1900	90	210~280
40	1000~1400	100	170~200

检修温度传感器时，可用万用表就车检测传感器的电源电压和信号输出电压。拔下歧管压力传感器插头，接通点火开关，检测传感器 ECU 一侧插头上端子 2、1 间的电压，应为 5V 左右。插上进气压力传感器插头，接通点火开关，检测传感器 ECU 一侧端子 2、1 间的信号电压，应为 0.5~3.0V。若电压值不符合规定，说明传感器失效，应予以更换。

五、实训操作

（一）实训操作注意事项

1）遵守实验室规章制度，未经许可，不得擅自移动和拆卸仪器与设备。

2）注意安全和教具完好性。

3）严禁未经许可擅自扳动教具、设备的电器开关、点火开关和起动开关，以防发生危险。

4）在教师允许和监控下，起动发动机时，需保证设备周围的人员安全，防止意外发生。

5）未关闭点火开关时，严禁拔下各传感器及执行器接口，以免损坏 ECU。

6）避免进气温度传感器掉在地上摔坏元件。使用电热吹风机时，注意不要将出风口离进气温度传感器传感头太近，以免烫坏零部件，防止烫伤手指、衣物和其他实验设备。

7）实验台测试电压信号时，注意操作流程和相对应的测试端口。原则上只做本次实验相关的测试，其他无关的部位不要测试。

8）在实物台架上，测试端口与电控单元直接相连，不要将任何电压加在发动机实验台的测试端口上，以免损坏电控单元。

（二）实训操作步骤

1. 电阻测量

1）用数字式万用表测量在各种温度下的阻值，方法为取一个电吹风，给进气温度传感器进行加热，用万用表电阻档测量进气温度传感器电阻值的变化。

进气温度传感器的电阻值：20℃时阻值应为 2.2~2.7kΩ；30℃时阻值应为 1.4~1.9kΩ；40℃时阻值应为 1.1~1.4kΩ。

2）测量发动机线束的阻值，具体见表 6-2，测量方法如图 6-5 所示。

表 6-2 电阻测试值

电脑接脚		传感器接脚	阻值/kΩ
至进气温度传感器（G72）	54	1	<0.5
	67	2	<0.5

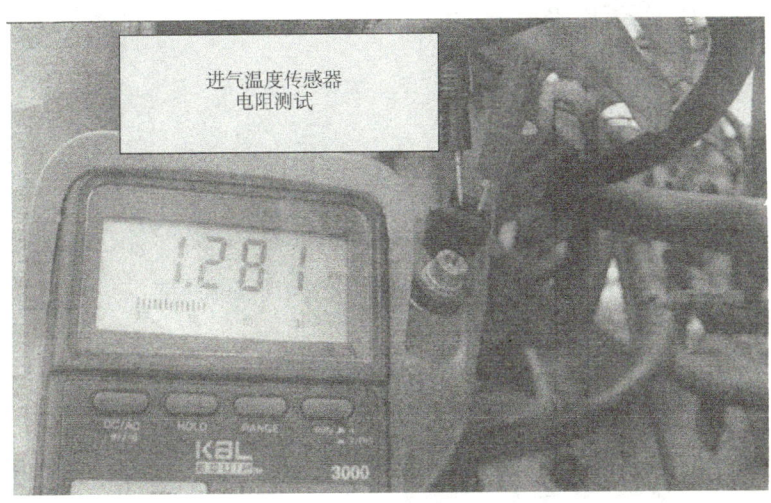

图 6-5 进气温度传感器电阻测试

2. 电压测量

测量发动机线束的电压时，先关闭点火开关，断开发动机线束与进气温度传感器的插接器，打开点火开关，测量线路侧时电压应为 5V，如图 6-6 所示。关闭点火开关，重新连接线束，测量信号端子 1 与接线端子 2 之间的电压，电压应随进气温度的变化而变化，动态检测电压应在 0.5~3V 变化。

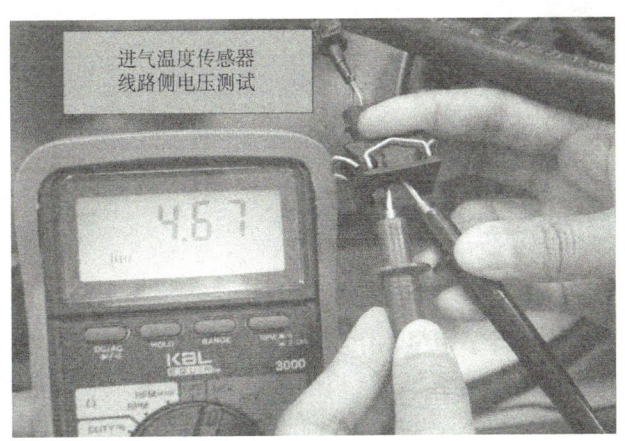

图 6-6 进气温度传感器线路测电压测试

3. 读取测量数据流

读取测量数据流第三组第四项，正常情况下显示正常的进气温度，当显示值为 19.5℃ 不变时，说明线路故障或进气温度传感器故障，如图 6-7、图 6-8 所示。

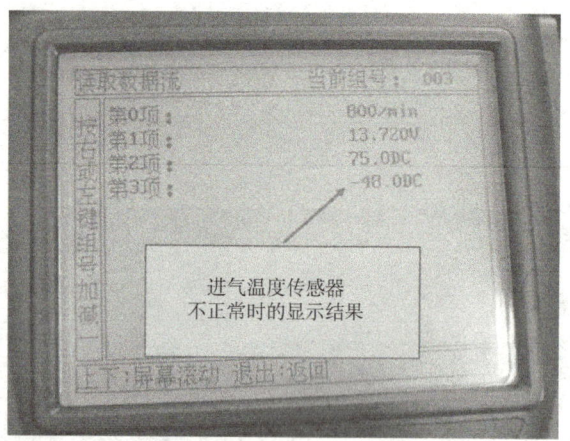

图6-7 进气温度传感器不正常时的显示结果

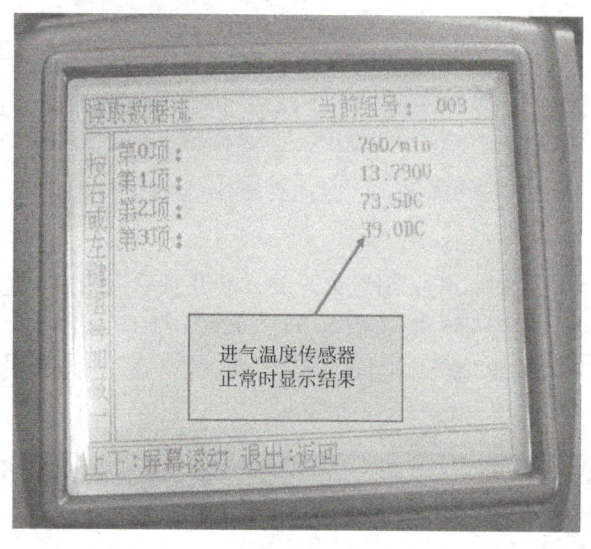

图6-8 进气温度传感器正常时显示的结果

六、考核要点与评分标准

1. 考核要求

1)掌握进气温度传感器的结构与工作原理。

2)掌握进气温度传感器的检测方法(电阻测试、电压测试、波形测试、数据流测试)、工艺流程、技术规范,掌握数据流的读取方法和数据流的分析。

2. 考核时间

考核时间:15min。

3. 考核评分

结合AJR发动机实验台,正确检测进气温度传感器及其线路,能正确分析进气温度传感器数据流信息。进气温度传感器的检测考核要点与评分标准见表6-3。

表6-3 进气温度传感器的检测考核要点与评分标准

序号	考核要点	配分	评分标准	考核记录	得分
1	进气温度传感器原理与作用	20	一处叙述不清扣5分		
2	进气温度传感器的故障检测	25	错误一次扣5分		
3	故障码与数据流的读取	20	错误一次扣5分		
4	数据流的分析	25	错误一次扣5分		
5	整理工具，清理现场 实习态度和纪律	10	保持实习现场秩序和卫生，保证人身及设备的安全，违规一次扣5分		
6	分数合计	100			

七、思考题

1. 简述进气温度传感的作用。
2. 根据热敏电阻的特性不同，热敏电阻可分为几种？
3. 简述市场常见车型的进气温度传感器安装位置。
4. 简述进气温度传感器的检查方法和步骤。
5. 当传感器输出端子输出的电压正常时，如何利用万用表测量确定信号正确传输给ECU？
6. 进气温度传感器对电控发动机的工作有什么影响？
7. 进气温度传感器一般安装在什么位置？

项目七

检测节气门位置传感器

一、教学目的

1）掌握节气门位置传感器的结构与工作原理。
2）掌握节气门位置传感器的故障对整个电控系统的影响。
3）掌握节气门位置传感器的检测方法（电阻测试、电压测试、波形测试、数据流测试）、工艺流程和技术规范。
4）掌握节气门位置传感器数据分析的方法。

二、教学设备、工具及量具

1）工具：数字万用表，汽车示波器，12V/5V 变压器。
2）设备：桑塔纳 AJR 发动机故障实验台，进口或国产故障诊断仪。
3）教具：STN-AJR 发动机教学挂图 1 套，节气门位置传感器解剖教具 1 个，测量用桑塔纳 3000 型轿车节气门位置传感器 8~10 只。

三、课时

实训课时安排 2 课时。

四、相关基础知识

节气门位置传感器（Throttle Position Sensor，TPS）安装在节气门体轴上。传统方式是由驾驶人操纵加速踏板上的拉索来控制进气量。当加速踏板踩下时，节气门开度增大，进气量也随之增大。与此同时，空气流量计控制的空气量随之增大，喷油量也相应增多，混合气总量变大。

节气门位置传感器一方面用来确定节气门的开度，反映发动机所处工况；另一方面反映节气门开、闭的速度。在急加速或急减速时，空气流量计由于惯性或灵敏度影响反映没有那么快，这样会影响汽车的动力性能和燃油经济性能。空气流量计这个缺陷可由节气门位置传感器来弥补，故节气门位置传感器信号也是喷油量控制的一个重要信号。在装备电子控制自动变速器的汽车上，节气门位置传感器信号还要输入变速器电控单元（ECT ECU），作为确定变速器换档时机和变矩器锁止时机的主要信号。

节气门位置传感器损坏会引起发动机抖动和怠速不稳，这是因为节气门位置传感器检测节气门开度，发动机 ECU 根据节气门的开度来调节喷油量和调整点火时间，如果节气门损坏，发动机 ECU 就不能正确接收到节气门开度的信号，导致不能准确调节喷油量和调整点火时间，严重时可能导致发动机无法起动。

按结构不同，节气门位置传感器分为触点式、可变电阻式、触点与可变电阻组合式三种类型。按输出信号类型的不同，节气门位置传感器可分为线性（量）输出型和开关（量）输出型两种。

国产桑塔纳 2000GLi 型轿车采用的节气门位置传感器既有触点式，也有可变电阻式；夏利 2000 型、捷达 AT、GTX 型、桑塔纳 2000GSi、3000 型、红旗 CA7220E 型轿车和切诺基吉普车采用了可变电阻式节气门位置传感器；丰田汽车采用的节气门位置传感器既有可变电阻式，也有组合式。

1. 触点式节气门位置传感器

（1）**触点式 TPS 的结构特点**　触点式节气门位置传感器（TPS）的结构如图 7-1 所示，主要由节气门轴、大负荷触点（又称为功率触点）PSW、凸轮、怠速触点 IDL 和接线插座组成。凸轮随节气门轴转动，节气门轴随节气门开度（发动机负荷）的变化而变化。

（2）**触点式 TPS 的输出特性**　触点式节气门位置传感器的输出特性如图 7-1c 所示。当节气门关闭时，怠速触点 IDL、功率触点 PSW 断开，怠速触点 IDL 输出端子输出的信号为低电平 0，功率触点 PSW 输出的信号为高电平 1。ECU 接收到 TPS 输入的这两个信号时，如果车速传感器输入 ECU 的信号表示车速为零，那么 ECU 将判定发动机处于怠速状态，并控制喷油器增加喷油量，保证发动机怠速转速稳定而不致熄火。如果车速传感器输入 ECU 的信号表示车速不为零，那么 ECU 将判定发动机处于减速状态运行，并控制喷油器停止喷油，以降低排放和提高经济性。

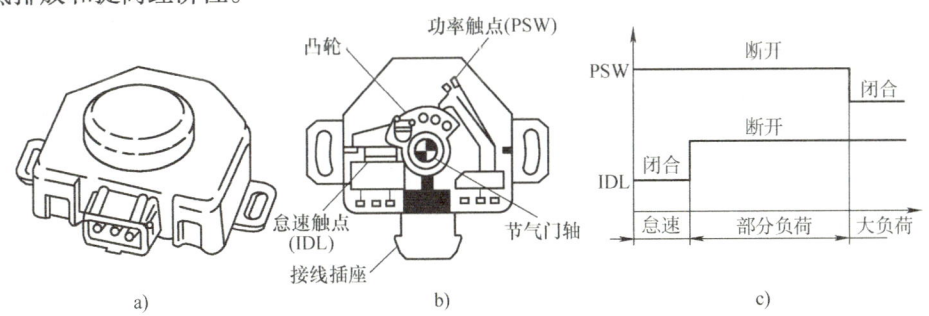

图 7-1　触点式节气门位置传感器（TPS）的结构
a) 外形图　b) 内部结构　c) 输出特性

当节气门开度增大时，凸轮随节气门轴转动并将怠速触点 IDL 顶开，如果功率触点 PSW 保持断开状态，那么 IDL 端子和 PSW 端子都将输出高电平 1。ECU 接收到这两个高电平信号时，将判定发动机处于部分负荷状态，此时 ECU 将根据空气流量计信号和曲轴转速信号计算确定喷油量，保证发动机的经济性和排放性能。

当节气门接近全部开启（80% 以上负荷）时，凸轮转动使功率触点 PSW 闭合，PSW 端子输出低电平 0，IDL 端子保持断开而输出为高电平 1。ECU 接收到这两个信号时，将判定发动机处于大负荷状态运行，并控制喷油器增加喷油量，保证发动机输出足够的功率，故大负荷触点称为功率触点。在此状态下,控制系统将进入开环控制模式,ECU 不采用氧传感器信号。如果此时空调器系统仍在工作,那么 ECU 将中断空调主继电器信号约 15s,以便切断空调电磁离合器线圈电流,使空调压缩机停止工作,增大发动机的输出功率,提高汽车的动力性。

2. 组合式节气门位置传感器

(1) 组合式 TPS 的结构特点　丰田轿车用组合式节气门位置传感器的基本结构与原理电路如图 7-2 所示。它主要由可变电阻、滑动触点、节气门轴、怠速触点和壳体组成。可变电阻为镀膜电阻,制作在传感器底板上,可变电阻的滑臂随节气门轴一同转动,滑臂与输出端子 V_{TA} 连接。

(2) 组合式 TPS 的输出特性　组合式 TPS 的输出特性如图 7-3 所示。当节气门关闭或开度小于 1.20 时,怠速触点闭合,其输出端 IDL 输出低电平(0V),如图 7-3a 所示;当节气门开度大于 1.20 时,怠速触点断开,输出端"IDL"输出高电平(5V)。

当节气门开度变化时,可变电阻的滑臂便随节气门轴转动,滑臂上的触点便在镀膜电阻上滑动,传感器的输出端子"V_{TA}"与"E_2"之间的信号电压随之发生变化,如图 7-3b 所示,节气门开度越大,输出电压越高。传感器输出的线性信号经过 A – D 转换器转换成数字信号后输入 ECU。

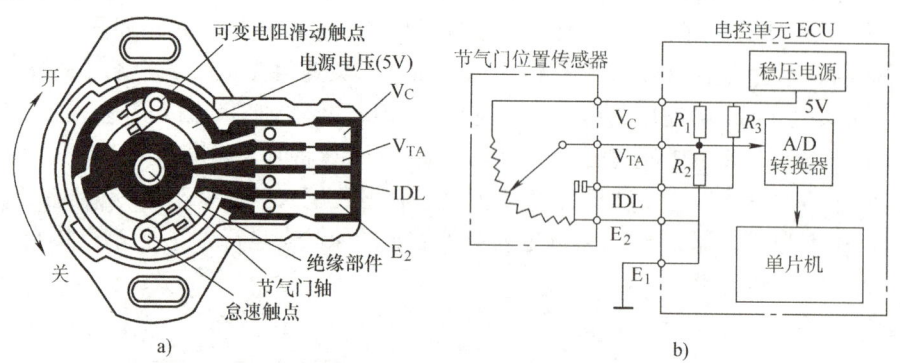

图 7-2　组合式节气门位置传感器(TPS)的结构与原理电路
a) 内部结构　b) 原理电路

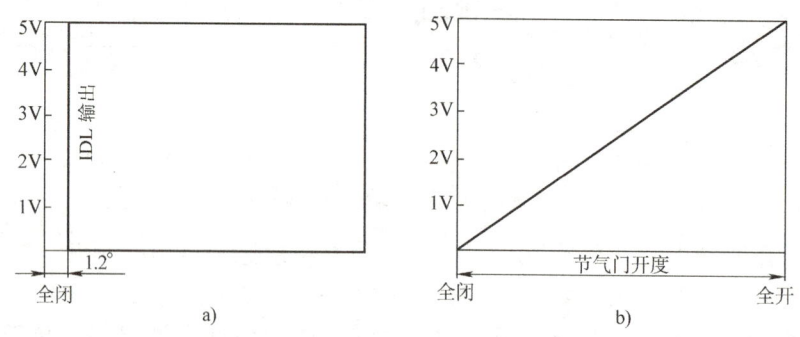

图 7-3　组合式节气门位置传感器(TPS)的输出特性
a) 怠速触点输出信号　b) 滑动触点输出信号

3. 自动变速器的节气门位置传感器

节气门位置传感器是发动机燃油喷射系统或自动变速器电控系统必不可少的传感器之

一、在装备电控自动变速器的汽车上，TPS 将发动机负荷（对应于节气门开启角度）转换为电压信号之后，除输入发动机 ECU 之外，还要输入自动变速器电控单元（ECT ECU）作为确定变速器换档时机和变矩器锁止时机的主要信号。

(1) **传感器的结构特点**　在装备或选装自动变速器的汽车上，发动机和变速器电控系统一般都公用一只 TPS。在采用开关量输出型节气门位置传感器的电控系统中，为了精确反映发动机负荷大小，以便精确控制变速器换档时机和变矩器锁止时机，其节气门位置传感器的结构比不装备或不选装电控自动变速器要复杂一些（即触点数目要多一些）。图 7-4 所示为丰田轿车 TPS 的结构。

节气门位置传感器安装在节气门轴的一端。传感器内部设有一个凸轮，套装在节气门轴上，随节气门开度变化而转动。传感器有 8 个输出端子，分别与传感器内部触点连接，端子 IDL、ACC_1、ACC_2、PSW 提供发动机控制信号；端子 L_1、L_2、L_3 提供自动变速器控制信号，E_2 为搭铁端子。

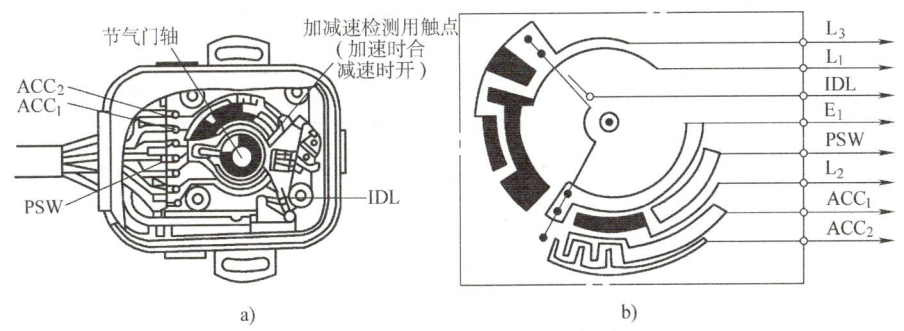

图 7-4　丰田轿车开关量输出型 TPS
a) 结构图　b) 原理图

(2) **传感器的输出特性**　传感器的输出特性如图 7-5 所示。当节气门完全关闭，凸轮使怠速 IDL 触点接通时，IDL 端子输出低电平"0"，ECT ECU 接收到 IDL 端子输出的低电平信号时，判定发动机处于怠速状态。输出信号与节气门开度之间的关系见表 7-1。

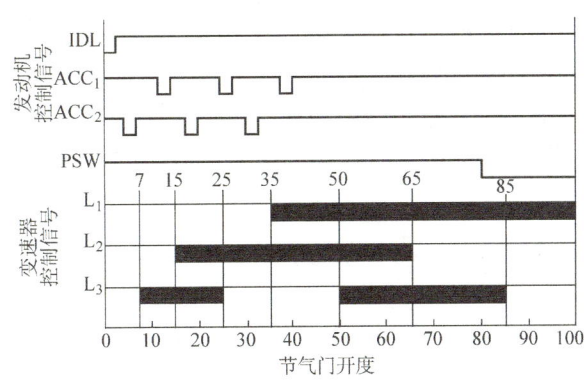

图 7-5　丰田轿车开关量输出型 TPS 的输出特性

表7-1 丰田TOYOTA开关输出型节气门位置传感器的输出特性

节气门开度(%)	传感器输出信号			
	IDL	L_1	L_2	L_3
0	0	1	1	1
0~7	1	1	1	1
7~15	1	1	1	0
15~25	1	1	0	0
25~35	1	1	0	1
35~50	1	0	0	1
50~65	1	0	0	0
65~85	1	0	1	0
85~100	1	0	1	1

注：0表示触点闭合，输出为低电平（0V）；1表示触点断开，输出为高电平（5V）。

当ECT ECU接收到IDL、L_1、L_2、L_3输出均为高电平1时，判定发动机负荷为0~7%。

当ECT ECU接收到IDL、L_1、L_2输出为高电平1，L_3输出为低电平0时，判定发动机负荷为7%~15%。

当ECT ECU接收到IDL、L_1输出为高电平1，L_2、L_3输出为低电平0时，判定发动机负荷为15%~25%。节气门在其他开度时，传感器输出信号依此类推。

4. AJR型发动机节气门控制组件

AJR型发动机节气门控制组件内实际是由节气门电位计（G69）和节气门定位电位计（G88）这两个部件确定节气门开度。

1）节气门位置传感器通常是指节气门电位计。节气门控制组件有两个与节气门联动的可动电刷触点，一个触点在节气门全闭时与怠速触点接触，另一个触点为可在电阻体上滑动的可动触点，节气门开度的大小与电阻的变化成比例。将节气门开度对应的线性输出电压输送给ECU，ECU就会感知节气门位置。图7-6所示为节气门位置传感器的输出特性。

2）节气门定位器（V60）起着控制怠速的作用，能适当开大或关小节气门，所以此发动机没有怠速控制阀。

3）怠速开关（F60）用以向发动机ECU提供怠速位置信号。怠速开关闭合时，由节气门定位器决定怠速时节气门的开度。

测量节气门控制组件供电电压即是测量节气门定位电位计和节气门电位计的电源电压。打开点火开关，测量节气门控制组件插头，端子4和7间电压应约为5V（用20V量程档）。表7-2为线路电阻测量值，表7-3为节气门动态电压值。节气门控制组件的电路如图7-7

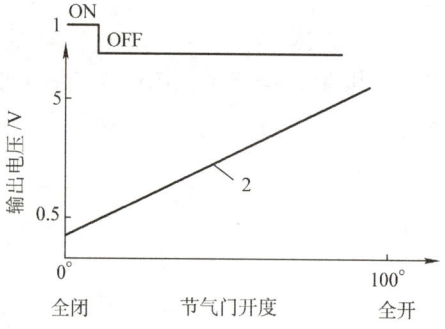

图7-6 节气门位置传感器输出特性

1—怠速触点信号　2—节气门开度输出特性

所示。

表7-2 线路电阻测量值

管脚连接位置名称	ECU管脚	节气门组件管脚	阻值/Ω
至节气门定位器（V60）	66	1	<1
	59	2	<1
至急速开关（F60）	69	3	<0.5
至节气门电位计（G69）	62	4	<0.5
至急速开关（F60）	75	5	<0.5
	67	7	<0.5
至节气门定位电位计（G88）	74	8	<0.5
急速开关闭合	67与69		<1
急速开关打开	67与69		∞

表7-3 节气门动态电压值

管　脚	急速/V	全开/V
4脚与7脚	5	5
5脚与7脚	4.4	0.7
8脚与7脚	3.8（3.2~4变化）	
3脚与7脚	0	11.2
1脚与2脚	-2~+3变化	

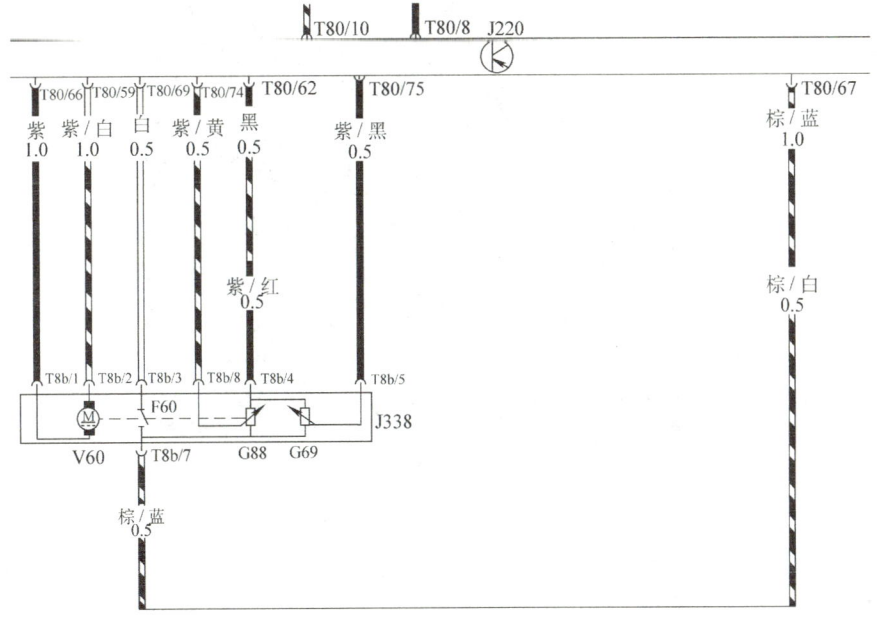

图7-7 节气门控制组件的电路图

五、实训操作

（一）实训操作注意事项

1）遵守实验室规章制度，未经许可，不得擅自移动和拆卸仪器与设备。

2）注意安全和教具完好性。

3）严禁未经许可擅自扳动教具、设备的电器开关、点火开关和起动开关，以防发生危险。

4）在教师允许和监控下，起动发动机时，需保证设备周围的人员安全，防止意外发生。

5）未关闭点火开关时，严禁拔下各传感器及执行器接口，以免损坏 ECU。

6）节气门组件要轻拿轻放，避免节气门组件掉到地上摔坏。

7）上实验台测试电压信号时，注意操作流程和相对应的测试端口。原则上只做本次实验相关的测试，其他无关的部位不要测试；否则，按原理不清或看不懂电路图扣分。

8）在实物台架上，测试端口与电控单元直接相连，不要将任何电压加在发动机实验台的测试端口上，以免损坏电控单元。

（二）实训操作步骤

1. 电阻测试

线路测试：本项目电阻测试为辅助性测试，主要是检测线束的导通性，以确认线束通畅，无断路、短路，插接器牢靠，各信号传递无干扰。测试在汽车微机控制故障检测诊断实验系统的发动机实验台上进行，如图7-8所示。

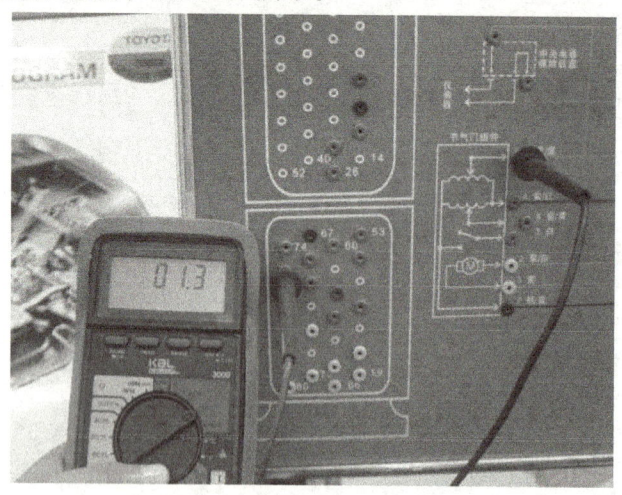

图7-8　线路导通性测试

1）**线束导通性测试**：将数字万用表设置在电阻200Ω档，在面板上按电路图找到节气门控制组件图形下面的针脚号与 ECU 信号测试端口图相应的针脚号，分别测试节气门控制组件针脚对应至电控单元针脚的电阻，所有电阻都应低于5Ω。

2）**线束短路性测试**：将数字万用表设置在电阻200kΩ档，测量节气门控制组件针脚与其不相对应的电控单元针脚之间的电阻,阻值应为∞。

注意:在实际维修中,欲测试各条线束的导通性,应关闭点火开关,拔下传感器插头与电控单元插接器,使用数字万用表分别测量各线束间的电阻,相连导线电阻应当小于5Ω,不相连导线电阻应为∞。在汽车微机控制故障检测诊断实验系统的发动机实验台上,进行本项测试不用拔传感器与电控单元插头。在实际测量中,由于测量手法、万用表本身的误差以及被测物体表面的氧化与灰尘等因素,发生几个欧姆的误差属于正常现象。

2. 电压测试

本项目电压测试有电源电压测试和信号电压测试两部分,其中信号电压测试是确定节气门控制组件是否失效的主要依据。

(1) 电源电压测试 在汽车微机控制故障检测诊断实验系统的发动机实验台上进行,如图7-9所示。打开点火开关,将数字万用表设置在直流电压20V档,红色表针置于节气门控制组件针脚2,黑色表针置于蓄电池负极或发动机进气歧管壳体,起动起动机时应显示12V;红色表针置于节气门控制组件针脚4,黑色表针置于蓄电池负极或发动机进气歧管壳体,应显示5V。

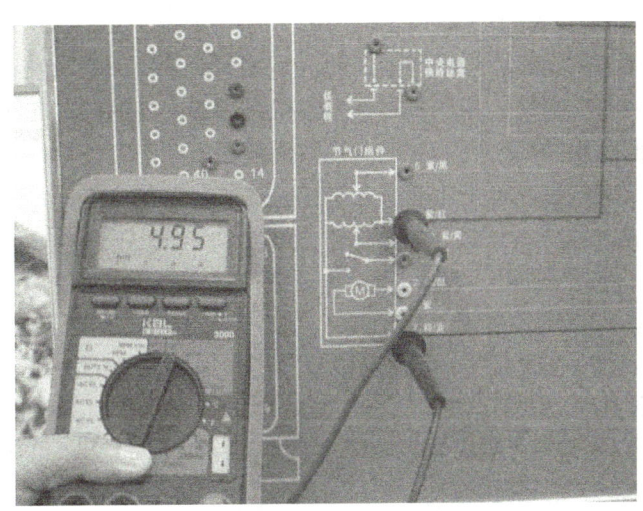

图7-9 节气门4脚5V供电电压测试

注意:在实际维修中,应拔下传感器插头,打开点火开关,测量端子2与蓄电池负极间电压,起动起动机时应显示12V。此时电控单元会记录节气门控制组件的故障码,测试完毕后要使用诊断仪清除故障码。在汽车微机控制故障检测诊断实验系统的发动机实验台上,进行本项测试不用拔传感器插头。

(2) 信号电压测试 就车测试在汽车微机控制故障检测诊断实验系统的发动机实验台上进行,如图7-10所示。

就车测试:起动发动机至工作温度,将数字万用表设置在直流电压20V档,测量汽车微机控制故障检测诊断实验系统的发动机实验台上节气门控制组件针脚3、5、8的反馈信号,红色表针置于节气门控制组件针脚5,黑色表针置于节气门控制组件针脚7、蓄电池负极或进气歧管壳体,急速时应显示电压为1.5V左右;急踩加速踏板时应显示2.8V变化。若不符合上述变化,或电压下降,在电源电压与参考电压完好的前提下,可以断定节气门控制组件损坏，必须更换。

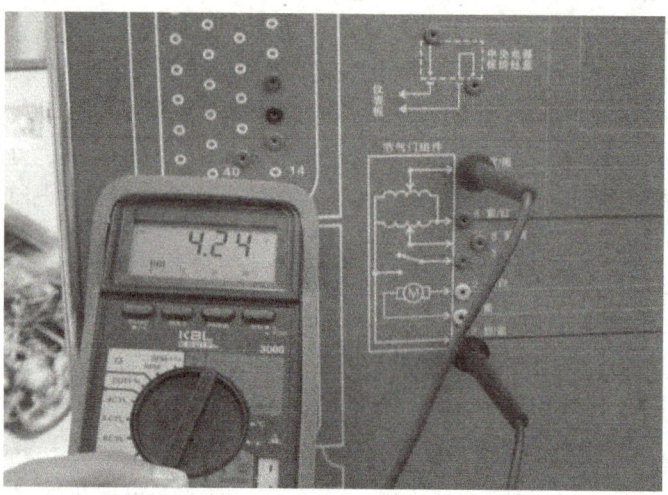

图 7-10　节气门位置传感器电压测试

3. 数据流测试

本项目的数据流测试是使用进口或国产的汽车故障诊断仪，登录发动机控制单元直接读取节气门控制组件的各项参数，测试条件是发动机在运行中并达到工作温度。数据流的检测方法简便易行，数据直观准确，并能够随时观察到数据的动态变化，是当代汽车电子控制系统故障检测诊断的重要方法，也是当前汽车维修一线急缺的技术。

（1）诊断解码器的操作　连接解码器，点击"选择系统"，选择"［01］发动机系统"，选择"［08］读取动态数据流"，选择"［01］组"或"［04］组"。

（2）数据分析　读取测量数据流 01 组第 2 项，在急速时，如图 7-11 所示，节气门数据应显示数据"＜5"。如果显示"＞5"，说明节气门没有做基本设定，或节气门拉索太紧，或节气门控制部件损坏。

读取测量数据流 04 组第 4 项，在急速时应显示 leerlauf 或中文"急速"两字。如果显示不对，说明节气门控制部件可能损坏。

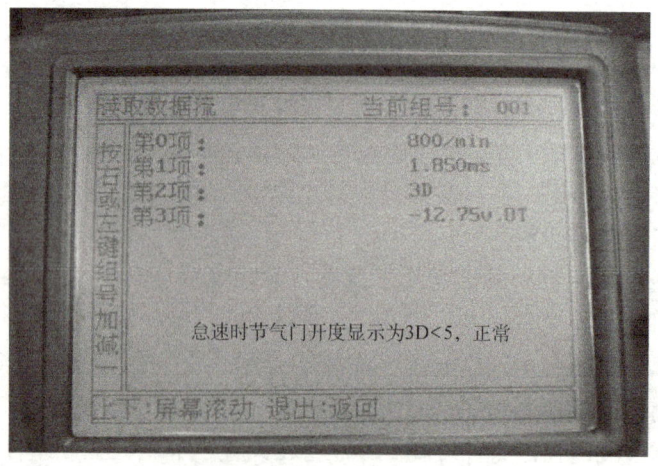

图 7-11　急速时节气门开度显示

六、考核要点与评分标准

1. 考核要求

1）掌握节气门位置传感器的结构与工作原理。
2）掌握节气门位置传感器的检测方法（电阻测试、电压测试、波形测试、数据流测试）、工艺流程、技术规范，掌握数据流的读取方法和数据流的分析。

2. 考核时间

考核时间：20min。

3. 考核评分

结合 AJR 发动机实验台，正确检测节气门位置传感器及其线路，能正确分析节气门位置传感器数据流信息。节气门位置传感器的检测考核要点与评分标准见表7-4。

表7-4 节气门位置传感器的检测考核要点与评分标准

序号	考核要点	配分	评分标准	考核记录	得分
1	节气门位置传感器的原理与作用	20	一处叙述不清扣5分		
2	节气门位置传感器的故障检测	25	错误一次扣5分		
3	故障码与数据流的读取	20	错误一次扣5分		
4	数据流的分析	25	错误一次扣5分		
5	整理工具，清理现场	10	保持实习现场秩序和卫生，保证人身及设备的安全，违规一次扣5分		
	实习态度和纪律				
6	分数合计	100			

七、思考题

1. 按结构的不同，节气门位置传感器分为哪几种？按输出信号类型的不同，节气门位置传感器可分为哪几种？
2. 组合式 TPS 的输出特性是什么？
3. 试述节气门位置传感器的检测方法步骤。
4. 利用万用表对桑塔纳 AJR 发动机节气门组件进行电阻测量时，如何判断元件是否正常？
5. 如何利用万用表测量节气门传感器输出的信号电压？信号范围为多少？
6. 节气门位置传感器对电控发动机工作有什么影响？

项目八
检测凸轮轴位置传感器

一、教学目的

1）掌握凸轮轴位置传感器的结构与工作原理。
2）掌握凸轮轴位置传感器故障及对整个电控系统的影响。
3）掌握凸轮轴位置传感器的检测方法（电阻测试、电压测试、波形测试、数据流测试）、工艺流程和技术规范。
4）掌握凸轮轴位置传感器数据分析的方法。

二、教学设备、工具及量具

1）工具：数字万用表，汽车示波器，一字或十字螺钉旋具，12V/5V 变压器。
2）设备：桑塔纳 AJR 发动机故障实验台，优耐特汽车故障诊断中心，进口或国产故障诊断仪。
3）教具：STN – AJR 发动机教学挂图 1 套，凸轮轴位置传感器解剖教具 1 只，测量用桑塔纳 3000 型轿车凸轮轴位置传感器 8～10 只。

三、课时

实训课时安排 2 课时。

四、相关基础知识

霍尔效应（Hall Effect）是美国约翰·霍普金斯大学物理学家爱德华·霍尔博士（Dr·Edward H·Hall）于 1879 年首先发现的。霍尔效应是指将一个通有电流 I 的长方形白金导体垂直于磁力线放入磁感应强度为 B 的磁场中，如图 8-1 所示，在白金导体的两个横向侧面上就会产生一个电流方向和磁场方向垂直的电压，当取消磁场时电压立即消失。产生的电压称为霍尔电压 U_H，U_H 与通过白金导体的电流 I 和磁感应强度 B 成正比。

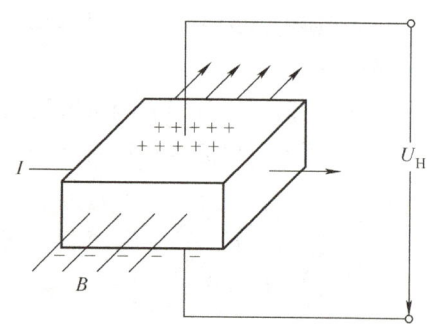

图 8-1 霍尔效应原理

当信号转子随凸轮轴一同转动时，隔板和缺口便从霍尔集成电路与永磁铁之间的间隙中转过。每当信号转子的隔板（叶片）进入气隙时，霍尔集成电路中的磁场便被隔板（叶片）旁路，霍尔元件上没有磁力线穿过，霍尔电压 U_h 为零，集成电路输出级的晶体管截止，传感器输出的信号电压 U_o 为高电平（约为4.0V）。每当信号转子的隔板离开气隙（即缺口进入气隙）时，永磁铁的磁通便经导磁钢片和霍尔集成电路构成电路，此时霍尔元件产生霍尔电压（约为2.0V），集成电路输出级的晶体管导通，传感器输出的信号电压 U_o 为低电平（约为0.1V）。由此可见，当隔板（叶片）进入气隙（即在气隙内）时，霍尔元件不产生电压，传感器输出高电平信号；当隔板（叶片）离开气隙（即缺口进入气隙）时，霍尔元件产生电压，传感器输出低电平信号。

利用霍尔效应制成的元件称为霍尔元件，利用霍尔元件制成的传感器称为霍尔效应式传感器，简称霍尔传感器。由于半导体材料也存在霍尔效应，因此一般都采用半导体材料制作霍尔元件。20世纪80年代以来，汽车电子产品应用的霍尔式传感器与日俱增，主要原因是霍尔式传感器有两个显著的优点：一是输出电压信号近似于方波信号；二是输出电压高低与被测物体的转速无关。霍尔效应式传感器与磁感应式传感器的不同之处是需要外加电源。霍尔式传感器主要由触发叶轮、霍尔集成电路（IC，Integrated Circuit）、导磁钢片（磁轭）和永磁铁组成，其基本结构如图8-2所示。

霍尔集成电路由霍尔元件、放大电路、稳压电路、温度补偿电路、信号变换电路和输出电路等组成。

凸轮轴位置传感器（Crankshaft Position Sensor，CPS）又称为判缸传感器，也称为同步信号传感器，为了区别于曲轴位置传感器（CPS），凸轮轴位置传感器一般使用缩写 CIS 来表示，在形式上分为光电式、磁感应式和霍尔式三种。凸轮轴位置传感器的功用是采集配气机构凸轮轴的位置信号并输入电控单元，以便电控单元识别1缸压缩上止点位置，从而精确计算顺序喷油控制、点火正时控制和燃烧爆燃控制。此外，凸轮轴位置信号还用于发动机刚起动时识别出第一次点火时刻。凸轮轴位置传感器一般安装在凸轮轴的前端或后端，在有些老款的日产车型中，凸轮轴位置传感器和曲轴位置传感器安装在一起，安装在分电器内部。

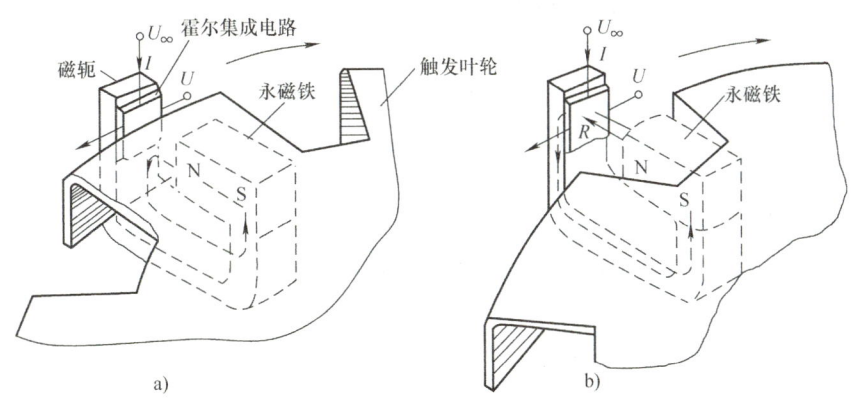

图8-2 霍尔传感器的基本结构与原理

a) 叶片进入气隙，磁场被旁通 b) 叶片离开气隙，磁场饱和

AJR 发动机霍尔传感器发送1缸点火位置，如果霍尔传感器发生故障，爆燃控制关闭，点火提前角稍微推迟，避免产生爆燃。如果没有霍尔传感器信号，发动机仍然将继续运行，

并且能再次起动。这是因为在双火花点火系统中发动机每一转各缸产生1次火花，不是像通常情况每2转各缸产生1次火花。另外，由于没有霍尔传感器信号，只是产生一转的偏差，对喷射影响不大。

不拔下霍尔传感器插头，用测试灯从背面连接插头端子1和2（图8-3），接通起动电动机几秒钟，发动机每转2转测试灯应闪一下。如果测试灯不闪，拔下霍尔传感器插头，打开点火开关，测量插头端子1和3的电压（量程为20V电压档），标准值应为约5V；测量插头端子2和3的电压，标准应接近蓄电池电压。如果测量值符合标准，更换霍尔传感器；如果测量值不符合标准，应按图8-4所示检查霍尔传感器与控制单元的线路是否有开路或短路。

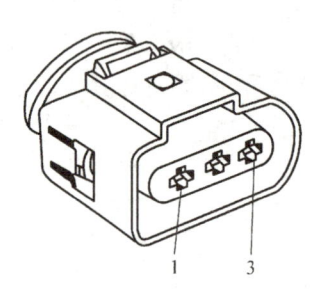

图8-3　霍尔传感器插头端子图

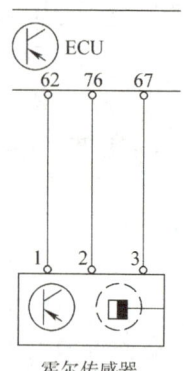

图8-4　霍尔传感器与控制单元连接电路图

霍尔式凸轮轴位置传感器的优点是信号为数字信号，能被ECU直接识别，而且信号的强弱不会受转速的影响而发生变化，但是基于传感器的原理，传感器工作必须由电源供电。

五、实训操作

当发动机缺少或收不到凸轮轴位置传感器信号时，发动机将出现起动困难、加速无力、排放超标、怠速不稳等故障现象，造成这些现象的原因有时会使故障诊断变得界限模糊。要准确、迅速地诊断故障，就要认识凸轮轴位置传感器的特性，了解它的结构、工作原理及诊断方法。

（一）实训操作注意事项

1）遵守实验室规章制度，未经许可，不得擅自移动和拆卸仪器与设备。

2）注意安全和教具完好性。

3）严禁未经许可擅自扳动教具、设备的电器开关、点火开关和起动开关，以防发生危险。

4）在教师允许和监控下，起动发动机时，需保证设备周围的人员安全，防止意外发生。

5）未关闭点火开关时，严禁拔下各传感器及执行器接口，以免损坏ECU。

6）避免霍尔传感器掉在地上摔坏内部电路和元件。

7）上实验台测试电压信号时，注意操作流程和相对应的测试端口。原则上只做本次实验相关的测试，其他无关的部位不要测试。

8）在实物台架上，测试端口与电控单元直接相连，不要将任何电压加在发动机实验台的测试端口上，以免损坏电控单元。

（二）实训操作步骤

1. 对霍尔传感器进行检查

检查方法如下：

1）拔下霍尔传感器三针插头。

2）借助导线 V. A. G 1594 将万用表接到插头的端子 1 和 3 上。

3）打开点火开关。

4）测量插头的端子 1 和 3 的电压，标准值为 4.5V 以上，如图 8-5 所示。

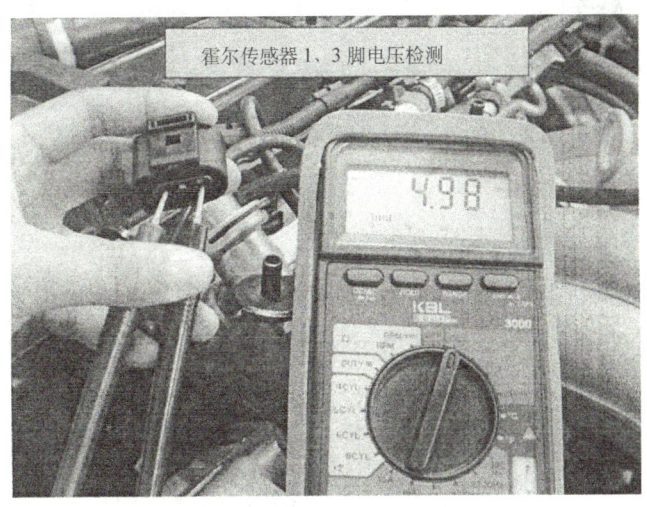

图 8-5　霍尔传感器 1、3 脚电压检测

5）关闭点火开关。

6）将测试盒 V. A. G 1598/22 连接到控制单元线束上。

7）根据电路图，检查测试盒和插头之间导线的导通性，即端子 1 和插孔 62、端子 2 和插孔 76、端子 3 和插孔 67 均导通，导线最大电阻值不大于 0.5Ω 符合要求，见表 8-1。

8）检查导线之间是否相互不导通，导线之间的电阻值应为无穷大。

表 8-1　线路导通测试

	ECU 插头	传感器插头	阻值/Ω
霍尔传感器（G40）线路导通测试	T80/62	1	<0.5
	T80/76	2	<0.5
	T80/67	3	<1

9）如在导线中未发现故障，而在端子 1 和 3 间有电压，则应更换霍尔传感器 G40。

10）如未发现导线中有故障，而在端子 1 和 3 间无电压，则应更换发动机控制单元。

波形测试：如图8-6所示，使用示波器，观看霍尔传感器的波形，判断霍尔传感器的好坏及其电路故障。

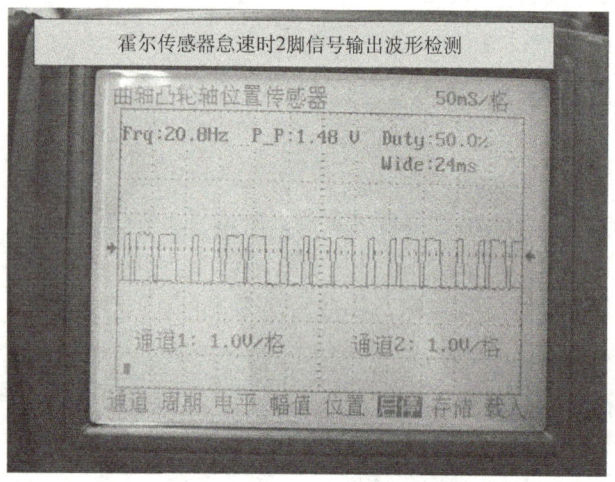

图8-6 霍尔传感器信号波型

2. 教学延伸（光电式曲轴与凸轮轴位置传感器）

（1）传感器的结构特点　日产公司生产的光电式曲轴与凸轮轴位置传感器是由分电器改进而成的，结构如图8-7所示，主要由信号发生器、信号盘（即信号转子）、配电器、传感器壳体和线束插头等组成。

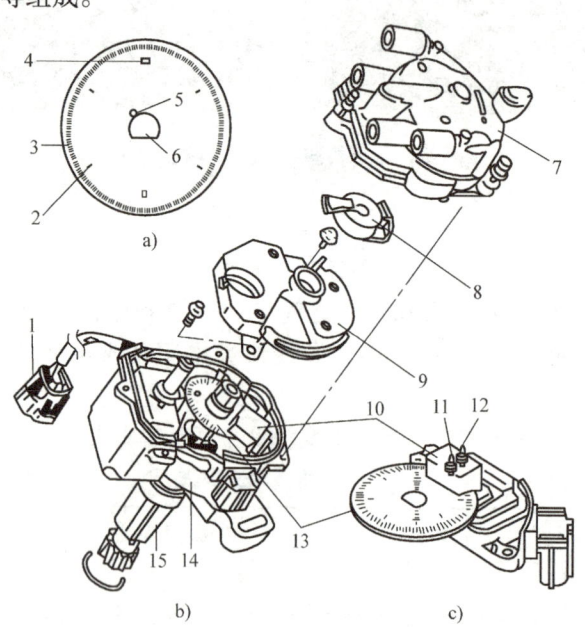

图8-7 光电式曲轴与凸轮轴位置传感器结构

a）信号盘结构　b）传感器结构　c）信号发生器结构

1—线束插头　2—上止点信号透光孔　3—曲轴转角信号透光孔　4—1缸上止点信号透光孔　5—定位销　6、15—传感器轴　7—传感器盖　8—分火头　9—防护盖　10—信号发生器　11—G信号（上止点信号）传感器　12—Ne信号（转速与转角信号）传感器　13—信号盘　14—传感器壳体

信号盘是传感器的信号转子，压装在传感器轴上，结构如图 8-7a 所示。在靠近信号盘的边缘位置制作有间隔弧度均匀的内、外两圈透光孔。其中，外圈制作有 360 个长方形透光孔（缝隙），间隔弧度为 1°（透光孔占 0.5°，遮光部分占 0.5°），用于产生曲轴转角与转速信号；内圈制作有 6 个透光孔（长方形孔），间隔弧度为 60°，用于产生各个气缸的上止点位置信号，其中有 1 个长方形宽边稍长的透光孔，用于产生 1 缸上止点位置信号。

信号发生器固定在传感器壳体上，由 Ne 信号（曲轴位置信号）发生器、G 信号（凸轮轴位置信号）发生器以及信号处理电路组成，如图 8-7c 所示。Ne 信号与 G 信号发生器均由一只发光二极管 LED 和一只光敏晶体管组成，两只 LED 分别正对着两只光敏晶体管。

（2）曲轴转速、转角信号和气缸识别信号的产生原理　光电式传感器的工作原理如图 8-8 所示。因为传感器轴上的斜齿轮与发动机配气凸轮轴上的斜齿轮啮合，所以当发动机带动传感器轴转动时，信号盘上的透光孔便从信号发生器的发光二极管 LED 与光敏晶体管之间转过。

当信号盘上的透光孔旋转到 LED 与光敏晶体管之间时，LED 发出的光线会照射到光敏晶体管上，此时光敏晶体管导通，其集电极输出低电平（0.1～0.3V）；当信号盘上的遮光部分旋转到 LED 与光敏晶体管之间时，LED 发出的光线不能照射到光敏

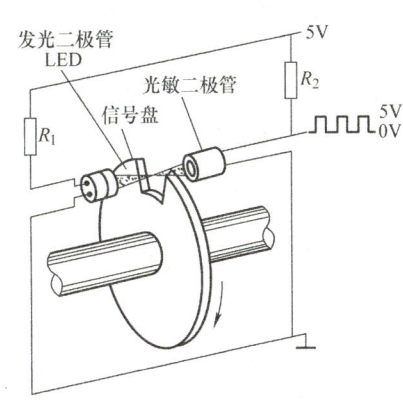

图 8-8　光电式传感器工作原理

晶体管上，此时光敏晶体管截止，其集电极输出高电平（4.8～5.2V）。如果信号盘连续旋转，透光孔和遮光部分交替地转过 LED 而透光或遮光，光敏晶体管集电极就会交替地输出高电平和低电平。

当传感器轴随曲轴和配气凸轮轴转动时，信号盘上的透光孔和遮光部分便从 LED 与光敏晶体管之间转过，LED 发出的光线受信号盘透光和遮光作用交替照射到信号发生器的光敏晶体管上，信号传感器中就会产生与曲轴位置和凸轮轴位置对应的脉冲信号。日产公司采用的光电式曲轴与凸轮轴位置传感器输出波形如图 8-9 所示。

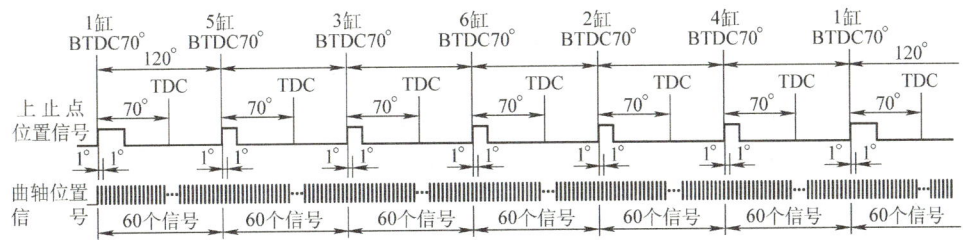

图 8-9　光电式曲轴与凸轮轴位置传感器输出波形

由于曲轴旋转两转，传感器轴带动信号盘旋转一圈，因此 G 信号传感器将产生 6 个脉冲信号，Ne 信号传感器将产生 360 个脉冲信号。因为 G 信号透光孔间隔弧度为 60°，曲轴每旋转 120° 就产生一个脉冲信号，所以通常 G 信号称为 120°信号。设计安装保证 120°信号在上止点前 70°（BTDC70°）时产生，且长方形宽边稍长的透光孔产生的信号对应于发动机

1 缸活塞上止点前 70°，以便 ECU 控制喷油提前角与点火提前角。因为 Ne 信号透光孔间隔弧度为 1°（透光孔占 0.5°，遮光部分占 0.5°），所以在每一个脉冲周期中，高、低电平各占 1°曲轴转角，360 个信号表示曲轴旋转 720°。

由图 8-8 中可见，当 ECU 接收到 G 信号发生器输入的宽脉冲信号时，便可确定 1 缸活塞处于压缩上止点前 70°位置；ECU 接收到下一个 G 信号时，则判定 5 缸活塞处于压缩上止点前 70°位置。ECU 接收到每一个上止点位置信号（G 信号）后，根据曲轴转角信号（Ne 信号）便可将喷油提前角和点火提前角的控制精度控制在 10°（曲轴转角）内。

光电式凸轮轴位置传感器即使在发动机不转动的情况下，也能感知旋转原件的位置，而且不受电磁干扰。在任何转速条件下，传感器发出信号的振幅都会保持一致。高温光纤维技术的迅猛发展，将会使光电传感器在汽车上的应用范围越来越广。

光电式曲轴位置传感器的常见故障有：发光二极管、光敏晶体管脏污、损坏；信号盘上的光栅或弧形槽残缺，信号盘翘曲，内部电路断路或接触不良等，使之信号减弱、变形或无信号产生，造成发动机不能工作。

六、考核要点与评分标准

1. 考核要求

1）掌握凸轮轴位置传感器的结构与工作原理。

2）掌握凸轮轴位置传感器的检测方法（电阻测试、电压测试、波形测试、数据流测试）、工艺流程、技术规范，掌握数据流的读取方法和数据流的分析。

2. 考核时间

考核时间：20min。

3. 考核评分

结合 AJR 发动机实验台，正确检测凸轮轴位置传感器及其线路，能正确分析凸轮轴位置数据流信息。凸轮轴位置传感器的检测考核要点与评分标准见表 8-2。

表 8-2 凸轮轴位置传感器的检测考核要点与评分标准

序号	考核要点	配分	评分标准	考核记录	得分
1	凸轮轴位置传感器的原理与作用	20	一处叙述不清扣 5 分		
2	凸轮轴位置传感器的故障检测	25	错误一次扣 5 分		
3	故障码与数据流的读取	20	错误一次扣 5 分		
4	数据流的分析	25	错误一次扣 5 分		
5	整理工具，清理现场 实习态度和纪律	10	保持实习现场秩序和卫生，保证人身及设备的安全，违规一次扣 5 分		
6	分数合计	100			

七、思考题

1. 什么是霍尔效应？
2. 霍尔传感器输出的信号是数字式还是模拟式的？
3. 简述如何判断霍尔传感器的好坏。
4. 简述测量霍尔传感器的步骤。
5. 简述光电传感器的工作原理。
6. 如何利用万用表确定传感器信号端子、搭铁端子和屏蔽端子位置？
7. 光电式凸轮轴位置传感器有什么优点？有什么缺点？
8. 霍尔式传感器的优点是什么？

项目九

检测曲轴位置传感器

一、教学目的

1) 了解曲轴位置传感器的结构与工作原理。
2) 掌握曲轴位置传感器故障及对整个电控系统的影响。
3) 掌握曲轴位置传感器的检测方法（电阻测试、电压测试、波形测试、数据流测试）、工艺流程和技术规范。
4) 掌握曲轴位置传感器数据分析的方法。

二、教学设备、工具及量具

1) 工具：数字万用表，汽车示波器。
2) 设备：桑塔纳 AJR 发动机故障实验台，优耐特汽车故障诊断中心，进口或国产故障诊断仪。
3) 教具：STN-AJR 发动机教学挂图 1 套，曲轴位置传感器解剖教具 1 只，测量用桑塔纳 3000 型轿车曲轴位置传感器 8~10 只。

三、课时

实训课时安排 2 课时。

四、相关基础知识

曲轴位置传感器（Crankshaft Position Sensor，CPS）又称为发动机转速传感器或曲轴转角传感器，其功用是采集曲轴转过的角度与速度（发动机转速）信号，并将信号直接输入电控单元，以便确定点火时刻与喷油时刻。曲轴位置传感器信号是电控单元控制点火与喷油的主要信号，如果电控单元收不到该信号或信号超出规定的范围，发动机都不能运行。

一般汽车上常见的曲轴位置传感器有光电式和磁感应式两种类型。美国生产的汽车、德国生产的汽车和一些使用直接点火装置的车型，大多采用磁感应式曲轴位置传感器，传感器以固定位置安装在发动机壳体上。威驰轿车丰田 5A 发动机凸轮轴位置传感器、发动机转速曲轴位置传感器、桑塔纳轿车 AJR 发动机所应用的曲轴位置传感器采用的都是这种类型的。

磁感应式传感器主要由信号转子、传感线圈、永磁铁和导磁磁轭组成，其工作原理如图 9-1 所示。永磁铁的磁力线经转子、线圈、托架构成封闭回路。转子旋转时，由于转子凸起与托架间的磁隙不断发生变化，通过线圈的磁通也不断变化，线圈中便产生感应电压，并以交流形式输出。在实用结构中，常将发动机转速和曲轴位置传感器一同装在分电器上，使用复合转子与耦合线圈。

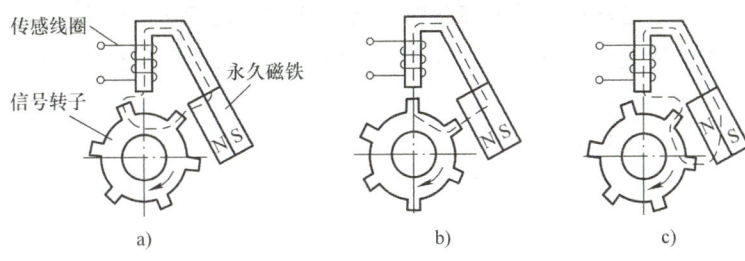

图 9-1　磁感应式传感器的工作原理
a）接近　b）对正　c）离去

磁力线穿过的路径为：永磁铁 N 极—定子与转子间的气隙—转子凸齿—信号转子—转子凸齿与定子磁头间的气隙—磁头—导磁板（磁轭）—永磁铁 S 极。当信号转子旋转时，磁路中的气隙就会发生周期性的变化，磁路的磁阻和穿过信号线圈磁头的磁通量随之发生周期性的变化。根据电磁感应原理，传感线圈中就会感应产生交变电动势。

当信号转子按顺时针方向旋转、转子凸齿接近磁头时，凸齿与磁头间的气隙减小，磁路磁阻减小，磁通量 $\varPhi$ 增大，磁通变化率增大 $\left(\dfrac{\mathrm{d}\varPhi}{\mathrm{d}t}>0\right)$，感应电动势 E 为正（$E>0$），如图 9-2 中曲线 abc 所示。当转子凸齿接近磁头边缘时，磁通量 $\varPhi$ 急剧增大，磁通变化率最大，即 $\dfrac{\mathrm{d}\varPhi}{\mathrm{d}t}=\left(\dfrac{\mathrm{d}\varPhi}{\mathrm{d}t}\right)_{\max}$，感应电动势 E 最高（$E=E_{\max}$），如图 9-2 中曲线 b 点所示。转子转过 b 点位置后，虽然磁通量 $\varPhi$ 仍在增多，但磁通变化率减小，因此，感应电动势 E 降低。

当转子旋转到凸齿的中心线与磁头的中心线对齐时，如图 9-1b 所示，虽然转子凸齿与磁头间的气隙最小，磁路的磁阻最小，磁通量 $\varPhi$ 最大，但是由于磁通量不可能继续增加，磁通变化率为零，因此感应电动势 E 为零，如图 9-2 中曲线 c 点所示。

当转子沿顺时针方向继续旋转，凸齿离开磁头时，如图 9-1c 所示，凸齿与磁头间的气隙增大，磁路磁阻增大，磁通量 $\varPhi$ 减小 $\left(\dfrac{\mathrm{d}\varPhi}{\mathrm{d}t}<0\right)$，所以感应电动势 E 为负值，如图 9-2 中曲线 cda 所示。当凸齿转到将要离开磁头边缘时，磁通量 $\varPhi$ 急剧减小，磁通变化率达到负向最大值，$\dfrac{\mathrm{d}\varPhi}{\mathrm{d}t}=-\left(\dfrac{\mathrm{d}\varPhi}{\mathrm{d}t}\right)_{\max}$，感应电动势 E 也达到负向最大值（$E=-E_{\max}$），如图 9-2 中曲线上的 d 点所示。

由此可见，信号转子每转过一个

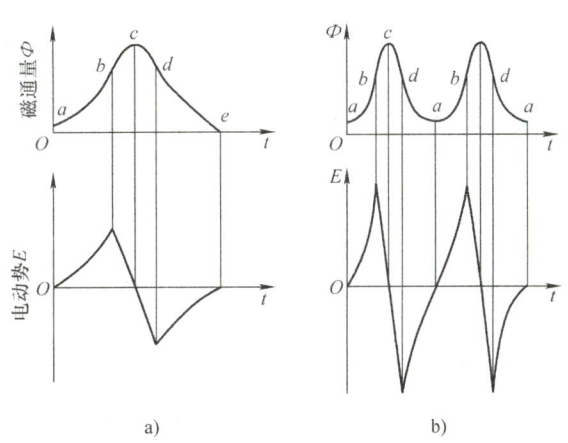

图 9-2　传感线圈中的磁通量 $\varPhi$ 和电动势 E 波形
a）低速时输出波形　b）高速时输出波形

凸齿，传感线圈中就会产生一个周期的交变电动势，即电动势出现一次最大值和一次最小值，传感线圈也就相应地输出一个交变电压信号。

磁感应式传感器的突出优点是不需要外加电源，永磁铁起着将机械能变换为电能的作用，其磁能不会损失。当发动机转速变化时，转子凸齿转动的速度将发生变化，铁芯中的磁通变化率也随之发生变化。转速越高，磁通变化率就越大，传感线圈中的感应电动势就越高。转速不同时，磁通和感应电动势的变化情况如图9-2b所示。

由于转子凸齿与磁头间的气隙直接影响磁路的磁阻和传感线圈输出电压的高低，因此，转子凸齿与磁头间的气隙在使用中不能随意变动。气隙若有变化，必须按规定进行调整，气隙大小一般设计为0.2~0.4mm。

假如信号盘有58个齿，每当信号转子随发动机曲轴转动一转，传感线圈就会向电控单元（ECU）输入58个脉冲信号。因此，ECU每接收到曲轴位置传感器58个信号，就可知道发动机曲轴旋转了一转。如在1min内ECU接收到曲轴位置传感器116000个信号，ECU便可计算出曲轴转速为2000r/min（$n=116000/58=2000$）；如ECU每分钟接收到曲轴位置传感器290000个信号，ECU便能迅速计算出发动机曲轴旋转的转速。

发动机转速信号和负荷信号是电控系统最重要、最基本的控制信号，ECU根据这两个信号就能计算出基本喷油时间、基本点火提前角和点火导通角（闭合角）。

磁感应式曲轴位置传感器（CPS）信号转子上的大齿缺对应的信号为基准信号，所以电控单元（ECU）控制喷油时间和点火时间以大齿缺对应的信号为基准。信号转子上每个凸齿和每个小齿缺所占的曲轴转角均为3°，大齿缺所占的曲轴转角为15°，所以电控单元（ECU）接收到大齿缺对应的信号后，其内部分频电路将凸齿信号和小齿缺信号进行分频处理，便可得到曲轴转角信号。如将3°分成3等份，则每等份所占曲轴转角即为1°。从而便可精确控制点火时间、喷油时间和点火线圈初级绕组导通角。

在电控系统中，电控单元（ECU）控制喷油时间、点火提前角和点火线圈初级绕组导通角等参数都是通过控制时间进行控制，因此需要说明曲轴转角与时间的对应关系。例如，当发动机工作在2000r/min时，曲轴位置传感器输入电控单元（ECU）的信号为116000个凸齿信号（$2000\times58=116000$个高电平信号）、114000个小齿缺信号（$2000\times57=114000$个低电平信号）和2000个大齿缺信号（$2000\times1=2000$个低电平信号），曲轴每转一转所占的时间为$60000\text{ms}/2000=30\text{ms}$，58个凸齿和57个小齿缺所占的时间为$30\text{ms}/120\times(58+57)=28.75\text{ms}$，一个大齿缺相当于5个凸齿或小齿缺，所占的时间为$30\text{ms}/120\times5=1.25\text{ms}$，每个凸齿信号或小齿缺信号所占时间为$28.75\text{ms}/115=0.25\text{ms}$，因为一个凸齿或一个小齿缺信号所占曲轴转角为3°，所以每1°曲轴转角所占时间为$0.25\times1°/3°\approx0.083\text{ms}$。设大齿缺信号后，第一个凸齿信号对应于上止点前60°（相当于提前$0.083\times60=5.0\text{ms}$），1缸点火提前角为上止点前20°（相当于提前$0.083\times20=1.66\text{ms}$），那么电控单元（ECU）接收到1缸上止点前的基准信号（大齿缺信号）后3.34ms（$5.0\text{ms}-1.66\text{ms}=3.34\text{ms}$）时，向点火控制器发出指令，切断初级绕组电流，使次级绕组产生高压电在火花塞电极之间跳火点着可燃混合气，从而实现提前20°点火。

AJR发动机曲轴位置传感器电路图和插头端子如图9-3、图9-4所示。

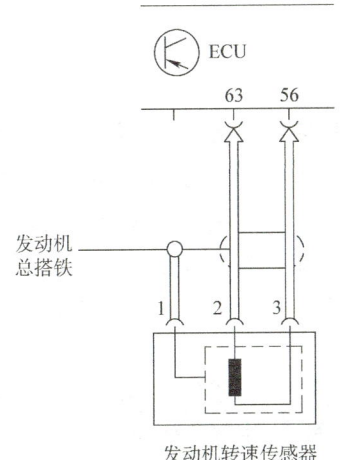

图 9-3　发动机转速传感器连接电路图

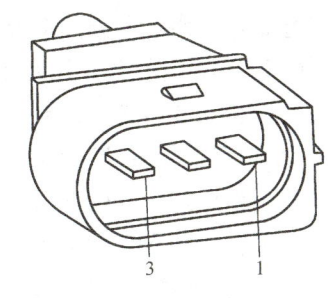

图 9-4　发动机转速传感器插头端子

检测条件与标准参数见表 9-1。

表 9-1　检测条件与标准参数

	ECU 接线端子侧	转速传感器端子侧	导通性/Ω
至发动机转速传感器（G28）	发动机搭铁点	1	<0.5
	63	2	<0.5
	56	3	<0.5
	6	D26	<0.5

五、实训操作

（一）实训操作注意事项

1）遵守实验室规章制度，未经许可，不得擅自移动和拆卸仪器与设备。

2）注意安全和教具完好性。

3）严禁未经许可擅自扳动教具、设备的电器开关、点火开关和起动开关，以防发生危险。

4）在教师允许和监控下，起动发动机时，需保证设备周围的人员安全，防止意外发生。

5）未关闭点火开关时，严禁拔下各传感器及执行器接口，以免损坏 ECU。

6）转速传感器要轻拿轻放，避免转速传感器掉到地上摔坏。

7）上实验台测试电压信号时，注意操作流程和相对应的测试端口。原则上只做本次实验相关的测试，其他无关的部位不要测试；否则，按原理不清或看不懂电路图扣分。

8）在实物台架上，测试端口与电控单元直接相连，不要将任何电压加在发动机实验台的测试端口上，以免损坏电控单元。

(二)实训操作步骤

1. 电阻测试

转速传感器的电阻可分为两部分。一部分是线路侧导通的测试,线路的测试方法为,断开 ECU 及转速传感器的插头,用万用表红表笔接触 ECU 线束侧第 63 号接线,用黑表笔接转速传感器线束侧第 2 号接线,导线阻值应小于 5Ω;同样用红表笔接接触 ECU 线束侧第 56 号接线,用黑表笔接转速传感器线束侧第 3 号接线,导线阻值应小于 5Ω。一部分是元件的测试,拔下传感器的插头,用万用表红表笔接触传感器 2 号接线,用黑表笔接转速传感器 3 号接线,导线阻值应为 280~1000Ω,如图 9-5 所示。

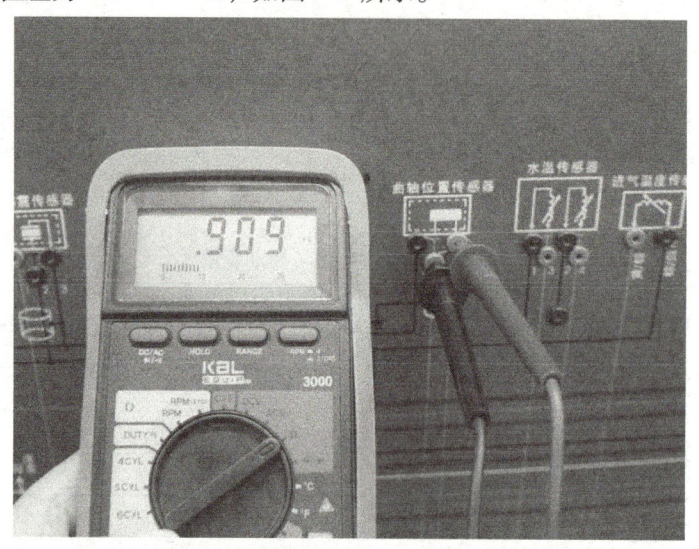

图 9-5 曲轴位置传感器电阻检测

注意:在实际维修中,欲测试各条线束的导通性,应关闭点火开关,拔下传感器插头与电控单元插接器,使用数字万用表分别测量各线束间的电阻,相连导线电阻应当小于 5Ω,不相连导线电阻应为 ∞。

同时还要注意的是,磁电式曲轴位置传感器两根端子,但是在日系汽车上一般有一个单独的屏蔽线通过螺栓搭铁,在大众汽车上,屏蔽线与传感器做在一起,所以当看到传感器有三个端子的时候,不能直接断定就是霍尔式的传感器,也有可能是磁电式传感器,此时需要借助电路图或万用表来进行判别或检测。

屏蔽线的结构和作用:屏蔽线的一端搭铁,另一端悬空。当信号线传输距离比较远的时候,由于两端的搭铁电阻不同或 PEN 线有电流,可能会导致两个搭铁点电位不同,此时如果两端搭铁,屏蔽层就有电流形成,反而对信号形成干扰,因此这种情况下一般采取一端搭铁,另一端悬空的方法来避免此种干扰形成。两端搭铁屏蔽效果更好,但信号失真会增大。

在诊断实验系统的发动机实验台上进行本项测试时,不用拔传感器与电控单元插头。在实际测量中,由于测量手法、万用表本身的误差以及被测物体表面的氧化与灰尘等因素,发生几个欧姆的误差属正常现象。

2. 电压测试与波形测试

检查传感器输出信号，用万用表交流电压档或示波器，在发动机转动时，测量电磁感应式发动机转速传感器的输出电压情况。用电压表测量时，电压应在一定范围内波动；用示波器检查时，波形应均匀无缺陷，如图9-6所示。

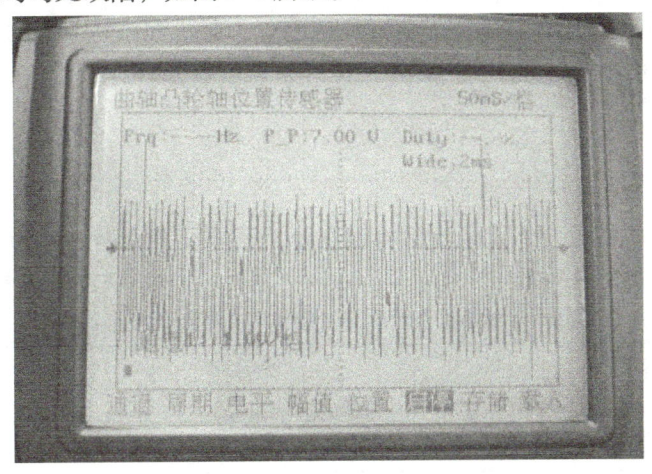

图9-6　曲轴位置传感器电压与波形测试

3. 数据流测试

数据流测试使用进口或国产的汽车故障诊断仪，登录发动机控制单元直接读取节气门控制组件的各项参数，测试条件是发动机在运行中并达到工作温度。数据流的检测方法简便易行，数据直观准确，并能够随时观察到数据的动态变化，是当代汽车电子控制系统故障检测诊断的重要方法。

连接解码器，单击"选择系统"，选择"［01］发动机系统"，选择"［08］读取动态数据流"，选择"［01］组"。数据分析：读取测量数据流01组第一项，在怠速时（图9-7），应显示发动机的转速为800r/min，随节气门的开度增加，发动机转速也相应增加。当发动机转速传感器出现问题时，发动机不能起动。

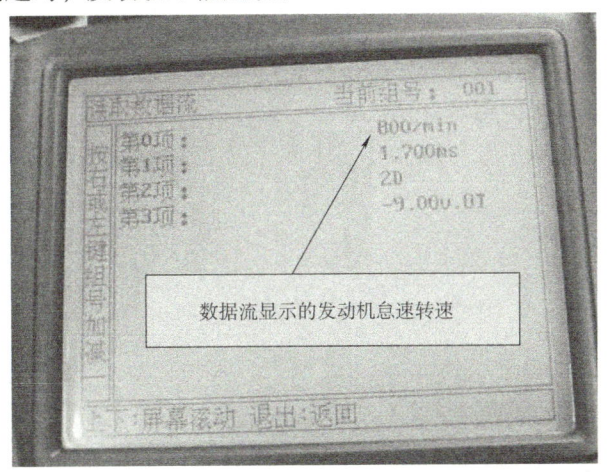

图9-7　数据流显示的发动机怠速转速

六、考核要点与评分标准

1. 考核要求

1）掌握曲轴位置传感器的结构与工作原理。

2）掌握曲轴位置传感器的检测方法（电阻测试、电压测试、波形测试、数据流测试）、工艺流程、技术规范，掌握数据流的读取方法和数据流的分析。

2. 考核时间

考核时间：20min。

3. 考核评分

结合 AJR 发动机实验台，正确检测曲轴位置传感器及其线路。曲轴位置传感器的检测考核要点与评分标准见表 9-2。

表 9-2 曲轴位置传感器的检测考核要点与评分标准

序号	考核要点	配分	评分标准	考核记录	得分
1	曲轴位置传感器的原理与作用	20	一处叙述不清扣 5 分		
2	曲轴位置传感器的故障检测	25	错误一次扣 5 分		
3	故障码与数据流的读取	20	错误一次扣 5 分		
4	数据流的分析	25	错误一次扣 5 分		
5	整理工具，清理现场 实习态度和纪律	10	保持实习现场秩序和卫生，保证人身及设备的安全，违规一次扣 5 分		
6	分数合计	100			

七、思考题

1. 磁电式曲轴位置传感器的原理是什么？
2. 曲轴位置传感器按工作原理的不同可分为哪几种？
3. 磁电式曲轴位置传感器的检测方法有哪些？
4. 利用万用表测量传感器输出电压时的前提条件是什么？
5. 磁电式曲轴位置传感器的作用是什么？
6. 磁电式曲轴位置传感器有什么缺点？
7. 如果磁电式曲轴位置传感器是三个端子，如何用万用表判别第三个端子是否为屏蔽线？

项目十

检测冷却液温度传感器

一、教学目的

1）了解冷却液温度传感器的结构与工作原理。

2）熟悉冷却液温度传感器故障及对整个电控系统的影响。

3）掌握冷却液温度传感器的检测方法（电阻测试、电压测试、波形测试、数据流测试）、工艺流程和技术规范。

4）掌握冷却液温度传感器数据分析的方法。

二、教学设备、工具及量具

1）工具：数字万用表，汽车示波器，家用电热吹风机，普通温度计。

2）设备：桑塔纳 AJR 发动机故障实验台，进口或国产故障诊断仪。

3）教具：STN – AJR 发动机教学挂图 1 套，冷却液温度传感器解剖教具 1 只，测量用桑塔纳 3000 型轿车冷却液温度传感器 8～10 只。

三、课时

实训课时安排 2 课时。

四、相关基础知识

为了保证电控单元能够精确地控制发动机正常运行，必须随时、连续、准确地监测发动机冷却液的温度，以便修正主控制参数，准确计算喷油脉宽以及进行排气净化处理等。温度传感器的种类很多，常用的有热敏电阻式、金属热电阻式、线绕电阻式、半导体晶体管式等。热敏电阻可分为正温度系数（PTC）型热敏电阻、负温度系数（NTC）型热敏电阻、临界温度型热敏电阻和线性热敏电阻。汽车上常用的有进气温度传感器、冷却液温度传感器、排气温度传感器和润滑油温度传感器等。

冷却液温度传感器（Coolant Temperature Sensor，CTS）属于负温度系数型热敏电阻式温度传感器，安装在发动机冷却液出水管上，其功能是检测发动机冷却液的温度，并将温度信号转换为电信号传送给发动机电控单元，电控单元根据该信号修正喷油时间和点火时间，使发动机工况处于最佳运行状态。冷却液温度传感器信号是许多控制功能的修正信号，如喷油量修正、点火提前角修正、活性炭罐电磁阀控制等。冷却液温度信号也是汽车上其他电控系统的重要参考信号,如电控自动变速器系统、自动空调系统。在一些车型的电控自动变速器系统中,若检测到发动机冷却液温度低于60℃,为保护行驶装置,自动变速器控制单元将进入"安全运行模式",不会允许车辆升入超速档,汽车只能在90km/h以下速度行驶。如果冷却液温度传感器故障或信号中断,发动机电控单元将启动备用模式,把冷却液温度值设定在80℃左右,同时记录故障码。此时车辆虽然能够正常行驶,但发动机冷、热车均起动困难、油耗增加、怠速稳定性降低、废气排放量升高等。

(一)热敏电阻式温度传感器的结构特点

热敏电阻式温度传感器主要由热敏电阻、金属或塑料壳体、接线插座与连接导线组成。温度传感器的结构如图10-1所示,分为单端子式和两端子式两种。

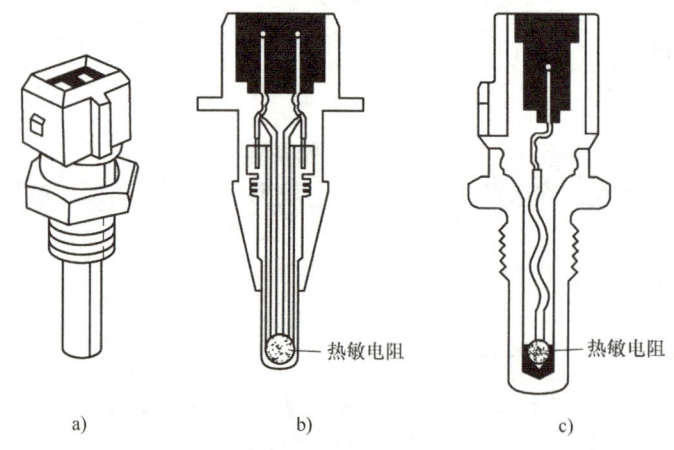

图10-1 温度传感器的结构
a)外形 b)两端子式 c)单端子式

热敏电阻是温度传感器的主要部件,汽车用热敏电阻是在陶瓷半导体材料中掺入适量金属氧化物,并在1000℃以上的高温条件下烧结而成的,控制掺入氧化物的比例和烧结温度,即可得到不同特性的热敏电阻,从而满足使用要求。例如,如果测量发动机冷却液温度,则所用热敏电阻的工作温度为-30~+130℃;如果测量发动机的排气温度,则所用热敏电阻的工作温度为600~1000℃。

热敏电阻的外形制作成珍珠形、圆盘形、垫圈形、梳状芯片形、厚膜形等,放置在传感器的金属管壳内。在热敏电阻的两个端面各引出一个电极并连接到传感器插座上。

传感器壳体上制作有螺纹,以便安装与拆卸。接线插座分为单端子式和两端子式两种,中高档轿车燃油喷射系统一般采用两端子式温度传感器,低档轿车燃油喷射系统以及汽车仪表一般采用单端子式温度传感器。如果传感器插座上只有一个接线端子,则壳体为传感器的一个电极。

(二)车用温度传感器的特性与电路

温度传感器的工作电路如图10-2所示。传感器的两个电极用导线与ECU插座连接。ECU内部串联一只分压电阻,ECU向热敏电阻和分压电阻组成的分压电路提供一个稳定的电压(5V),传感器输入ECU的信号电压等于热敏电阻上的分压值。

虽然各型汽车采用的温度传感器的阻值各不相同,但是其检修方法基本相同。桑塔纳

项目十
检测冷却液温度传感器

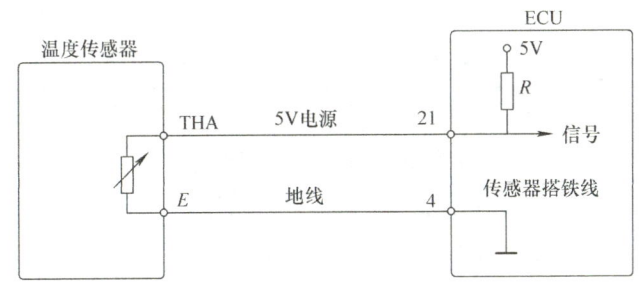

图 10-2　温度传感器的工作电路

3000 型轿车的冷却液温度传感器 G62 位于发动机冷却液出水管上。当冷却液温度传感器出现故障时，发动机电控单元（ECU）能够检测到，并能使发动机进入故障应急状态下运行。利用故障诊断仪，通过诊断插座可以读取有关的故障信息。

检修冷却液温度传感器时，可用万用表就车检测传感器的电源电压和信号电压。拔下冷却液温度传感器插头，接通点火开关，检测传感器 ECU 一侧插头上两个端子之间的电压（应为 5V 左右）。插上传感器插头，接通点火开关，检测传感器插头上两个端子间的信号电压（应为 0.5～3.0V），具体阻值与温度有关。如果电压值不符合规定，说明传感器失效，应予以更换。

传感器的阻值可用万用表电阻档进行检测。检测时，断开点火开关，拔下温度传感器插头，拆下温度传感器，将传感器和温度表放入烧杯或加热容器中。在不同温度下，检测传感器两端子间的电阻值，应当符合规定。若阻值偏差过大、过小或为无穷大，说明传感器失效，应予以更换。

冷却液温度传感器的阻值可用万用表电阻档进行检测。检测时，断开点火开关，拔下温度传感器插头，拆下温度传感器，将传感器和温度表放入烧杯或加热容器中。在不同温度下，检测传感器两端子间的电阻值，应当符合规定。若阻值偏差过大、过小或为无穷大，说明传感器失效，应予以更换。

冷却液温度传感器的阻值可用万用表电阻档进行检测。检测电阻值时，将万用表的两只表笔分别连接传感器插座上的端子"1"与"3"。当冷却液温度为 30℃ 时，阻值应为 1500～2000Ω；当温度为 80℃ 时，阻值应为 275～375Ω。若阻值偏差过大、过小或为无穷大，说明传感器失效，应予以更换。

冷却液温度传感器电路图和插头端子如图 10-3、图 10-4 所示。

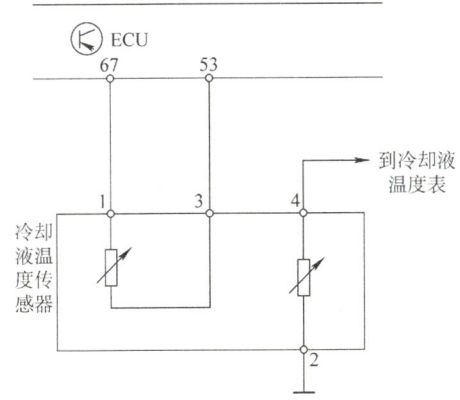

图 10-3　冷却液温度传感器电路图

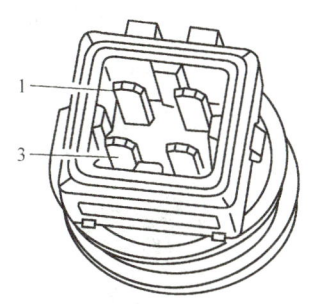

图 10-4　冷却液温度传感器插头端子

检测条件与标准参数见表10-1。

表10-1 检测条件与标准参数

冷却液温度/℃	电阻值/Ω	冷却液温度/℃	电阻值/Ω	冷却液温度/℃	电阻值/Ω
50	740~900	70	390~480	90	210~270
60	540~650	80	290~360	100	160~200

断开冷却液温度传感器的插接器，直接测量线路侧电压，应为5V；连接插接器，测量冷却液温度传感器的电压，应在0.5~2.5V。

五、实训操作

（一）实训操作注意事项

1）遵守实验室规章制度，未经许可，不得擅自移动和拆卸仪器与设备。

2）注意安全和教具完好性。

3）严禁未经许可擅自搬动教具，拨动设备的电器开关、点火开关和起动开关，以防发生危险。

4）在教师允许和监控下，起动发动机时，需保证设备周围的人员安全，防止意外发生。

5）未关闭点火开关时，严禁拔下各传感器及执行器接口，以免损坏ECU。

6）冷却液温度传感器要轻拿轻放，避免不必要的损坏。

7）上实验台测试电压信号时，注意操作流程和相对应的测试端口。原则上只做本次实验相关的测试，其他无关的部位不要测试；否则，按原理不清或看不懂电路图扣分。

8）在实物台架上，测试端口与电控单元直接相连，不要将任何电压加在发动机实验台的测试端口上，以免损坏电控单元。

（二）实训操作步骤

1. 电阻测试（图10-5）

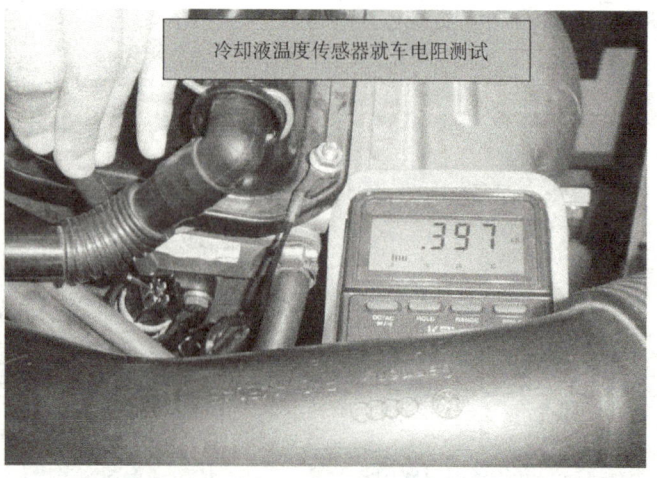

图10-5 冷却液温度传感器就车电阻测试

首先选用万用表电阻档，根据测试条件选用合适量程（一般选用在 kΩ 档），如图 10-6 所示，连接万用表与冷却液温度传感器，并将冷却液温度传感器放置在一水盆中，盆中有水及温度表，盆外有加热装置。徐徐加热水盆中的水，观测温度表与万用表显示，温度表与万用表上读数应与检测条件与标准参数表相符。如果不符，说明冷却液温度传感器有故障。

2. 电压测试

电压测试可分为测线路电压与冷却液温度传感器的电压。电路电压的测试：断开传感器的插头，打开点火开关，用万用表直接测量电路侧的电压（约为5V），连接好线路，测量不同温度下的电压为 0.5 ~ 2.5V，如图 10-7 所示。

3. 波形测试

用示波器连接试验台上的冷却液温度传感器，观测冷却液温度传感器电压随温度升高变化的波形，与正常的对应波形比较，进一步判定传感器的好坏，区别不同温度下，冷却液温度传感器对喷油量的影响。

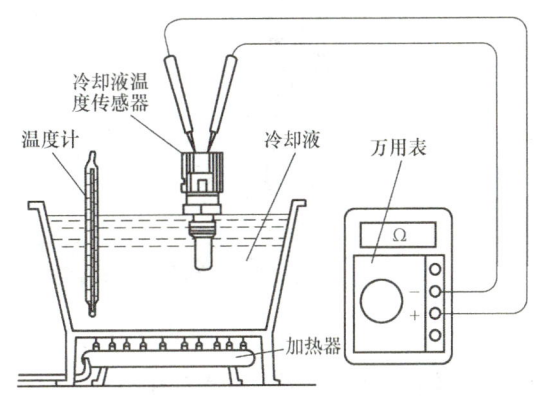

图 10-6　测量冷却液温度传感器的电阻

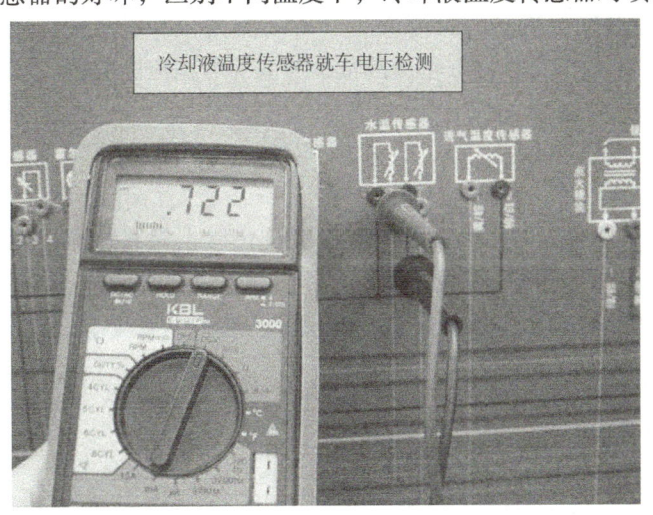

图 10-7　冷却液温度传感器就车电压检测

4. 数据流测试

用解码器读取测量数据流，观测 03 组的第三项，显示发动机 ECU 接收到的冷却液温度信号，和实际冷却液温度信号进行比较，如果相差太远，说明冷却液温度传感器及其相关电路有故障，测试结果如图 10-8 所示。

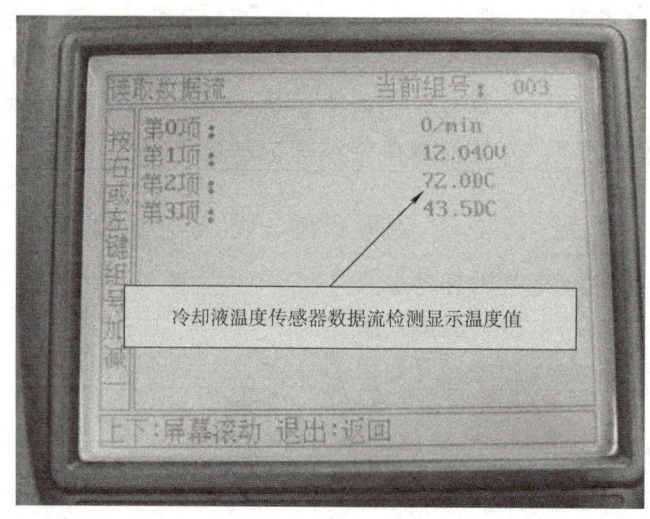

图 10-8 冷却液温度传感器数据流检测显示温度值

六、考核要点与评分标准

1. 考核要求

1）掌握冷却液温度传感器的结构与工作原理。

2）掌握冷却液温度传感器的检测方法（电阻测试、电压测试、波形测试、数据流测试）、工艺流程、技术规范，掌握数据流的读取方法和数据流的分析。

2. 考核时间

考核时间：20min。

3. 考核评分

结合 AJR 发动机实验台，正确检测冷却液温度传感器及其线路，能正确分析冷却液温度传感器数据流信息。冷却液温度传感器的检测考核要点与评分标准见表 10-2。

表 10-2 冷却液温度传感器的检测考核要点与评分标准

序号	考核要点	配分	评分标准	考核记录	得分
1	冷却液温度传感器的原理与作用	20	一处叙述不清扣 5 分		
2	冷却液温度传感器的故障检测	25	错误一次扣 5 分		
3	故障码与数据流的读取	20	错误一次扣 5 分		
4	数据流的分析	25	错误一次扣 5 分		
5	整理工具，清理现场 实习态度和纪律	10	保持实习现场秩序和卫生，保证人身及设备的安全，违规一次扣 5 分		
6	分数合计	100			

七、思考题

1. 简述冷却液温度传感器的作用。
2. 冷却液温度传感器损坏后，对电控系统的影响是什么？
3. 冷却液温度传感器传输给 ECU 的信号可分为几种情况？
4. 如何对冷却液温度传感器进行检测？
5. 当冷却液温度传感器有信号输出时，如何利用万用表检测信号是否传给 ECU？
6. 详述用万用表检测传感器的信号端子和搭铁端子的步骤。

项目十一

检测爆燃传感器

一、教学目的

1）了解爆燃传感器的结构与工作原理。
2）熟悉爆燃传感器故障及对整个电控系统的影响。
3）掌握爆燃传感器的检测方法（电阻测试、电压测试、波形测试、数据流测试）、工艺流程和技术规范。
4）掌握爆燃传感器数据分析的方法。

二、教学设备、工具及量具

1）工具：数字万用表，汽车示波器。
2）设备：桑塔纳 AJR 发动机故障实验台，进口或国产故障诊断仪。
3）教具：STN - AJR 发动机教学挂图 1 套，爆燃传感器解剖教具 1 只，测量用桑塔纳 3000 型轿车爆燃传感器 8～10 只。

三、课时

实训课时安排 2 课时。

四、相关基础知识

汽油发动机获得最大功率和最佳燃油经济性的有效方法之一是增大点火提前角，但是点火提前角过大又会引起发动机爆燃。

发动机工作过程中，燃料燃烧的火焰传播时，会使未燃混合气进一步受到压缩和热辐射的作用。如果在火焰前锋尚未到达时，末端混合气已经开始燃烧，则这部分混合气燃烧速度极快，火焰速度可达每秒百米甚至数百米以上，使燃烧室内的局部压力、温度很高，并伴随有冲击波。压力冲击波反复撞击缸壁，发出尖锐的敲缸声，这种现象称为爆燃。这是一种不正常燃烧，轻微时，可使发动机功率上升，油耗下降；严重时，气缸内发出特别尖锐的金属敲击声，且会导致冷却液过热，功率下降，耗油率上升。所以，应对爆燃加以控制。在采用闭环控制的发动机电子控制系统中，当发动机产生爆燃时，电控系统就能够通过调整点火时刻（点火提前角）来有效地抑制和消除发动机爆燃。爆燃传感器（DetonationSensor，DS）是发动机闭环控制系统中的重要部件，其功能是将发动机爆燃信号转换为电信号传递给电控单元，电控单元根据爆燃信号随时对点火时刻进行修正，使点火提前角保持在最佳状态。

检测发动机爆燃的方法有三种：一是检测发动机燃烧室的压力变化；二是检测发动机缸体的振动频率；三是检测混合气燃烧的噪声。通过直接检测燃烧室压力变化来检测发动机振动的测量精度高，但传感器安装复杂且耐久性差，一般用于测量仪器。测量混合气燃烧噪声的方法为非接触式检测，其耐久性好但测量精度与灵敏度较低，实际应用很少。实际应用的压力检测传感器均为间接测量式，通过检测发动机缸体振动频率来检测爆燃的优点是测量灵敏度高、传感器安装方便且输出电压变化大，因此现代汽车工业广泛采用该种检测方法。

爆燃传感器一般都安装在发动机缸体两侧，按发动机缸体振动频率的检测方法不同，爆燃传感器分为共振型与非共振型两种；按爆燃传感器结构不同，分为压电式和磁致伸缩式两种。目前大多数汽车都采用了压电式爆燃传感器，其结构都大同小异，特点是灵敏度好、响应及时、制造工艺简便、结构简单、坚固耐用。本次实验采用的是在桑塔纳2000GSi、3000超越者等许多轿车广泛使用的压电式爆燃传感器，主要由套筒、压电元件、惯性配重、塑料壳体和接线插座等组成。桑塔纳 AJR 发动机有两个爆燃传感器，分别安装在进气歧管下面，1/2 缸与 3/4 缸之间，传感器插座上有三根引线，其中两根为信号线，一根为屏蔽线。

爆燃传感器是发动机电子控制系统中必不可少的重要部件，它的功用是检测发动机有无爆燃现象，并将信号送入发动机 ECU。

常见的爆燃传感器有两种，一种是磁致伸缩式爆燃传感器，另一种是压电式爆燃传感器。磁致伸缩式爆燃传感器的外形与结构如图 11-1、图 11-2 所示。其内部有永磁铁、靠永磁铁励磁的强磁性铁心以及铁心周围的线圈。其工作原理是：当发动机的气缸体出现振动时，该传感器在 7kHz 左右处与发动机产生共振，强磁性材料铁心的磁导率发生变化，致使永磁铁穿心的磁通密度发生变化，从而在铁心周围的绕组中产生感应电动势，并将这一电信号输入 ECU。

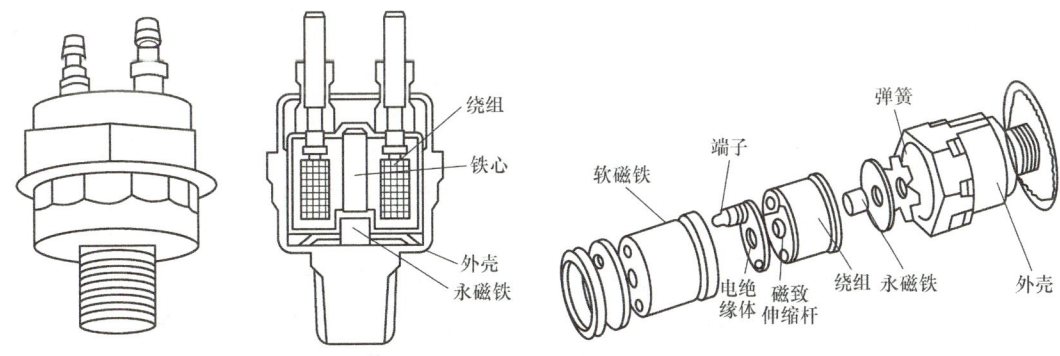

图 11-1 磁致伸缩式爆燃传感器的外形与结构　　图 11-2 磁致伸缩式爆燃传感器的组成

压电式爆燃传感器的结构如图 11-3 所示。这种传感器利用结晶或陶瓷多晶体的压电效应而工作，也有利用掺杂硅的压电电阻效应的。该传感器的外壳内装有压电元件、配重块及导线等。其工作原理是：当发动机的气缸体出现振动传递到传感器外壳上时，外壳与配重块之间产生相对运动，夹在这两者之间的压电元件所受的压力发生变化，从而产生电压。ECU 检测出该电压，并根据其值的大小判断爆燃强度。

丰田皇冠 3.0 轿车 2JZ—GE 型发动机爆燃传感器与 ECU 的连接如图 11-4 所示。

通常情况下，爆燃传感器安装在发动机的缸体上，根据发动机产生的各种不同的振荡频率的振动,产生不同的电压信号。当发动机发生爆燃时,爆燃传感器的感应性能最好,产生最大的电压信号,其输出电压特性如图11-5a所示。

爆燃强度以超过基准值的次数计量,次数越多,爆燃强度越大;次数越少,爆燃强度越小,如图11-5b所示。

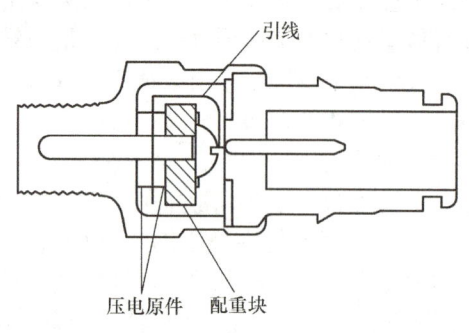

图11-3 压电式爆燃传感器的结构

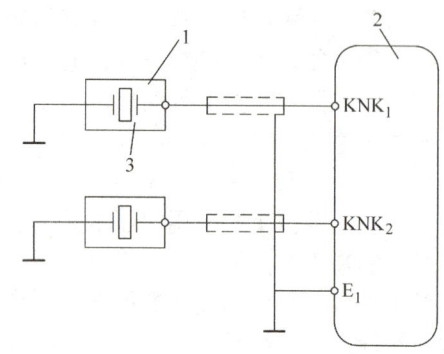

图11-4 爆燃传感器的电路
1—1号爆燃传感器 2—发动机ECU
3—2号爆燃传感器

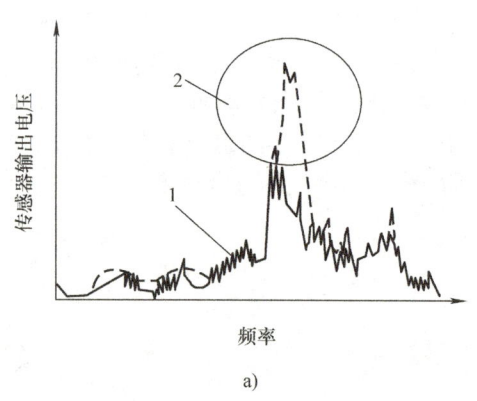

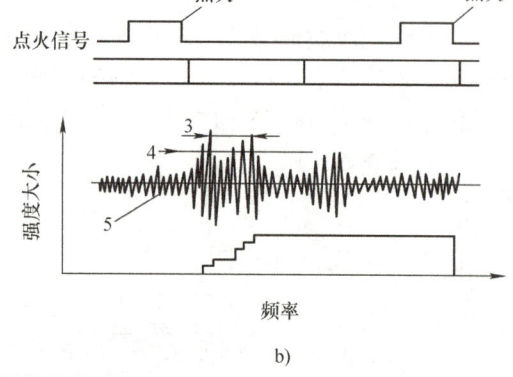

图11-5 爆燃信号的确定
a)爆燃传感器电压输出特性 b)爆燃传感器信号强度
1—无爆燃电压波 2—产生爆燃电压波 3—爆燃识别区间 4—爆燃确定基准 5—爆燃传感器输出信号

爆燃识别电路如图11-6所示。发动机ECU收到爆燃传感器的信号后,经过滤波回路滤波,将爆燃信号与其他振动信号分离,只允许特定频率范围的爆燃信号通过滤波电路,再经峰值检测、比较基准能量级计算使输入信号的最大值与爆燃强度基准值进行比较,比较后由爆燃判断电路5判断是否产生爆燃并将判定后的信号传给微处理器,微处理器相应地减小点火提前角来消除爆燃。

在电控点火系统中,信号通过爆燃传感器输入给ECU,ECU经过分析,判定是否发生爆燃及爆燃的强度,并根据其判定结果对点火提前角进行反馈控制,可以使发动机处于爆燃的边缘工作,既能防止爆燃发生,又能有效地提高发动机动力性和经济性。爆燃控制实际是点火提前角控制中的追加功能,控制过程如图11-7所示。

当AJR发动机爆燃传感器发生故障时,发动机电控单元能够检测到,将设置00527(1号爆燃传感器)或00540(2号爆燃传感器)号故障码,并将各缸点火提前角推迟约15°运行，利用进口或国产的故障诊断仪，通过连接诊断插座可以读取此故障的有关信息。

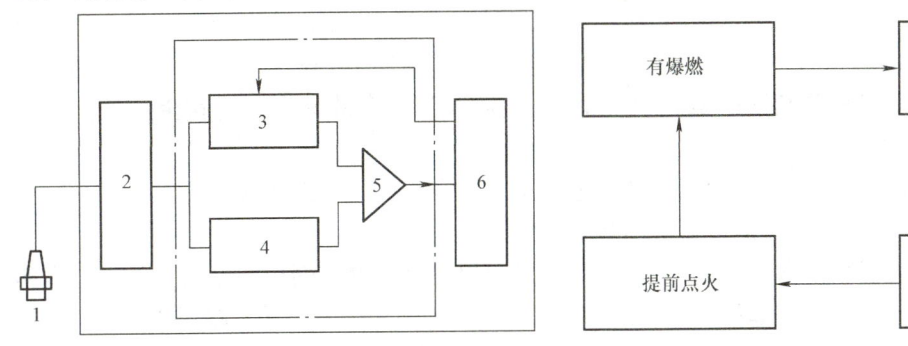

图 11-6　爆燃识别电路

1—火花塞　2—滤波电路　3—峰值检测电路
4—与基准值比较电路　5—爆燃判断电路
6—微处理电路

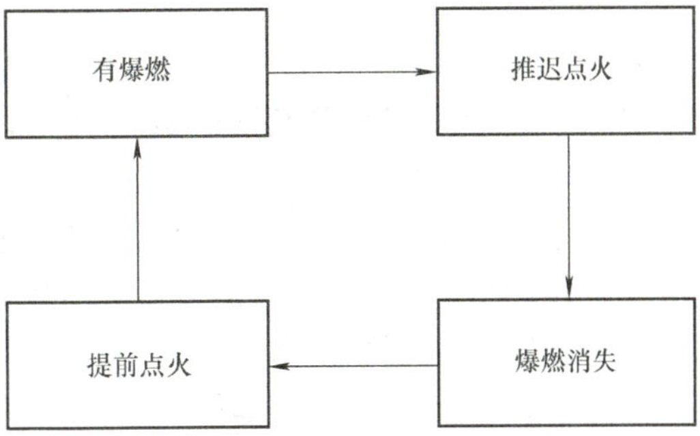

图 11-7　爆燃控制过程

爆燃传感器插头与插座上接线端子的位置如图 11-8、图 11-9 所示。检修时，用万用表电阻 OHM×100kΩ 或 $R×10kΩ$ 档检测传感器电阻。检测时，断开点火开关，拔下传感器线束插头，检测结果应当符合规定。

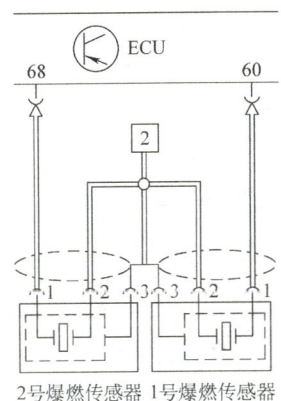

图 11-8　爆燃传感器连接电路图

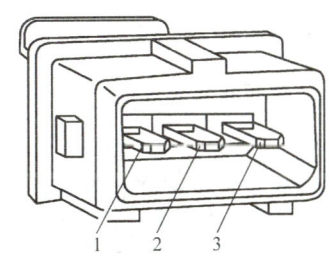

图 11-9　爆燃传感器端子图

当用万用表电阻 OHM×200Ω 或 $R×1Ω$ 档检测线束电阻时，断开点火开关，拔下控制器线束插头和传感器线束插头，检测两插头上各端子之间导线电阻，应当符合规定。若阻值过大或为无穷大，说明线束与端子接触不良或断路，应予修理。

AJR 发动机爆燃传感器电压检测时检测条件与标准参数见表 11-1。

表 11-1　AJR 发动机爆燃传感器电压检测时检测条件与标准参数

	检测条件	检测点	标准值/V
爆燃传感器输出电压	发动机运转	插座端子 1 和 2	0.3~1.4

五、实训操作

（一）实训操作注意事项

1）遵守实验室规章制度，未经许可，不得擅自移动和拆卸仪器与设备。

2）注意安全和教具完好性。

3）严禁未经许可擅自扳动教具、设备的电器开关、点火开关和起动开关，以防发生危险。

4）在教师允许和监控下，起动发动机时，需保证设备周围的人员安全，防止意外发生。

5）未关闭点火开关时，严禁拔下各传感器及执行器接口，以免损坏 ECU。

6）爆燃传感器要轻拿轻放，避免不必要的损坏。

7）上实验台测试电压信号时，注意操作流程和相对应的测试端口。原则上只做本次实验相关的测试，其他无关的部位不要测试；否则，按原理不清或看不懂电路图扣分。

8）在实物台架上，测试端口与电控单元直接相连，不要将任何电压加在发动机实验台的测试端口上，以免损坏电控单元。

（二）实训操作步骤

1. 电阻测试

本项目电阻测试为辅助性测试，主要是检测线束的导通性，以确认线束通畅，无断路、短路，插接器牢靠，各信号传递无干扰。测试在汽车微机控制故障检测诊断实验系统的发动机实验台上进行。

（1）线束导通性测试　将数字万用表设置在电阻 200Ω 档，在面板上按电路图找到爆燃传感器的针脚号与 ECU 信号测试端口图相应的针脚号（表 11-2），分别测试点火线圈针脚对应至电控单元针脚的电阻，所有电阻都应低于 5Ω，如图 11-10 所示。

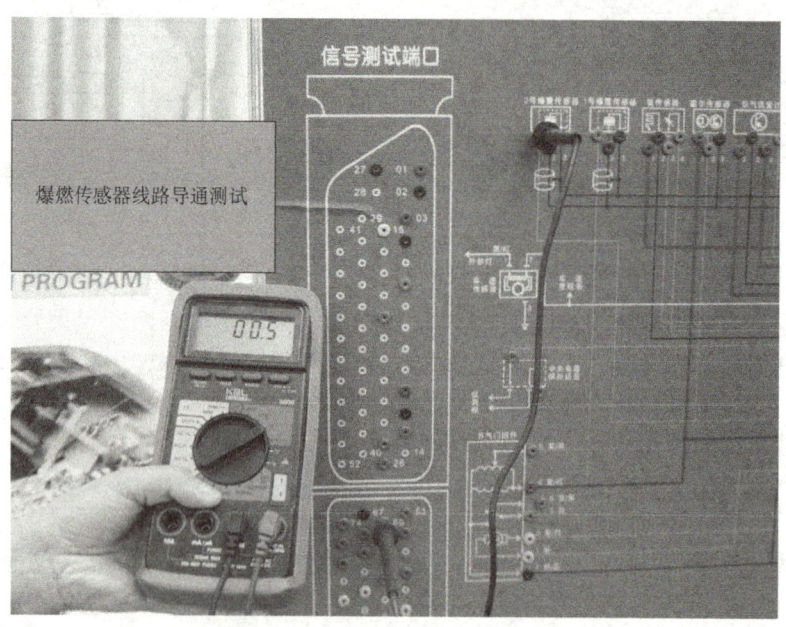

图 11-10　爆燃传感器线路导通测试

（2）线束短路性测试　将数字万用表设置在电阻 200kΩ 档，测量点火线圈针脚与其不相对应的电控单元针脚之间的电阻，应为 ∞。

注意：在实际维修中，欲测试各条线束的导通性，应关闭点火开关，拔下传感器插头与电控单元插接器，使用数字万用表分别测量各线束间的电阻，相连导线电阻应小于5Ω，不相连导线电阻应为∞。在汽车微机控制故障检测诊断实验系统的发动机实验台上进行本项测试时，不用拔传感器与电控单元插头。在实际测量中，由于测量手法、万用表本身的误差以及被测物体表面的氧化与灰尘等因素，发生几个欧姆的误差属正常现象。

表11-2 爆燃传感器线束导通性测试

	ECU 接脚	爆燃传感器接脚	导通性/Ω
至爆燃传感器（G66）	60	1	<0.5
	67	2	<1
	2	3	<0.5

2. 电压测试

（1）信号电压测试　就车测试在汽车微机控制故障检测诊断实验系统的发动机实验台上进行。

（2）就车测试　起动发动机至工作温度，用万用表连接电路图中插头上端子1和2脚，如图11-11所示。

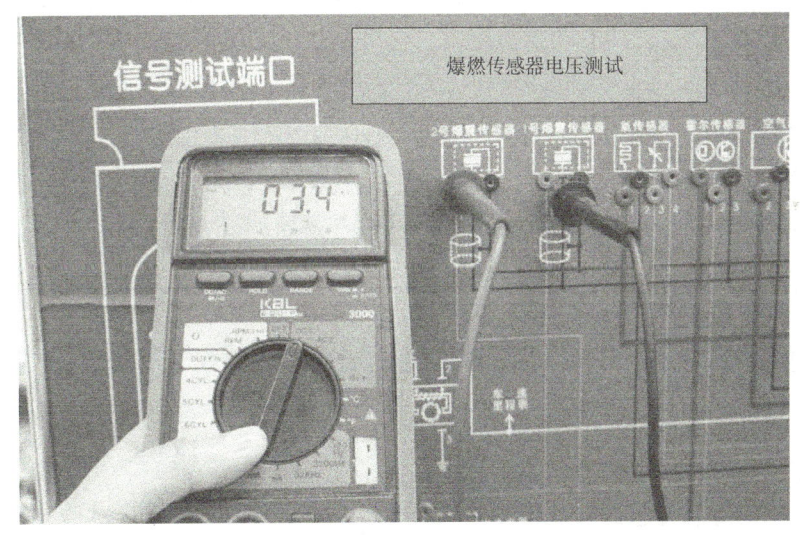

图11-11　爆燃传感器电压测试

3. 波形测试

用示波器或AJR实验台，观测爆燃传感器的波型，与标准波型进行比较，判断所测爆燃传感器是否正常。

4. 数据流测试

读取测量数据流第16组第1~4项：

1项显示的是1号爆燃传感器传到ECU的电压信号。

2项显示的是2号爆燃传感器传到ECU的电压信号。

3项显示的是3号爆燃传感器传到ECU的电压信号。

4项显示的是4号爆燃传感器传到ECU的电压信号。

各项信号电压应在0.3~1.4V变化。

六、考核要点与评分标准

1. 考核要求

1）掌握爆燃传感器的结构与工作原理。

2）掌握爆燃传感器的检测方法（电阻测试、电压测试、波形测试、数据流测试）、工艺流程、技术规范，掌握数据流的读取方法和数据流的分析。

2. 考核时间

考核时间：20min。

3. 考核评分

结合AJR发动机实验台，正确检测爆燃传感器及其线路，能正确分析爆燃传感器数据流信息。爆燃传感器的检测考核要点与评分标准见表11-3。

表11-3 爆燃传感器的检测考核要点与评分标准

序号	考核要点	配分	评分标准	考核记录	得分
1	爆燃传感器的原理与作用	20	一处叙述不清扣5分		
2	爆燃传感器的故障检测	25	错误一次扣5分		
3	故障码与数据流的读取	20	错误一次扣5分		
4	数据流的分析	25	错误一次扣5分		
5	整理工具，清理现场 实习态度和纪律	10	保持实习现场秩序和卫生，保证人身及设备的安全，违规一次扣5分		
6	分数合计	100			

七、思考题

1. 简述爆燃传感器的工作原理。
2. 常用的爆燃传感器有几种？
3. 简述如何判断爆燃传感器的好坏。
4. 简述爆燃传感器的检测步骤。
5. 何谓发动机爆燃？爆燃对发动机有什么影响？

项目十二 检测氧传感器(带加热器)

一、教学目的

1）了解氧传感器的结构与工作原理。
2）熟悉氧传感器故障及对整个电控系统的影响。
3）掌握氧传感器的检测方法（电阻测试、电压测试、波形测试、数据流测试）、工艺流程和技术规范。
4）掌握氧传感器数据分析的方法。

二、教学设备、工具及量具

1）工具：数字万用表，指针式万用表，汽车示波器，12V/5V 变压器。
2）设备：桑塔纳 AJR 发动机故障实验台，进口或国产故障诊断仪。
3）教具：STN–AJR 发动机教学挂图 1 套，良好的或故障的桑塔纳 3000 型轿车氧传感器 8~10 只。

三、课时

实训课时安排 2 课时。

四、相关基础知识

氧传感器是排气氧传感器（EGO）的简称，又称为氧量传感器（O_2S）。氧传感器安装在排气管上，在使用三元催化转化器降低排放污染的发动机上，氧传感器是必不可少的。三元催化转化器安装在排气管的中段，它能净化排气中 CO、HC 和 NO_x 三种主要的有害成分，但只在混合气的空燃比处于接近理论空燃比的一个窄小范围内才能有效地起到净化作用。故在排气管中插入氧传感器，利用检测废气中的氧浓度测定空燃比，并将其转换成电压信号或电阻信号，反馈给 ECU，ECU 控制空燃比收敛于理论值。

目前使用的氧传感器有氧化锆（ZrO_2）式和氧化钛（TiO_2）式两种，其中应用最多的是氧化锆式氧传感器。

1. 氧化锆式氧传感器

氧化锆式氧传感器（图 12-1）的基本元件是氧化锆（ZrO_2）陶瓷管（固体电解质），

亦称锆管。锆管固定在带有安装螺纹的固定套中，内、外表面均覆盖着一层多孔性的铂膜，其内表面与大气接触，外表面与废气接触。氧传感器的接线端有一个金属护套，其上开有一个用于锆管内腔与大气相通的孔；电线将锆管内腔与大气相通的孔；电线将锆管内表面的铂极经绝缘套从此接线端引出。

氧化锆在温度超过300℃后，才能进行正常工作。早期使用的氧传感器靠排气加热，这种传感器必须在发动机起动运转数分钟后才能开始工作，它只有一根接线与ECU相连（图12-2a）。现在，大部分汽车使用带加热器的氧传感器（图12-2b），这种传感器内有一个电加热元件，可在发动机起动后的20~30s迅速将氧传感器加热至工作温度。它有三根接线，一根接ECU，另外两根分别接地和电源。

锆管的陶瓷体是多孔的，渗入其中的氧气在温度较高时发生电离。由于锆管内、外侧氧含量不一致，存在浓差，因而氧离子从大气侧向排气一侧扩散，从而使锆管成为一个微电池，在两铂极间产生电压（图12-3）。当混合气的实际空燃比小于理论空燃比，即发动机以较浓的混合气运转时，排气中氧含量少，但CO、HC、H_2等较多。这些气体在锆管外表面的铂催化作用下与氧发生反应，将耗尽排气中残余的氧，使锆管外表面氧气浓度变为零，这就使得锆管内、外侧氧浓度差加大，两铂极间电压陡增。因此，锆管传感器产生的电压将在理论空燃比时发生突变：稀混合气时，输出电压几乎为零；浓混合气时，输出电压接近1V。

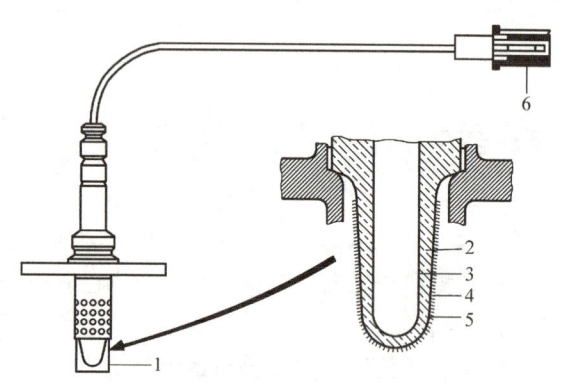

图12-1 氧化锆式氧传感器

1—保护套管 2—内表面铂电极层 3—氧化锆陶瓷体
4—外表面铂电极层 5—多孔氧化铝保护层 6—线束插头

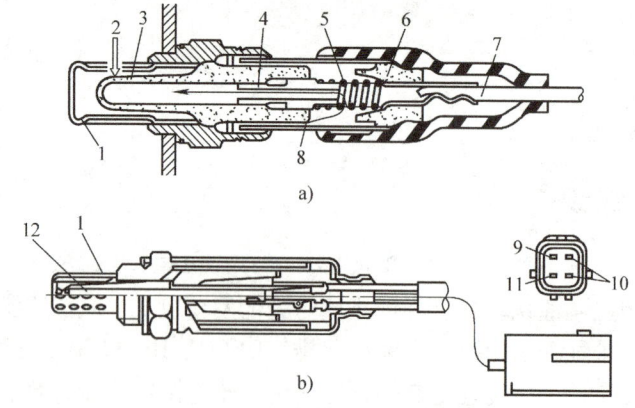

图12-2 两种不同的氧化锆式氧传感器

1—保护套管 2—废气 3—锆管 4—电极 5—弹簧 6—绝缘体
7—信号输出导线 8—空气 9—搭铁 10—加热器接线端 11—信号输出端 12—加热器

要准确地保持混合气浓度为理论空燃比是不可能的。实际上的反馈控制只能使混合气在理论空燃比附近一个较小的范围内波动，故氧传感器的输出电压在0.1~0.8V不断变化（通常每10s内变化8次以上）。如果氧传感器输出电压变化过缓（每10s少于8次）或电压保持不变（不论保持在高电位或低电位），则表明氧传感器有故障，需检修。

2. 氧化钛式氧传感器

氧化钛式氧传感器是利用二氧化钛（TiO_2）材料的电阻值随排气中氧含量的变化而变化的特性制成的，故又称电阻型氧传感器。二氧化钛式氧传感器的外形和氧化锆式氧传感器相似。在传感器前端的护罩内是一个二氧化钛厚膜元件（图12-4）。纯二氧化钛在常温下是一种高电阻的半导体，但表面一旦缺氧，其晶格便出现缺陷，电阻随之减小。由于二氧化钛的电阻也随温度不同而变化，因此，在二氧化钛式氧传感器内部也有一个电加热器，以保持氧化钛式氧传感器在发动机工作过程中的温度恒定不变。

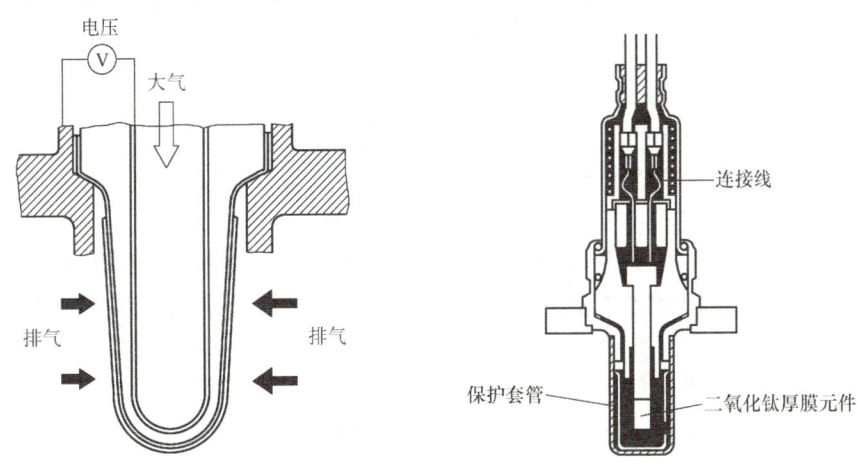

图12-3 氧传感器的工作原理　　　　图12-4 二氧化钛式氧传感器

如图12-5所示，ECU 2号端子将一个恒定的1V电压加在氧化钛式氧传感器的一端上，传感器的另一端子与ECU 4号端子相接。当排出的废气中氧浓度随发动机混合气浓度变化而变化时，氧传感器的电阻随之改变，ECU 4号端子上的电压降也随着变化。当4号端子上的电压高于参考电压时，ECU判定混合气过稀；当4号端子上的电压低于参考电压时，ECU判定混合气过稀。通过ECU的反馈控制，可保持混合气的浓度在理论空燃比附近。在实际的反馈控制过程中，二氧化钛式氧传感器与ECU连接的4号端子上的电压在0.1~0.9V不断变化，这一点与氧传锆式氧传感器是相似的。

AJR氧传感器的电路如图12-6所示。

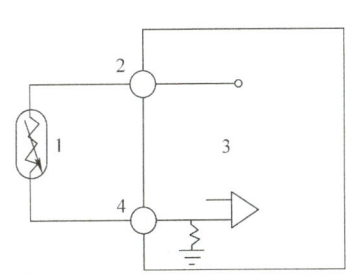

图12-5 二氧化钛式氧传感器工作原理
1—氧化钛式氧传感器　2—1V电压端子
3—ECU　4—输出电压端子

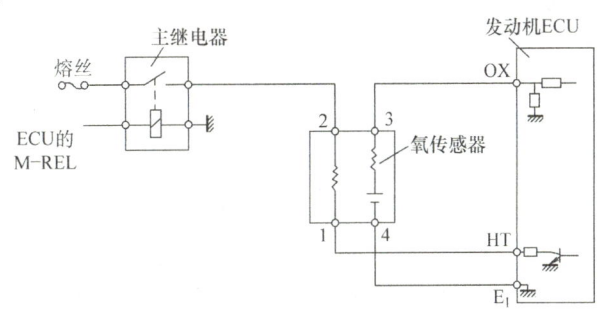

图12-6 AJR氧传感器的电路

3. 空燃比反馈控制

为了获得三元催化转化器所要求的空燃比，必须十分精确地控制喷油量。但在以下情况下，仅凭空气流量计测得进气量信号是达不到这么高的控制精度的，都会造成燃烧后排出的CO、HC、NO_x在排气管中的混合比例不对，三元催化转换效率下降，造成排放污染严重。

1）喷油器漏油或堵塞造成实际混合气过浓或过稀。

2）点火系统缺火或火花能量不足造成没有燃烧完的混合气直接进入三元催化转化器燃烧，造成动力性、经济性和排放性下降。

3）气门正时不对，混合气直接进入三元催化转化器燃烧。

4）空气流量计后的进气歧管漏气造成生成的NO_x过多，或空气流量计有故障后的输出曲线有偏差。

5）冷却液温度传感器输出曲线有偏差。

6）燃油系统喷油压力调节装置失效，使系统压力不正确。

7）进气温度传感器信号输出曲线有偏差等。

因此，必须借助安装在排气管中的氧传感器送来的反馈信号，对理论空燃比进行反馈控制。ECU根据氧传感器的输入信号对混合气空燃比进行控制的方法称为闭环控制。需要经过一定时间间隔，控制过程才能响应，即从进气管内形成混合气开始，至氧传感器检测排气中的含氧浓度，需要经过一定时间。这一过程的时间包括混合气吸入气缸、排气流过氧传感器以及氧传感器的响应时间等。由于存在滞后时间，要完全准确地使空燃比保持在理论空燃比（14.7）是不可能的，因此实际控制的混合气的空燃比总是保持在理论空燃比（14.7）附近的一个狭窄范围内。

4. 反馈控制的实施条件

采用氧传感器进行反馈控制即闭环控制期间，原则上供给的混合气是在理论空燃比附近。但在有些条件下有是不适宜的，如发动机起动时以及刚起动未暖机时，由于发动机冷却液温度低，这时需要较浓的混合气，如按反馈控制供给的混合气在理论空燃比附近，发动机可能会熄火。又如发动机在大负荷、高转速运转时（实际在高速公路、车速超过130km/h，风阻很大，要保证高车速必须踩足加速踏板才能维持发动机高转速、高转矩，发动机转速高，车速才能高）也需要较浓的混合气，如按反馈控制供给的混合气在理论空燃比附近，则发动机会运转不良。所以在有些情况下必须停止反馈控制，即进入开环控制状态。一般遇到以下情况时反馈控制作用解除：

1）发动机起动时。

2）冷起动后暖机过程。

3）汽车大负荷或超速行驶时。

4）燃油中断停供时。

5）从氧传感器送来的空燃比过稀信号持续时间大于规定值（如10s以上）时。

6）从氧传感器送来的空燃比过浓信号持续时间大于规定值（如4s以上）时。

此外，由于氧传感器的温度在300℃以下不会产生电压信号，当然反馈控制也不会发生作用。

5. 氧传感器加热器电阻的检测

点火开关置于"OFF"位置，拔下氧传感器的导线插接器，用万用表Ω档测量氧传感器接线端中加热器端子与搭铁端子（见图12-7中的端子1和2）间的电阻，其电阻值应符合标准值（一般为 4~40Ω；具体数值参见具体车型说明书）。如果不符合标准，应更换氧传感器。测量后，接好氧传感器线束插接器，以便作进一步的检测。

6. 氧传感器反馈电压的检测

如图 12-8 所示，测量氧传感器反馈电压时，应先拔下氧传感器线束插接器插头，对照被测车型的电路图，从氧传感器反馈电压输出端引出一条细导线，然后插好插接器，在发动机运转时从引出线上测量反馈电压。

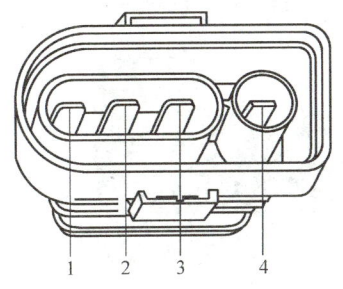

图 12-7　氧传感器端子图

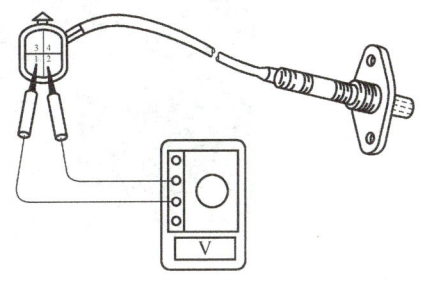

图 12-8　测量氧传感器加热器电压

有些车型也可以从故障诊断插座内测得氧传感器的反馈电压，如丰田汽车公司生产的小轿车，可从故障诊断插座内的 OX_1 或 OX_2 插孔内直接测得氧传感器反馈电压（丰田 V 型六缸发动机两侧排气管上各有一个氧传感器，分别和故障检测插座内的 OX_1 和 OX_2 插孔连接）。

在对氧传感器的反馈电压进行检测时，最好使用指针型的电压表，以便直观地反映出反馈电压的变化情况。此外，电压表应是低量程（通常为 2V）和高阻抗（阻抗太低会损坏氧传感器）的。

五、实训操作

（一）实训操作注意事项

1）遵守实验室规章制度，未经许可，不得擅自移动和拆卸仪器与设备。

2）注意安全和教具完好性。

3）严禁未经许可擅自扳动教具、设备的电器开关、点火开关和起动开关，以防发生危险。

4）在教师允许和监控下，起动发动机时，需保证设备周围的人员安全，防止意外发生。

5）未关闭点火开关时，严禁拔下各传感器及执行器接口，以免损坏 ECU。

6）氧传感器要轻拿轻放，避免不必要的损坏。

7）上实验台测试电压信号时，注意操作流程和相对应的测试端口。原则上只做本次实验相关的测试，其他无关的部位不要测试；否则，按原理不清或看不懂电路图扣分。

8）在实物台架上，测试端口与电控单元直接相连，不要将任何电压加在发动机实验台的测试端口上，以免损坏电控单元。

（二）实训操作步骤

1. 电阻测试

拔下氧传感器 G39 上 4 针插头。测量传感器端子 1 和 2 间的电阻（图 12-9），在室温时氧传感器加热器电阻为1~5Ω，温度上升一点，电阻值迅速上升。如果断路，更换氧传感器。如果氧传感器加热器是通路，还应测试氧传感器加热器的供电电压。

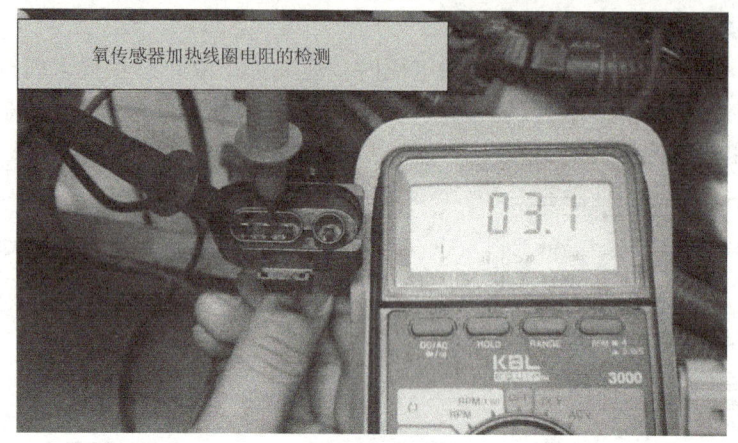

图12-9 氧传感器加热线圈电阻的检测

2. 氧传感器信号检查

（1）氧传感器加热电压测试　如图12-10所示，加热型氧传感器第1脚连接燃油泵继电器，当发动机起动时电压应为蓄电池电压；第2脚连接ECU的T80/27脚，当发动机起动后ECU控制此端断续搭铁，加热线圈工作。如果1脚在起动后有蓄电池电压，2脚与T80/27脚导线无断路，加热线圈电阻在正常范围，而加热线圈不正常工作，则更换ECU，如图12-11所示。

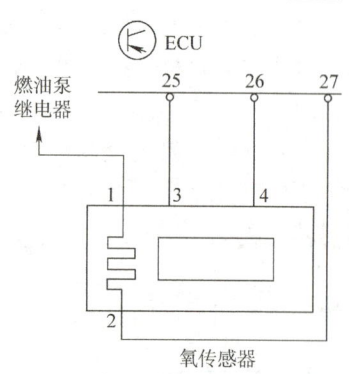

图12-10 氧传感器连接电路

（2）氧传感器输出信号电压测试　连接好氧传感器线束插接器，使发动机以较高转速运转，直到氧传感器工作温度达到400℃以上维持怠速运转。然后反复踩动加速踏板，并测量氧传感器输出信号电压，加速时应输出高电压信号（0.75~0.90V），减速时应输出低电压信号（0.10~0.40V）。若不符合上述要求，应更换氧传感器。

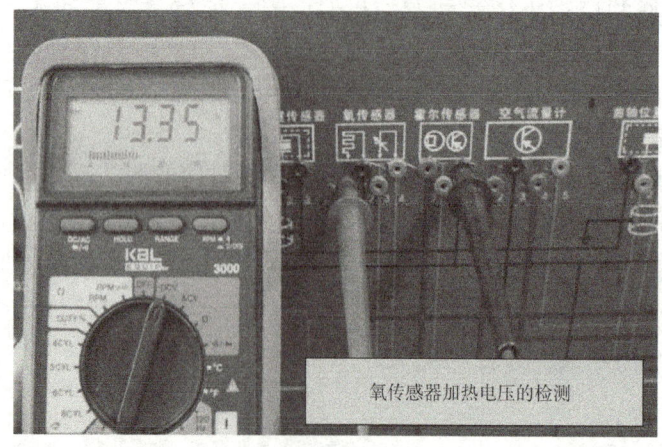

图12-11 氧传感器加热电压的检测

3. 示波器测试

起动发动机至正常工作温度，发动机转速为 2500r/min，用示波器测试氧传感器输出的波形，如图 12-12 所示。

4. 数据流测试

1) 选择功能 08 "读测量数据块" 显示组 03。屏幕显示：

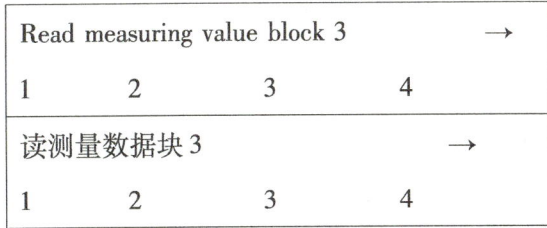

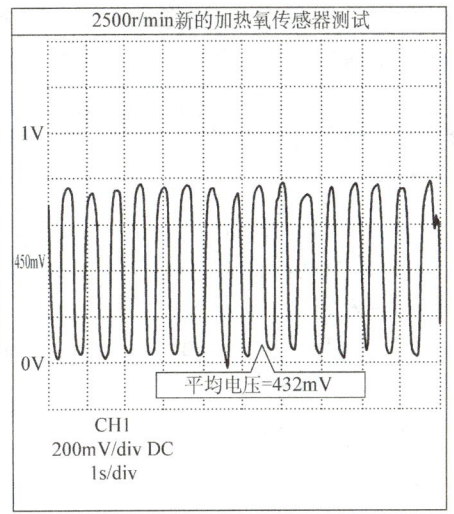

图 12-12　发动机转速为 2500r/min 时的氧传感器波形

注意：在区域 3 中冷却液温度必须大于 80℃ 才可检查氧传感器工作情况。

2) 按 C 键，输入 07，按 Q 键确认。屏幕显示：

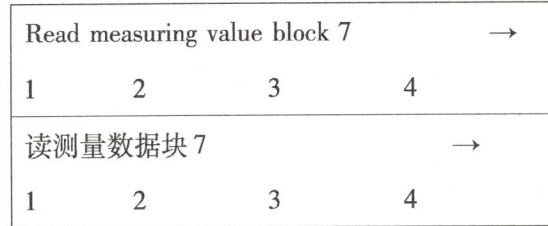

区域 2 显示氧传感器信号电压，如果氧传感器电压读数波动缓慢，检测氧传感器加热；如果氧传感器电压读数维持在 0.45~0.50V 不变，说明信号线开路；如果氧传感器电压读数维持在 0.0~+0.3V（混合气太稀），表明氧控制已经达到最大浓度极限，但氧传感器仍记录 "混合气太稀"；如果氧传感器电压读数维持在 0.7~1.0V（混合气太浓），表明 λ 控制已经达到最稀浓度极限，但氧传感器仍记录 "混合气太浓"。

3) 按 C 键。如果氧传感器工作适当，检查 λ 调节值。输入 08，按 Q 键确认。屏幕显示：

Read measuring value block 8			→	
2ms	0.7%	-0.5%	AKF active	

读测量数据块 8			→	
2ms	0.7%	-0.5%	AKF 阀打开	

混合气调节系统具有调节能力，即氧传感器能识别发动机（喷油器喷油、气缸压缩压力、汽油压力等）的差异，并通过控制单元的程序对基本喷油时间进行补偿调节。喷油时间延长或减少，直至达到 "λ=1" 的混合气成分。实际喷油时间和控制单元中最初设定的

喷油时间的点阵图之间的差值用百分比表示。

正值（+…%）：预先设定基本喷油时间太短，为了达到"$\lambda=1$"混合气成分，实际喷油时间应增加的百分比。

负值（-…%）：预先设定基本喷油时间太长，为了达到"$\lambda=1$"混合气成分，实际喷油时间应减少的百分比。

六、考核要点与评分标准

1. 考核要求

1）掌握氧传感器的结构与工作原理。

2）掌握氧传感器的检测方法（电阻测试、电压测试、波形测试、数据流测试）、工艺流程和技术规范。

3）掌握数据流的读取方法和数据流的分析。

2. 考核时间

考核时间：15min。

3. 考核评分

结合 AJR 发动机实验台，正确检测氧传感器及其线路，能正确分析氧传感器数据流信息。氧传感器（带加热器）的检测考核要点与评分标准见表 12-1。

表 12-1 氧传感器（带加热器）的检测考核要点与评分标准

序号	考核要点	配分	评分标准	考核记录	得分
1	氧传感器原理与作用	20	一处叙述不清扣 5 分		
2	氧传感器的故障检测	25	错误一次扣 5 分		
3	故障码与数据流的读取	20	错误一次扣 5 分		
4	数据流的分析	25	错误一次扣 5 分		
5	整理工具，清理现场	10	保持实习现场秩序和卫生，保证人身及设备的安全，违规一次扣 5 分		
	实习态度和纪律				
6	分数合计	100			

七、思考题

1. 简述氧传感器的作用。
2. 简述氧传感器的工作原理。
3. 简述如何判断氧传感器的好坏。
4. 简述氧传感器的测量步骤。
5. 氧传感器分几种类型？
6. 详述利用万用表判断氧传感器的加热线圈和信号、搭铁 4 个端子的步骤。

项目十三

检测车速传感器

一、教学目的

1）了解常见车速传感器的结构与工作原理。
2）熟悉车速传感器故障及对整个电控系统的影响。
3）掌握车速传感器的检测方法、工艺流程和技术规范。
4）掌握车速传感器数据分析的方法。

二、教学设备、工具及量具

1）工具：数字万用表，汽车示波器。
2）设备：桑塔纳 AJR 发动机故障实验台，进口或国产故障诊断仪。
3）教具：STN-AJR 发动机教学挂图 1 套，桑塔纳 3000 型轿车车速传感器 8~10 只。

三、课时

实训课时安排 2 课时。

四、相关基础知识

车速传感器检测汽车的行驶速度，向电子控制器提供反映车轮转速电信号（SPD 信号）。在防抱死制动系统（ABS）和驱动防滑转系统（ASR）中，电子控制单元根据此信号计算车轮角加速度或滑移率、滑转率，并据此参数实现车轮防抱死、防滑转控制；在发动机电子控制燃油喷射中用于巡航控制和限速断油控制，在汽车集中控制系统中，也是自动变速器的主控制信号。

车速传感器通常安装在组合仪表内或变速器输出轴上。车速传感器主要有磁感应式、舌簧开关式、光电式、霍尔式和新型半导体式等几种类型。磁感应式的基本组成与工作原理参见磁感应式发动机转速与曲轴位置传感器，传感器的信号触发齿轮或齿圈一般安装在轮毂内，光电式车速传感器的结构和工作原理与光电式凸轮轴/曲轴位置传感器类似，在此不再重述，霍尔式车速传感器也不再重述了。

舌簧开关式车速传感器的结构如图 13-1 所示。车速表软轴由安装在变速器输出轴上的齿轮驱动，车速表软轴驱动磁铁旋转，每转一圈磁铁的极性变换 4 次，从而使舌簧开关触点闭合或断开，ECU 根据触点开闭的频率即可确定车速。

舌簧开关式车速传感器电路如图 13-2 所示。ECU 给车速传感器提供 12V 标准电压并进行监控，舌簧开关控制搭铁，当舌簧开关闭合使电路接通时，传感器便产生一个脉冲信号输送给 ECU。在维修时，检查车速传感器电源电压（应正常），然后转动驱动车轮，测量车速传感器输出的信号电压（信号输出端子与搭铁间），车速表软轴每转一圈应产生 4 个脉冲信号，信号电压约为 12V 蓄电池电压。

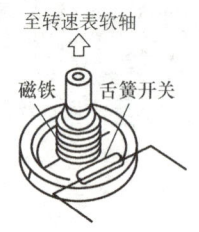

图 13-1 舌簧开关式车速传感器

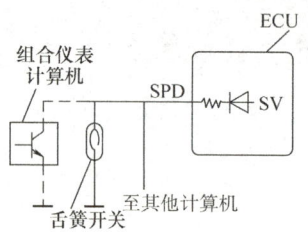

图 13-2 舌簧开关式车速传感器电路

一汽丰田锐志轿车安装的是新型半导体式轮速传感器，其安装位置如图 13-3 所示。半导体式车轮转速传感器安装在后车桥轮毂上，传感器转子安装在轴承内圈上。

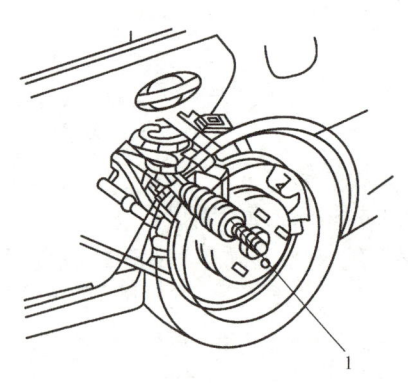

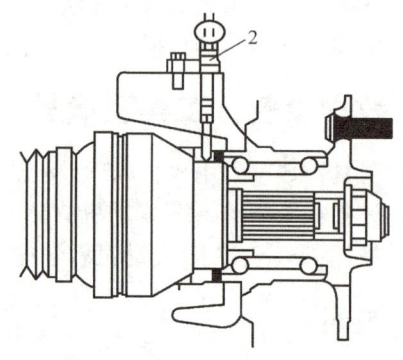

图 13-3 一汽丰田锐志轿车轮速传感器的安装位置
1—半导体式车轮传感器和转子 2—半导体式车轮转速传感器

一汽丰田锐志轿车的车轮转速传感器为主动式传感器，主要由两部分组成，一部分是信号发生器，由内置有磁性粒子的橡胶组成，称为磁性转子，磁性转子的南、北极按圆周方向均等配置（南北极各 48 对），如图 13-4 所示；磁性传感器的另一部分为半导体元件，用以接收磁场变化，转变成电信号。

磁性转子旋转产生磁场变化，主动式半导体传感器检测到这种磁场变化，并以脉冲信号方式输出。与广泛应用的被动式传感器相比，这种传感器能检测到从 0km/h 开始的车速，如图 13-5、图 13-6 所示。被动式传

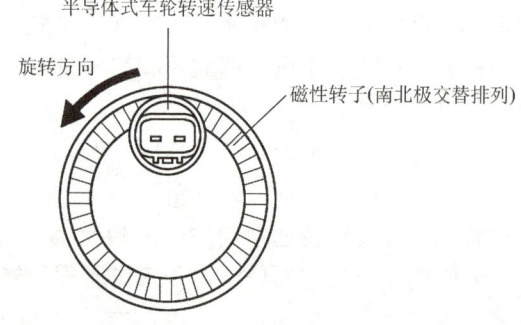

图 13-4 锐志轮速传感器

感器只有车速达到一定值（传感器门限值）时，才能检测到磁电信号。此外，由于能够检测转子的旋转方向，因此系统可以区分车辆是向前还是向后运动。当车辆向前运动时，输出正向脉冲；当车辆后退时，输出如图13-6所示的倒车时的波形。

AJR发动机车速传感器是霍尔传感器，其线路连接如图13-7所示。传感器第一脚接在中央接线盒的C20上，取自点火开关的15号线，当打开点火开关第二档时，电压为12V；第三脚为搭铁端，第二脚为信号线，连接到发动机ECU的T80/20脚上，为发动机ECU输入车速信号，同时也连接组合仪表的T26/4脚，为组合仪表输入车速信号，供组合仪表显示车速。

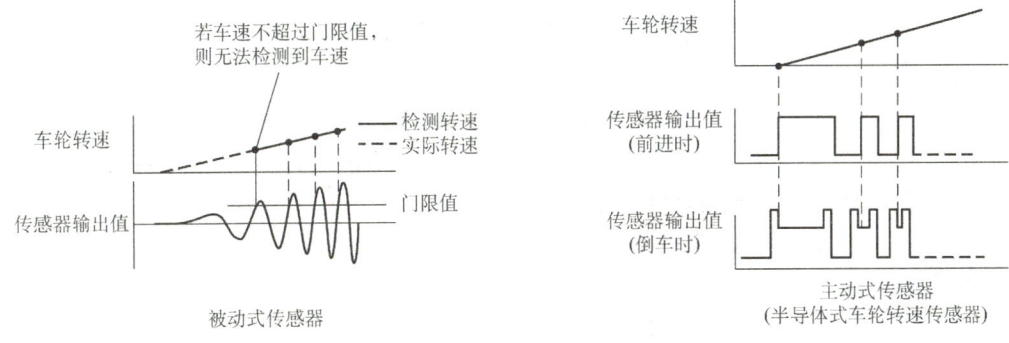

图13-5　被动式传感器波形图　　　　图13-6　主动式传感器波形图

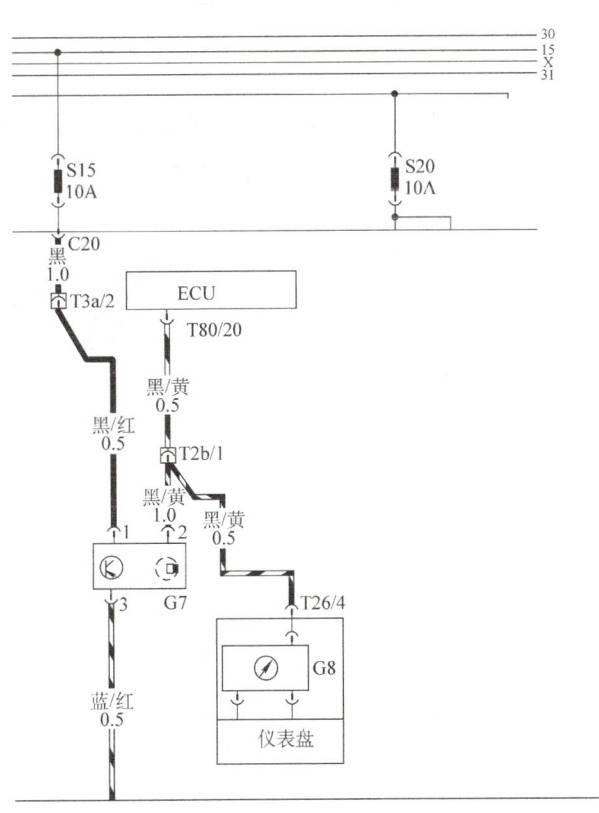

图13-7　车速传感器电路图

五、实训操作

1. 实训操作注意事项

1) 遵守实验室规章制度,未经许可,不得擅自移动和拆卸仪器与设备。
2) 注意安全和教具完好性。
3) 严禁未经许可擅自扳动教具、设备的电器开关、点火开关和起动开关,以防发生危险。
4) 在教师允许和监控下,起动发动机时,需保证设备周围的人员安全,防止意外发生。
5) 未关闭点火开关时,严禁拔下各传感器及执行器接口,以免损坏 ECU。
6) 车速传感器要轻拿轻放,避免不必要的损坏。
7) 上实验台测试电压信号时,注意操作流程和相对应的测试端口。原则上只做本次实验相关的测试,其他无关的部位不要测试;否则,按原理不清或看不懂电路图扣分。
8) 在实物台架上,测试端口与电控单元直接相连,不要将任何电压加在发动机实验台的测试端口上,以免损坏电控单元。

2. 实训操作步骤

(1) **电阻测试** 用万用表电阻档测量:

测量中央接线盒 C20 至车速传感器第一脚,电阻应小于 0.5Ω。

测量发动机 ECU 的 T80/20 至传感器第二脚,电阻应小于 0.5Ω。

测量组合仪表 T26/4 脚至传感器第二脚,电阻应小于 0.5Ω。

测量传感器第二脚与搭铁,电阻应小于 0.5Ω。

(2) **电压检测** 用万用表电压检测:当打开点火开关第二档时,车速传感器第一脚电压应为蓄电池电压。如果不相等,则检测中央接线盒上 S15 熔丝有没有断路。若熔丝正常,检查熔丝有没有 12V 电压,顺序检测 C20 有没有 12V 电压。

(3) **检测车速信号** 由于组合仪表和发动机 ECU 共用一个车速信号,可以通过观察组合仪表中的车速里程表,来判断车速传感器的信号是否正常。如果组合仪表显示车速正常,则传感器及其至组合仪表连接线路正常,再通过解码器读取车速信号,如与实际车速相同,则说明车速传感器及与发动机 ECU 连接正常;如组合仪表及发动机均没有车速信号,而且线路连接正常,供电电压正常,则更换车速传感器。

六、考核要点与评分标准

1. 考核要求

1) 掌握车速传感器的结构与工作原理。
2) 掌握车速传感器的检测方法。

2. 考核时间

考核时间:15min。

3. 考核评分

正确检测车速传感器及其线路。车速传感器的检测考核要点与评分标准见表 13-1。

表 13-1　车速传感器的检测考核要点与评分标准

序号	考核要点	配分	评分标准	考核记录	得分
1	车速传感器的原理与作用	20	一处叙述不清扣 5 分		
2	车速传感器的故障检测	25	错误一次扣 5 分		
3	故障码与数据流的读取	20	错误一次扣 5 分		
4	数据流的分析	25	错误一次扣 5 分		
5	整理工具，清理现场 实习态度和纪律	10	保持实习现场秩序和卫生，保证人身及设备的安全，违规一次扣 5 分		
6	分数合计	100			

七、思考题

1. 车速传感器有几种常见形式？
2. 舌簧开关式车速传感器如何进行检测？
3. 霍尔式传感器的检测方法是什么？
4. 半导体式车速传感器有什么优点？
5. 利用万用表测量磁电式车速传感器线圈的电阻时有什么注意事项？

项目十四

检测点火模块总成

一、教学目的

1) 了解常见点火模块的结构与工作原理。
2) 熟悉单组或两组点火模块故障及对整个电控系统的影响。
3) 掌握点火模块的检测方法、工艺流程和技术规范。
4) 掌握点火模块数据分析的方法。

二、教学设备、工具及量具

1) 工具：数字万用表，汽车示波器。
2) 设备：桑塔纳 AJR 发动机故障实验台，进口或国产故障诊断仪。
3) 教具：STN - AJR 发动机教学挂图 1 套，点火模块解剖教具 1 只，测量用桑塔纳 3000 型轿车点火模块 8～10 只。

三、课时

实训课时安排 5 课时。

四、相关基础知识

在汽油发动机中，发动机的性能不仅取决于燃油的控制，还取决于点火控制。在汽油机各系统中，点火系统对发动机的性能影响最大，统计数字表明将近一半的故障是因为电气系统工作不良引起的，因此发动机性能检测往往从点火系统开始。首先使用先进电子技术的当属点火系统，而形式结构和工作原理更新最快的也是点火系统。现用点火系统的结构、工作原理不同，在检测时的接线有所不同，应区别对待。

（一）汽油机点火系统的作用

汽车发动机的工作循环由进气、压缩、做功与排气四个行程组成，虽然在压缩终了时气缸内的混合气温度很高，但由于汽油的燃点较高，还不能像柴油机那样产生自燃，所以必须采用明火进行点燃。汽油机的点火方式是采用高压电火花点燃混合气。

为了在气缸中定时地产生高压电火花，汽油发动机设置了专门的点火装置，称为发动机点火系统。点火系统的基本功用是在发动机各种工况和使用条件下,在气缸内根据发动机的工作顺序和点火时间要求,适时、准确、可靠地产生足够能量的电火花,以点燃可燃混合气,使发动机做功。

(二) 对点火系统的基本要求

点火系统应在发动机各种工况和使用条件下都能保证可靠而准确地点火。为此点火系统应满足以下基本要求。

1. 能产生足以击穿火花塞两电极间隙的电压

使火花塞两电极之间的间隙击穿并产生电火花所需要的电压,称为火花塞的击穿电压。火花塞击穿电压的大小与中心电极和侧电极之间的距离(火花塞间隙)、气缸内的压力和温度、电极的温度、发动机的工作状况等因素有关。火花塞电极示意图如图14-1所示。

电极间隙越大,电极周围气体中的电子和离子距离越大,受电场力的作用减小,越不易发生碰撞电离,因此要求有更高的击穿电压方能点火。

气缸内的压力越大或者温度越低,则气缸内可燃混合气的密度越大,单位体积中气体分子的数量越多,离子自由运动的距离越小,越不易发生碰撞电离。只有提高加在电极上的电压,增大作用于离子上的电场力,使离子的运动加速才能发生离子间的碰撞电离,使火花塞电极间隙击穿。因此气缸内的压力越大或者温度越低,所要求的火花塞击穿电压越高。

电极的温度对火花塞击穿电压也有影响。电极的温度越高,包围在电极周围的气体的密度越小,越容易发生碰撞电离,所需的火花塞击穿电压越小。实践证明,当火花塞的电极温度超过混合气的温度时,击穿电压可降低30%~50%。

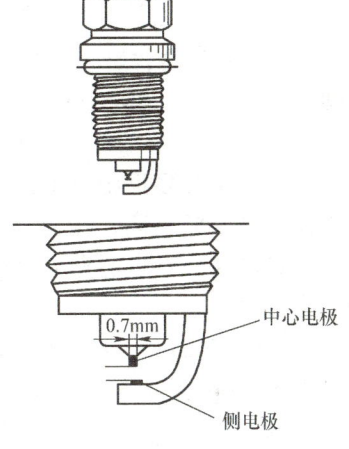

图14-1 火花塞电极示意图

发动机工况不同时,火花塞的击穿电压将随发动机的转速、负荷、压缩比、点火提前角以及混合气的浓度的变化而变化。

起动时的击穿电压最高,因为气缸壁、活塞及火花塞的电极都处于冷态,吸入的混合气温度低、雾化不良,压缩时混合气的温度升高不大,而且火花塞电极间可能积有汽油或润滑油,因此所需击穿电压最高。此外,汽车加速时,由于大量冷的混合气被突然吸入气缸内,也需要较高的电压。

试验表明,发动机正常运行时,火花塞的击穿电压为7~8kV,发动机冷起动时达19kV。为了使发动机在各种不同的工况下均能可靠地点火,要求火花塞击穿电压应为15~20kV。

2. 电火花应具有足够的点火能量

为了使混合气可靠点燃,火花塞产生的火花应具备一定的能量。发动机正常工作时,由于混合气压缩时的温度接近自燃温度,因此所需的火花能量较小,火花能量(15~50mJ)

足以点燃混合气；但在起动、怠速以及突然加速时，需要较高的点火能量。为保证可靠点火，一般应保证 50~80mJ 的点火能量，起动时应能产生大于 100mJ 的点火能量。

3. 点火时刻应与发动机的工作状况相适应

首先，发动机的点火时刻应满足发动机工作循环的要求；其次，可燃混合气在气缸内从开始点火到完全燃烧需要一定的时间（千分之几秒），所以要使发动机产生最大的功率，就不应在压缩行程终了（上止点）点火，而应适当地提前一个角度。这样当活塞到达上止点时，混合器已经充分燃烧，发动机才能发出最大功率。

（三）电控点火系统的类型

1. 汽油机点火系统的类型

汽油机点火系统主要有：传统点火系统和电子控制的点火系统两大类型。传统点火系统可分为磁电机点火系统和蓄电池点火系统。

（1）**磁电机点火系统**　磁电机点火系统的电能是由磁电机本身提供的，其点火线圈、断电器、配电器组合成一个整体，结构较复杂，且低速时的点火性能较差，一般只用于无蓄电池的机动车上，如小排量摩托车等。

（2）**蓄电池点火系统**　蓄电池点火系统又称有触点式点火系统，由于其结构简单、工作可靠，半个多世纪以来曾在汽车上得到广泛的应用。但随着人们对汽油发动机技术指标要求的不断提高，在提高动力性和安全性、降低油耗和减少排放污染等方面，它已不能满足高速发动机的点火要求，所以逐渐被电子控制点火系统取代。蓄电池点火系统的主要缺点是：

1）高速易断火，不适合高速发动机。由于蓄电池点火系统中，点火线圈产生的二次电压随着发动机的转速升高而下降，所以容易导致发动机高速断火。

2）断电器触点易烧蚀，工作可靠性差。当断电器触点断开时，初级绕组将产生 300V 左右的感应电动势，触点间易产生火花，烧蚀触点。

3）点火能量低，点火可靠性差。在蓄电池点火系统中，为了减少触点烧蚀故障的发生，不得不限制点火线圈一次电路的电流（一般为 3~5A），从而使点火能量的提高受到限制。

（3）**电子控制点火系统**　电控点火系统于 1976 年由美国克莱斯勒汽车公司首先研制成功，系统中使用模拟计算机根据各传感器信号对点火提前角进行控制。1977 年美国通用汽车公司开始使用数字式电控点火系统。近年来，由于微电子技术的迅速发展，随着电控点火系统的不断完善，电控点火系统已在各国汽车上得到广泛应用。电控点火系统主要的优点是：

1）在各种工况及环境条件下，均可自动获得最佳的点火提前角，从而使发动机的动力性、经济性、排放性及工作稳定性等方面均处于最佳。

2）在整个工作过程中，均可对点火线圈一次电路的通电时间和电流进行控制，从而使点火线圈中存储的点火能量保持恒定，不仅提高了点火的可靠性，而且可有效地减少电能消耗，防止点火线圈烧损。

3）采用爆燃控制功能后，可使点火提前角控制在爆燃的临界状态，以此获得最佳的燃烧过程，有利于发动机各种性能的提高。

2. 电控点火系统的类型

电控点火系统可分为两大类：有分电器式和无分电器式。两者的主要组成和控制原理基本相同。

有分电器的电控点火系统，因为机械装置本身的局限性，无法保证在各种状况下使点火提前角均处于最佳。此外，由于分电器中的运动部件的磨损，又会导致驱动部件松旷，影响点火提前角的稳定性和均匀性。

无分电器的电控点火系统是一种全电子化的点火系统。它的突出优点是：由于无机械传动，减少了分火头与旁电极这一中间跳火间隙的能量损耗及由此产生的射频干扰，无机构磨损、不需调整，工作可靠。此外，由于无分电器，也使发动机各部件的布置更容易、更合理。

（四）基本组成与工作原理

1. 基本组成

电控点火系统一般由电源、传感器、ECU、点火器、点火线圈、分电器（有分电器电控点火系统）、火花塞等组成，如图 14-2 所示。

1）电源一般由蓄电池和发电机共同组成，主要是给点火系统提供所需的电能。

2）传感器主要用于检测发动机各种运行参数的变化，为 ECU 提供点火控制所需的信号。主要传感器有凸轮轴位置传感器、曲轴位置传感器、爆燃传感器、进气管绝对压力传感器（或空气流量计）、节气门位置传感器和冷却液温度传感器等。

3）ECU 是电控点火系统的中枢。在发动机工作时，它不断地接收各传感器的信息，按内存的程序计算出最佳点火提前角，并向点火器发出指令。

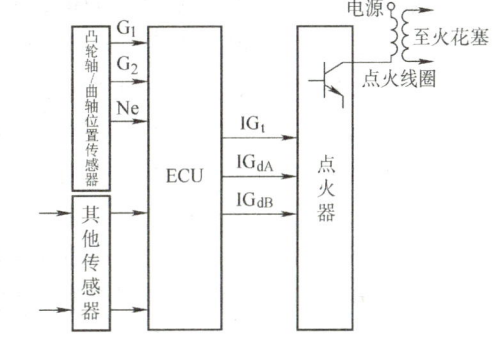

图 14-2 电控点火系统的基本组成

4）点火器是电控点火系统的执行元件，它可将电子控制系统输出的点火信号进行功率放大后，驱动点火线圈工作。

5）点火线圈可将火花塞跳火所需的能量存储在线圈的磁场中，并将电源提供的低压电转变为足以在电极间产生击穿点火的 15～20kV 高压电。在有分电器的电控点火系统中，只有一个点火线圈，而无分电器点火系统中则有多个点火线圈。

6）在有分电器的电控点火系统中，分电器根据发动机的点火顺序，将点火线圈产生的高压电依次输送给各缸火花塞。

7）火花塞利用点火线圈产生的高压电产生电火花，点燃气缸内的混合气。

2. 工作原理

发动机工作时，ECU 根据接收到的各传感器信号，按存储器中存储的有关程序和相关数据，确定出该工况下最佳点火提前角和点火线圈一次电路闭合角（通电时间），并以此向点火器发出指令。点火器则根据 ECU 的指令，控制点火线圈一次电路的导通和截止。当电路导通时，有电流从点火线圈中的一次电路通过，点火线圈将点火能量以磁场的形式储存起来；当一次电路中的电流被切断时，在其二次线圈中将产生很高的感应电动势（15～20kV），经分电器或直接送至工作气缸的火花塞。点火能量经火花塞瞬间释放。产生的电火花点燃气缸内的混合气，使发动机完成做功过程。

此外，在具有爆燃控制功能的电控点火系统中，ECU 还根据爆燃传感器的输入信号来判断发动机有无爆燃及爆燃的强度，并对点火提前角进行闭环控制。

在电控点火和电控燃油喷射系统中，点火正时和喷油正时的控制精度要求能检测出1°的曲轴转角，而目前汽车上装用的汽油发动机最高转速高达 6000r/min 以上。发动机正常工作时，1°曲轴转角所需的时间相当短，要进行这样精确的计时控制，电控系统除必须具有能够准确检测活塞上止点位置的凸轮轴位置传感器、检测曲轴转角的曲轴位置传感器外，还必须有能进行高速运算的微机系统。在电控点火系统中，用凸轮轴位置传感器产生 G 信号和曲轴位置传感器产生的 Ne 信号作为主控制信号。以 G 信号为基准，按每1°曲轴转角分频，用既定的曲轴角度产生点火控制信号（IG_t 信号）。

(1) G 信号　G 信号指活塞运行到上止点位置的判别信号，它是根据凸轮轴位置传感器产生的信号经过整形和转换而获得的脉冲信号。G 信号的周期对应的曲轴转角等于发动机各缸的做功间隔角（四缸发动机为 180°，六缸发动机为 120°）。G 信号在电控点火系统中主要用来确定点火控制基准和判别气缸。G 信号发生时，一般不是活塞运行到上止点的时刻，而是相对各缸活塞的上止点位置有固定的曲轴转角值，一般为上止点前 70°。

发动机工作时，ECU 根据 G 信号可准确地计算出曲轴每转 1°所用时间，即 G 信号产生的间隔时间与间隔角度之比。根据其他传感器输入信号，ECU 按其内存的控制模型确定点火提前角和点火线路通电时间。ECU 根据计算出的曲轴每转 1°所用时间，确定 G 信号后点火线圈一次电路通电与断电时刻，最后向点火器输出点火控制信号（IG_t 信号）。ECU 如果收不到 G 信号，因无法确定点火基准和判别气缸，则无法对点火提前角进行控制。

以日本日产公司 ECCS 系统为例，六缸发动机在某工况下，ECU 根据各传感器信号，确定的最佳点火提前角为上止点前 40°。点火提前角控制原理如图 14-3 所示。根据凸轮轴位置传感器产生的间隔 120°的 G 信号和 1°信号。ECU 设定一个比 G 信号滞后的基准信号，由于 G 信号设定在各缸活塞压缩行程上止点前 70°处，所以实际的点火时刻基准为上止点前 66°。ECU 从接收到间隔 120°的 G 信号开始，即确认某缸活塞位于压缩行程上止点前 70°，由于点火基准信号滞后 G 信号 4°，所以 ECU 从上止点前 66°开始，计数 26 个 1°信号，此时 ECU 向点火器发出指令信号，使点火线圈内的一次电路断电，即可保证火花塞在上止点前 40°点火。

在有些发动机的电控系统中，曲轴每转两圈，凸轮轴位置传感器产生两个 G（G_1 和 G_2）信号，G_1 信号和 G_2 信号相隔 360°曲轴转角。如日本丰田皇冠轿车装用的无分电器电控点火系统中，G_1 信号用来判别 6 缸上止点位置，G_2 信号用来判别 1 缸上止点位置。位于压缩行程上止点的活塞：1 号活塞→5 号活塞→3 号活塞→6 号活塞→2 号活塞→4 号活塞。

(2) Ne 信号　Ne 信号指发动机曲轴转角信号，它是根据曲轴位置传感器产生的信号经过整形和转换而获得的脉冲信号。

在电控点火系统中，Ne 信号主要用来计量点火提前角和通电时间。如果采用转子有 24 个齿的电磁感应式曲轴位置传感器时，曲轴每转 720°只能向 ECU 输送 24 个 Ne 信号，其信号周期为 30°曲轴转角（15°分电器轴转角）。在较精密的电控点火系统中，以此来控制点火

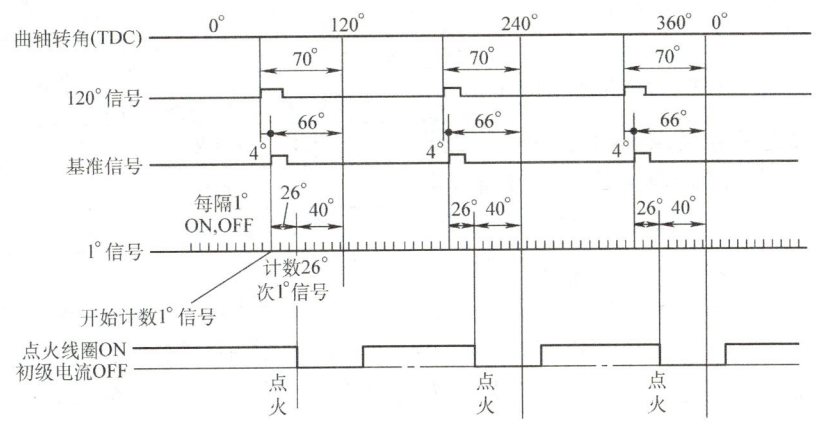

图 14-3 点火提前角控制原理

提前角和通电时间,是不能满足要求的,一般都经过 ECU 进行整形和转换,形成周期为 1°的 Ne 信号。

(3) IG_t 信号 IG_t 信号是 ECU 向点火器中功率晶体管发出的通、断控制信号。

在有分电器的电控点火系统中,由于是由分火头的指向决定某个气缸点火,只要安装时正确连接各缸高压线,就不会出现点火错乱问题。但是,在无分电器的电控点火系统中,仅有 G 信号不能决定具体给哪个气缸点火,所以 ECU 向点火器输出的指令信号中,必须增加判别气缸的 IG_d 信号,以便与 G 信号共同决定需点火的气缸。

IG_d 信号存储在 ECU 内的存储器中,实际就是点火顺序信息。ECU 根据 G 信号和 Ne 信号选择 IG_d 信号状态,以确定点火顺序。在采用同时点火方式(活塞同时到达上止点的两个缸同时点火)的无分电器电控点火系统中,把 IG_d 信号分为 IG_{dA} 信号和 IG_{dB} 信号。

以日本丰田皇冠轿车装用无分电器电控点火系统为例,ECU 的输出信号如图 14-4 所示。

(4) IG_f 信号 IG_f 信号是指完成点火后,点火器向 ECU 输送的点火确认信号。

由于电控燃油喷射系统中,喷油器的驱动信号也来自于曲轴位置传感器,若点火系统出现故障使火花塞不能点火时,曲轴位置传感器工作正常,喷油器仍会照常喷油。表 14-1 为 IG_{dA} 和 IG_{dB} 信号状态。

为了防止因喷油过多,导致燃油的浪费、发动机再起动困难或行车时三元催化转化器过热等现象的发生,特设定当完成点火过程后,点火器应及时向 ECU 返回点火确认信号(IG_f 信号)。

发动机工作时,ECU 向点火器发出点火控制信号(IG_t 信号)后,若有 3~5 次均收不到返回的点火确认信号(IG_f 信号),ECU 便以此判定点火系统有故障,且强行停止电控燃油喷

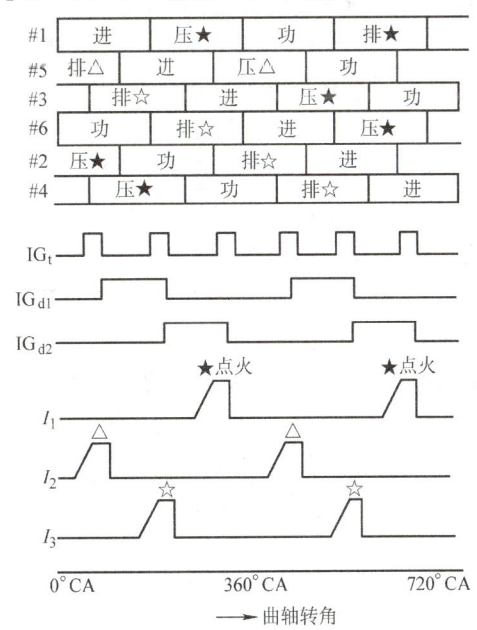

图 14-4 ECU 输出的点火控制信号

射系统继续喷油,致使发动机熄火。

(五)有分电器电控点火系统

有分电器电控点火系统的主要特点是只有1个点火线圈。ECU根据各传感器信号确定某缸点火时:向点火器发出指令信号(IG_t信号)。点火器则根据ECU的指令控制点火线圈内一次电路通电或断电。当点火线圈中的一次电路断电时,二次线圈产生的高压电经分电器输送给点火缸的火花塞,以实现点火。分电器的作用是按照发动机的点火顺序,将点火线圈产生的高压电依次输送给各缸火花塞。有分电器电控点火系统的组成如图14-5所示。

表14-1 IG_{dA}和IG_{dB}信号状态

控制结果 信号	IG_{dA}	IG_{dB}
第1、6缸点火	0	1
第2、5缸点火	0	0
第3、4缸点火	1	0

主要传感器在该系统中的功能如下:

(1)**凸轮轴/曲轴位置传感器** 检测凸轮轴和曲轴的位置,并向ECU输送G信号和Ne信号,以便控制点火正时。同时,ECU还根据曲轴位置传感器的信号(Ne信号)确定发动机的转速,以便确定基本点火提前角。

(2)**空气流量计(或进气管绝对压力传感器)** 检测并向ECU输送进气量信号。进气量信号和发动机转速信号是ECU确定基本点火提前角的主要依据。

(3)**冷却液温度传感器** 检测并向ECU输送发动机冷却液温度信号,用于修正点火提前角。

(4)**节气门位置传感器** 检测并向ECU输送节气门开度信号,以便ECU根据发动机负荷,对点火提前角进行修正。

(5)**起动开关** 检测发动机的工作状态,向ECU输送发动机正在起动的信号(是发动机起动时对点火提前角进行控制的主信号)。

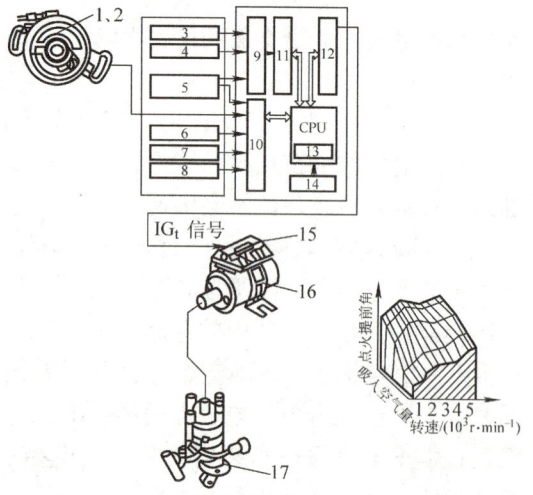

图14-5 有分电器电控点火系统的组成
1、2—凸轮轴/曲轴位置传感器
3—空气流量计或过气管绝对压力传感器 4—冷却液温度传感器
5—节气门位置传感器 6—起动开关 7—空调开关
8—车速传感器 9、10—输入回路 11—A-D转换器
12—输出回路 13—存储器 14—恒定电压电源
15—点火器 16—点火线圈 17—分电器

(6)**空调开关** 检测空调系统工作状态,向ECU输送空调正在工作的信号(用于发动机怠速工况下,对点火提前角进行修正)。

(7)**车速传感器** 检测并向ECU输送车速信号(用于对点火提前角进行修正)。

(六)无分电器电控点火系统

无分电器电控点火(DLI)系统又称为直接点火系统或全电子化点火系统。其主要特点是:用电子控制装置取代了分电器,利用电子分火控制技术将点火线圈产生的高压电直接送给火花塞进行点火,点火线圈的数量比有分电器电控点火系统多。

无分电器电控点火系统的组成如图14-6所示。无分电器电控点火系统与有分电器电控点火系统的工作原理和各元件功能基本相同,不同的是无分电器电控点火系统具有电子配电功能,即在发动机工作时,ECU除向点火器输出 IG_t 点火控制信号外,还必须输送ECU内存储的判缸信号 IG_d ,以便控制多个点火线圈的工作顺序,按做功顺序完成各缸点火的控制。

根据点火线圈的数量和高压电分配方式的不同,无分电器电控点火系统可分为独立点火方式、同时点火方式和二极管配电点火方式三种类型。

1. 独立点火方式

无分电器独立点火方式电控点火系统如图14-7所示。其特点是每缸一个点火线圈,即点火线圈的数量与气缸数相等。

由于每缸都有各自独立的点火线圈,所以即使发动机的转速很高,点火线圈也有较长的通电时间(大的闭合角),可提供足够高的点火能量。与分电器电控点火系统相比,在发动机转速和点火能量相同的情况下,单位时间内通过点火线圈一次电路的电流要小得多,点火线圈不易发热,且点火线圈的体积可以非常小巧,一般直接将点火线圈压装在火花塞上。

无分电器独立点火方式的电控点火系统,由于取消了分电器和高压线,分火性能较好,但其结构和控制电路复杂。

2. 同时点火方式

无分电器同时点火方式电控点火系统如图14-8所示。其特点是两个活塞同时到达上止点位置的气缸(一个为压缩行程的上止点,另一个为排气行程的上止点)共用一个点火线圈,即点火线圈的数量等于气缸数的一半。

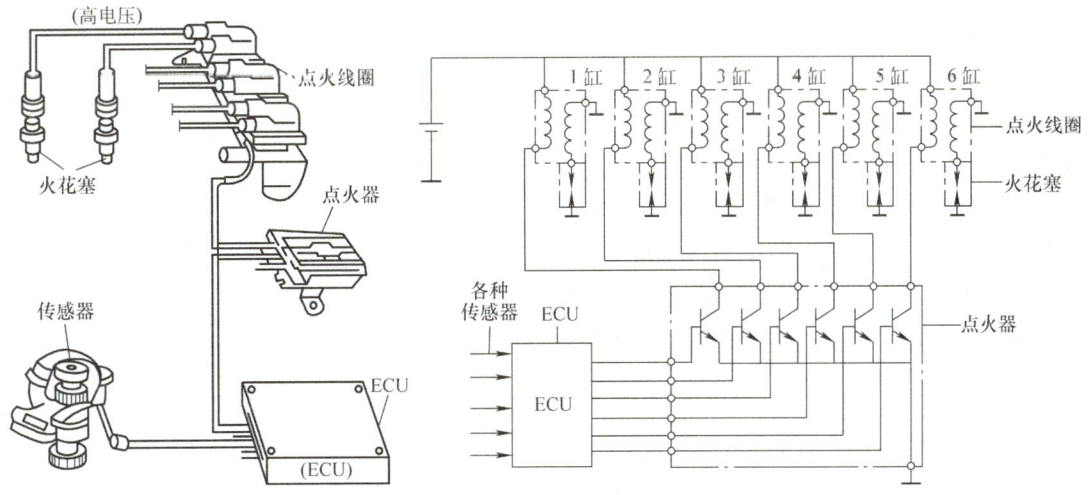

图14-6 无分电器电控点火系统的组成　　图14-7 无分电器独立点火方式电控点火系统

以六缸发动机为例,1和6缸、2和5缸及3和4缸的活塞分别同时到达上止点,称为同步缸,两同步缸共用一个点火线圈,两个缸的火花塞与共用的点火线圈中的二次线圈串联。当点火线圈一次电路断电时,一个气缸接近压缩行程的上止点,火花塞跳火可点燃该缸的混合气,称为有效点火;而另一气缸接近排气行程的上止点,火花塞跳火不

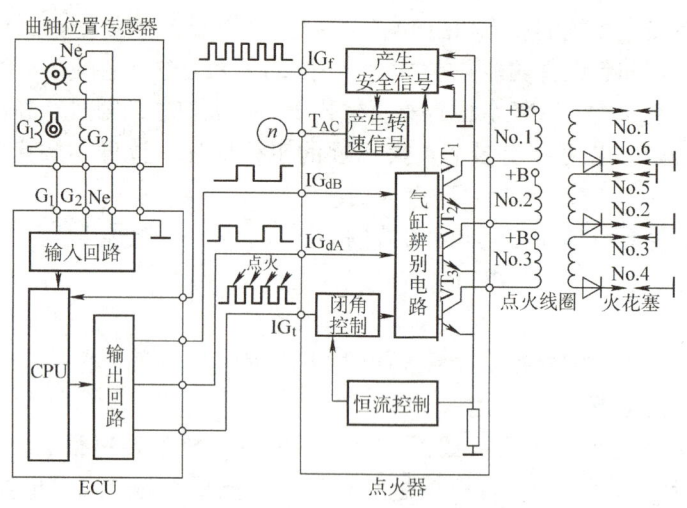

图 14-8 无分电器同时点火方式电控点火系统

起作用,称为无效点火。由于处于排气行程气缸内的压力很低,而且废气中导电离子较多,其火花塞很容易被高压电击穿,消耗的能量就非常少,所以不会对压缩行程气缸点火产生影响。

与独立点火方式相比,采用同时点火方式的电控点火系统的结构和控制电路较简单,所以应用也比较多。但由于保留了点火线圈与火花塞之间的高压线,能量损失略大。此外,串联在高压回路的二极管,可用来防止点火线圈一次电路导通的瞬间所产生的二次电压(约1000~2000V)加在火花塞上后发生的误点火。

3. 二极管配电点火方式

二极管配电点火方式如图 14-9 所示。其特点是:4 个气缸共用一个点火线圈,点火线圈为内装双一次线圈、双输出二次线圈的特制点火线圈,利用四个二极管的单向导电性交替完成对 1、4 缸和 2、3 缸的配电过程。

二极管配电点火方式的特性与同时点火

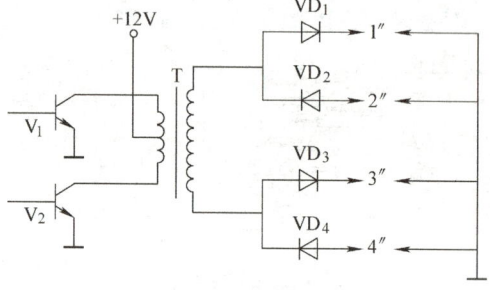

图 14-9 二极管配电点火方式

方式相同,但对点火线圈要求较高,而且发动机的气缸数必须是数字 4 的整倍数,所以在应用上受到一定的限制。

(七)微机控制点火系统点火提前角的确定

汽油发动机的可燃混合气在气缸内燃烧不是瞬时完成的,需要先经诱导期,然后才能进入猛烈的明显燃烧期。因此,要使发动机发出最大的功率,混合气不应在压缩冲程上止点处点火而应适当地提早一些。通常把发动机发出功率最大和油耗最少的点火提前角称为最佳点火提前角。点火提前角大小直接影响发动机的输出功率、油耗、排放等。发动机工况不同,需要的最佳点火提前角也不相同,怠速时的最佳点火提前角是为了使怠速运转平稳、降低有害气体排放量和减少燃油消耗量;部分负荷时的最佳点火提前角是为了减少燃油消耗量和有害气体排放量，提高经济性和排放性能；大负荷时的最佳点火提前角是为了增大输出转矩，提高动力性能。

微机控制的点火提前角由汽车起动时的初始点火提前角和起动后的基本点火提前角与修正点火提前角三部分组成。

1. 起动时点火提前角的控制

发动机起动时，由于转速变化大，进气管绝对压力传感器信号或空气流量计信号不稳定，ECU无法正确计算点火提前角，而是ECU根据转速信号和起动开关信号，参照内存储的初始点火提前角（设定值）对点火提前角进行控制。一般设定值为上止点前10°左右（因发动机型号而异）。

2. 起动后点火提前角的控制

起动后点火提前角由基本点火提前角和修正角（或修正系数）组成。

（1）基本点火提前角　发动机设计的最佳基本点火提前角的数据存储在发动机ECU的存储器中。发动机运行时，发动机ECU根据各种传感器的输入信号，在存储器中查找到这一工况条件下运转时相应的基本点火提前角。

基本点火提前角根据发动机运行工况可分为：怠速时的基本点火提前角和正常运行时的基本点火提前角。

怠速工况时基本角确定：ECU根据节气门位置传感器信号（IDL信号）、发动机转速传感器信号（Ne信号）和空调开关信号（A/C信号）来确定，如图14-10所示。

其他工况下基本角：ECU根据发动机的转速和负荷对照存储器中存储的基本点火提前角控制模型来确定，如图14-11所示。

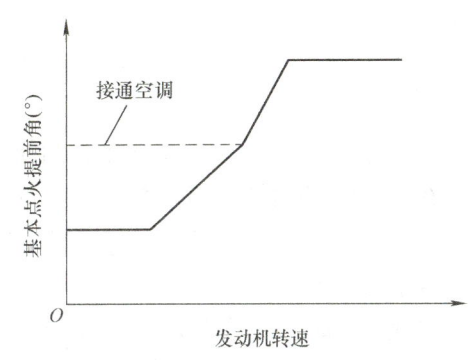

图14-10　怠速时基本点火提前角的确定

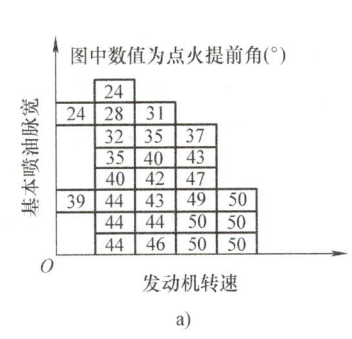
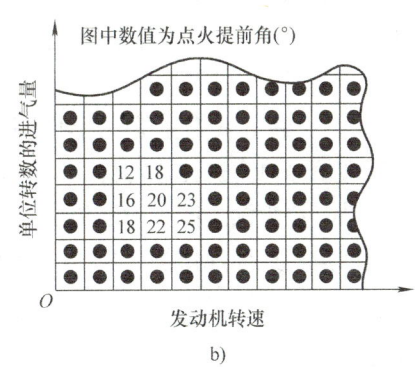

图14-11　基本点火提前角控制模型
a）按喷油量和转速确定　b）按进气量和转速确定

（2）点火提前角的修正

1）冷却液温度修正。发动机冷车刚起动后，冷却液温度还比较低，混合气燃烧的速度也比较慢，发生爆燃的可能性比较小，此时应适当地增大点火提前角。暖机过程中，随着冷却液温度的升高，点火提前角应逐渐减小，如图 14-12a 所示。发动机处于部分负荷运行时（如节气门位置传感器的怠速触点断开），如图 14-12c 所示，当冷却液温度过高时，为了避免爆燃，可将点火提前角推迟。发动机处于怠速工况（如节气门位置传感器怠速触点闭合），冷却液温度过高时，为避免发动机长时间过热，应将点火提前角增大，以此来提高发动机的怠速转速，从而提高水泵和冷却风扇的转速，增强制冷效果，降低发动机的温度。过热修正曲线如图 14-12b 所示。

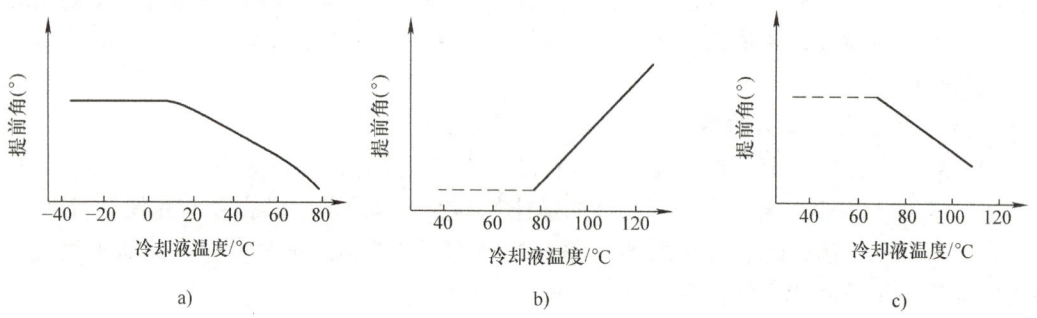

图 14-12　点火提前角与冷却液温度信号的关系
a）冷车起动情况　b）长时间怠速　c）发动机部分负荷运行

2）怠速稳定性修正。怠速运行期间，发动机负荷变化时发动机转速也会发生改变，为使发动机在规定的怠速运转下稳定运转，需要对点火提前角进行修正。

怠速运转时，发动机 ECU 不断地计算发动机的平均转速，当平均转速低于或高于规定的怠速转速时，发动机 ECU 根据与怠速目标转速差值的大小并结合空调是否接通相应地增大或减小点火提前角，如图 14-13 所示。

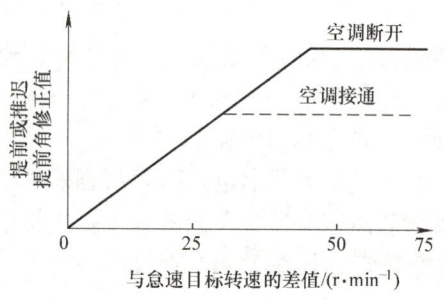

图 14-13　怠速稳定性修正

3）喷油量修正。装有氧传感器和闭环控制程序的电子燃油控制系统中，发动机 ECU 根据氧传感器的反馈信号对空燃比进行修正。随着修正喷油量的增加和减少，发动机的转速会在一定范围内波动。在喷油量减少时，混合气变稀，发动机转速相应降低，为了提高怠速的稳定性，点火提前角应适当地增加；反之，点火提前角应适当地减小，如图 14-14 所示。

（八）微机控制点火系统的控制过程

微机控制点火系统的控制过程可分为点火提前角控制和点火导通角控制两种。

1. 点火提前角控制的必要性

发动机工作时任何工况都需要一个点火提前角，最佳的点火提前角是保证发动机的动力性、燃油经济性和排放性最佳的前提。当点火提前角过大时，会造成缸内最高压力升高，爆燃倾向大。当点火提前角过小时，燃烧最高压力和温度下降，传热损失增多，排气温度升高。所以，为了保证发动机每一工况下点火角为最佳，即在最高压力出现在上止点后 10°～

15°曲轴转角时进行点火，必须通过电控方式来实现。

2. 导通角控制的必要性

（1）通电时间控制的必要性　当点火线圈的一次电路被接通后，其一次电流按指数规律增长，通电时间长短决定一次电流的大小。当一次电流达到饱和时，若一次电路被断开，此瞬间一次电流达到最大值（即断开电流），会感应二次电压达到最大值。二次电压的升高，会使低火花塞点火能力增强，所以在发动机工作时，必须保证点火线圈的一次电路有足够的通电时间。但如果通电时间过长，点火线圈会发热并增大电能消耗。所以，通电时间过长、过短，都会给点火系统带来不利，为了保证点火线圈工作性能，必须对一次电路的通电时间进行控制。

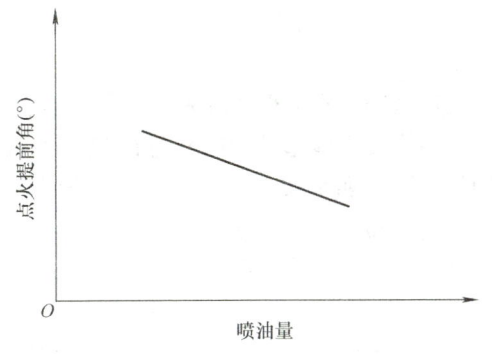

图14-14　点火提前角随喷油量变化的关系示意图

（2）通电时间的控制　在现代电控点火系统中，通过凸轮轴/曲轴位置传感器把发动机工作信号输入给ECU，ECU根据存储在内部的闭合角（通电时间）控制模型（图14-15）控制点火线圈一次电路的通电时间。发动机工作时，ECU根据发动机转速信号（N_e信号）和电源电压信号确定最佳的闭合角（通电时间），并向点火器输出指令信号（IG_t信号），以控制点火器中晶体管的导通时间，随发动机转速提高和电源电压下降，闭合角（通电时间）增长。

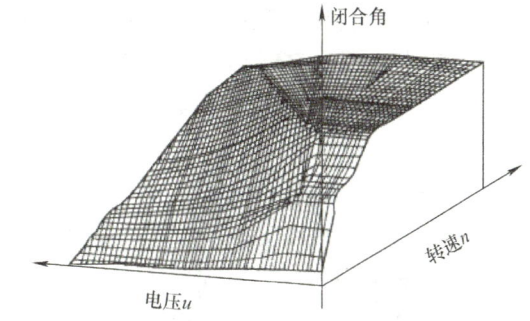

图14-15　闭合角（通电时间）控制模型

五、实训操作

（一）实训操作注意事项

1）遵守实验室规章制度，未经许可，不得擅自移动和拆卸仪器与设备。

2）注意安全和教具完好性。

3）严禁未经许可擅自扳动教具、设备的电器开关、点火开关和起动开关，以防发生危险。

4）在教师允许和监控下，起动发动机时，需保证设备周围的人员安全，防止意外发生。

5）未关闭点火开关时，严禁拔下各传感器及执行器接口，以免损坏ECU。

（二）实训操作步骤

AJR 型发动机点火系统采用无分电器双火花直接点火系统。点火线圈发生故障时，发动机立即熄火或不能起动。ECU 不能检测到该故障信息。如果一个火花塞由于开路使这个点火回路断开，那么和它共用一个点火线圈的火花塞也因电气线路故障而不能跳火；如果一个火花塞由于短路而不能跳火，但电气回路没有断开，那么和它共用一个点火线圈的火花塞仍然能够跳火。图 14-16 所示为 AJR 型发动机点火系统电路。

AJR 点火线圈插头共有 4 个针脚，其管脚 2 连接至中央接线盒 D23 上，由点火开关 15 号线供电，管脚 4 连接至搭铁，管脚 1 与发动机 ECU 的 T80/71 相连，管脚 3 与发动机 ECU 的 T80/78 相连。

拔下点火线圈 4 针插头（图 14-17），用发光二极管测试灯连接蓄电池正极和插头上端子 4，发光二极管测试灯应亮。如果测试灯不亮，检查端子 4 和搭铁点间的线路是否有断路。

测试点火线圈的供电电压：拔下点火线圈的 4 针插头，用发光二极管测试灯连接在发动机搭铁点和插头上端子 2 之间，打开点火开关，发光二极管测试灯应亮。如果测试灯不亮，检查中央电器 D 插头 23 端子与 4 针插座端子 2 之间线路是否断路，如图 14-17 所示。

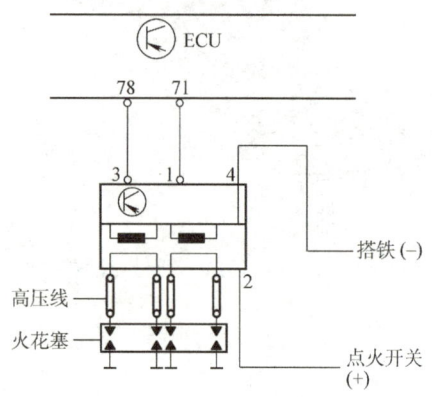

图 14-16　AJR 型发动机点火系统电路

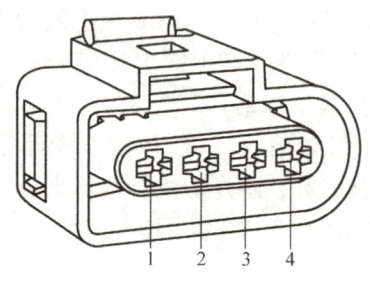

图 14-17　点火线圈 4 针插头

测试点火线圈工作：拔下 4 个喷油器的插头和点火线圈的 4 针插头，打开点火开关，用发光二极管测试灯连接发动机搭铁点和插头上端子 1，接通起动机数秒，测试灯应闪亮；然后，用测试灯连接发动机搭铁点和端子 3，接通起动电动机数秒，测试灯应闪亮。如果测试灯不闪，检查点火线圈插头上端子和发动机电控制单元（ECU）线束的插头间导线是否开路或短路；如果线路正常，应更换发动机 ECU。

1. 电阻测试

本项目电阻测试为辅助性测试，主要是检测线束的导通性，以确认线束通畅，无断路、短路，插接器牢靠，各信号传递无干扰。测试在汽车微机控制故障检测诊断实验系统的发动机实验台上进行。

（1）线束导通性测试　将数字万用表设置在电阻 200Ω 档，在面板上按电路图找到点火线圈图形下面的针脚号与 ECU 信号测试端口图相应的针脚号，分别测试点火线圈针脚对应至电控单元针脚的电阻，所有电阻都应低于0.5Ω，如图14-18所示，电阻测量值见表14-2。

表14-2 点火线圈（N152）线路电阻的测量

	ECU 针脚	点火线圈针脚	导通性
点火线圈（N152）线路电阻的测量	搭铁点	4	通
		2 与 D23	通
	78	3	<0.5
	71	1	<0.5

（2）线束短路性测试　将数字万用表设置在电阻200kΩ档，测量点火线圈针脚与其不相对应的电控单元针脚之间的电阻，应为∞。

注意：在实际维修中，欲测试各条线束的导通性，应关闭点火开关，拔下传感器插头与电控单元插接器，使用数字万用表分别测量各线束间的电阻，相连导线电阻应小于5Ω，不相连导线电阻应为∞。在汽车微机控制故障检测诊断实验系统的发动机实验台上进行本项测试时，不用拔传感器与电控单元插头。在实际测量中，由于测量手法、万用表本身的误差以及被测物体表面的氧化与灰尘等因素，发生几个欧姆的误差属正常现象。

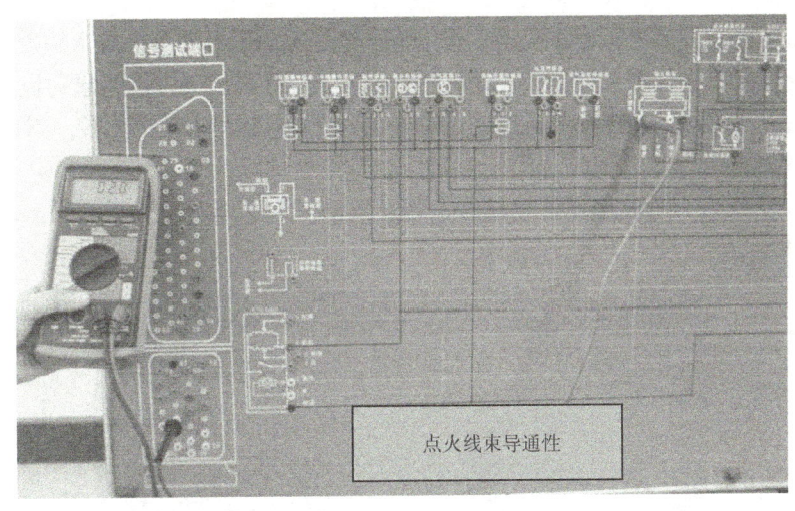

图14-18　点火线束导通性测试

2. 电压测试

本项目电压测试有电源电压测试和信号电压测试两部分，其中信号电压测试是确定点火线圈是否失效的主要依据，如图14-19所示。

（1）电源电压测试　在汽车微机控制故障检测诊断实验系统的发动机实验台上进行。打开点火开关，将数字万用表设置在直流电压20V档，红色表针置于点火线圈针脚1，黑色表针置于蓄电池负极或发动机进气歧管壳体，应显示12V。

注意：在实际维修中，应拔下传感器插头，打开点火开关，测量2号端子与搭铁间电压，打开起动机时应显示12V。此时电控单元会记录点火线圈的故障码，测试完毕后要使用诊断仪清除故障码。在汽车微机控制故障检测诊断实验系统的发动机实验台上进行本项测试

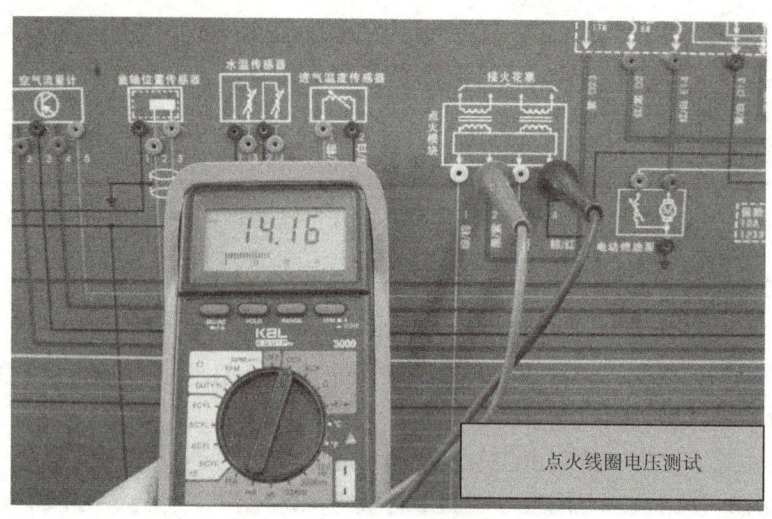

图 14-19 点火线圈电压测试

时，不用拔传感器插头。

（2）信号电压测试 就车测试在汽车微机控制故障检测诊断实验系统的发动机实验台上进行。

就车测试：起动发动机至工作温度，拔下 4 个喷油器的插头和点火线圈的 4 针插头，打开点火开关，用发光二极管测试灯连接发动机搭铁点和插头上端子 1，接通起动机数秒，测试灯应闪亮；然后，用测试灯连接发动机搭铁点和端子 3，接通起动电动机数秒，测试灯应闪亮。

3. 波形测试

连接示波器或具有示波功能的解码器，起动发动机，测试二次点火波型。图 14-20 所示为单缸点火波形。

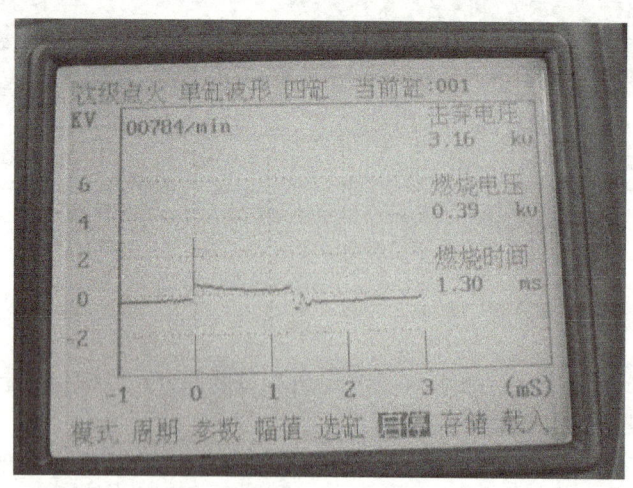

图 14-20 点火线圈二次电压波形测试

六、考核要点与评分标准

1. 考核要求

1）掌握电控点火系统的基本组成与工作原理。

2）掌握点火模块及点火系统的检测方法。

2. 考核时间

考核时间：20min。

3. 考核评分

点火模块的检测考核要点与评分标准见表14-3。

表14-3 点火模块的检测考核要点与评分标准

序号	考核要点	配分	评分标准	考核记录	得分
1	点火模块的组成和作用	20	一处叙述不清扣5分		
2	点火模块的检测	25	错误一次扣5分		
3	点火线圈的检测	20	错误一次扣5分		
4	检测仪器使用	25	错误一次扣5分		
5	整理工具，清理现场 实习态度和纪律	10	保持实习现场秩序和卫生，保证人身及设备的安全，违规一次扣5分		
6	分数合计	100			

七、思考题

1. 根据点火线圈的数量和高压电分配方式的不同，无分电器电控点火系统可分为哪几种形式？
2. 电控点火系统的基本组成是什么？
3. AJR 型发动机采用的是什么点火系统？
4. 简述 AJR 型发动机点火系统的检测方法。
5. 如何利用万用表检测来判别点火模块中的 IG_f 和 IG_t？
6. 如何利用万用表确定点火模块的电源端子和点火线圈初级绕组末端子位置？
7. 当由于点火模块的原因造成发动机故障时，如何通过试验方式判别是 IG_f 引起的还是 IG_t 引起的？
8. 什么是点火提前角？点火提前角太大、太小对发动机有什么影响？
9. ECU 是如何对点火进行精确控制的？控制的项目包括哪些？

项目十五

检测喷油器

一、教学目的

1) 了解常见喷油器的结构与工作原理。
2) 熟悉喷油器故障及对整个电控系统的影响。
3) 掌握喷油器的检测方法（电阻测试、数据流测试）、工艺流程和技术规范。
4) 掌握喷油器数据分析的方法。

二、教学设备、工具及量具

1) 工具：数字万用表，汽车示波器，V. A. G1602。
2) 设备：桑塔纳 AJR 发动机故障实验台，进口或国产故障诊断仪。
3) 教具：STN - AJR 发动机教学挂图 1 套，良好的或故障的喷油器 8 ~ 10 只（分别为高阻和低阻型喷油器）。

三、课时

实训课时安排 4 课时。

四、相关基础知识

电控燃油喷射系统的执行元件是喷油器。喷油器的功用是根据 ECU 的指令控制燃油喷射量。电控燃油喷射系统全部采用电磁式喷油器。单点喷射系统的喷油器安装在节气门体空气入口处，多点喷射系统的喷油器安装在各缸进气歧管或气缸盖上的各缸进气道处。

1. 喷油器的结构与工作原理

按喷油口结构的不同，喷油器可分为轴针式和孔式两种，如图 15-1 所示。喷油器主要由滤网、线束插接器、电磁线圈、回位弹簧、衔铁和针阀等组成，针阀与衔铁制成一体。轴针式喷油器的针阀下部有轴针伸入喷口。

喷油器不喷油时，回位弹簧通过衔铁使针阀紧压在阀座上，防止滴油。当电磁线圈通电时，产生电磁吸力，将衔铁吸起并带动针阀离开阀座，同时回位弹簧被压缩，燃油经过针阀并由轴针与喷口的环隙或喷孔中喷出。当电磁线圈断电时，电磁吸力消失。回位弹簧迅速使针阀关闭，喷油器停止喷油。在喷油器的结构和喷油压力一定时，喷油器的喷油量取决于针阀的开启时间，即电磁线圈的通电时间。回位弹簧弹力对针阀密封性和喷油器断油的干脆程度会产生影响。

单点燃油喷射系统的喷油器一般都采用下部进油式，即进油口设在喷油器侧面，而不是在顶部，主要是可降低喷油器的高度，以便在节气门体内的安装。此外，各车型装用的喷油器，按其线圈的电阻值不同可分为高阻（电阻为 13~16Ω）和低阻（电阻为 2~3Ω）两种类型。

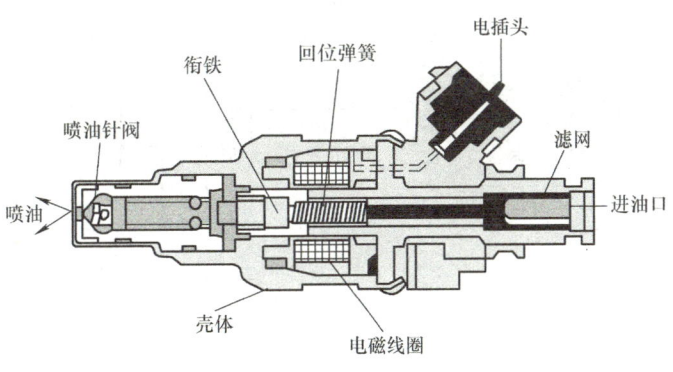

图 15-1 喷油器的结构

2. 喷油器的驱动方式

喷油器的驱动方式可分为电流驱动和电压驱动两种方式，如图 15-2 所示。电流驱动方式只适用于低阻值喷油器，电压驱动方式对高阻值和低阻值喷油器均可使用。

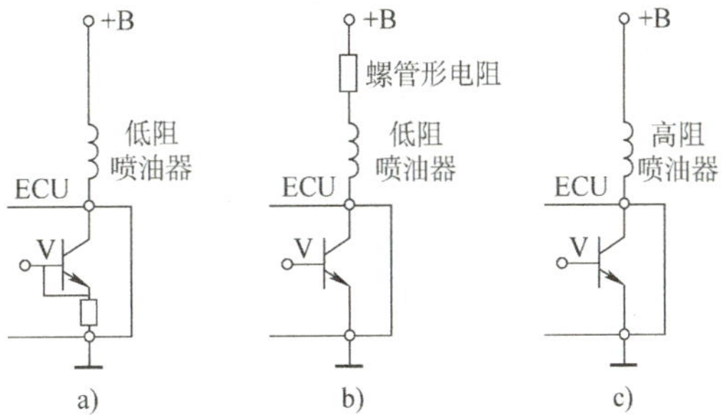

（1）电流驱动方式　在采用电流驱动方式的喷油器控制电路中，不需附加电阻，低阻喷油器直接与蓄电池连接，通过 ECU 中的晶体管对流过喷油器线圈的电流进行控制。

图 15-2 喷油器驱动方式
a) 电流驱动　b) 电压驱动（低阻）
c) 电压驱动（高阻）

如图 15-3 所示，蓄电池通过点火开关和主继电器（或熔丝）直接给喷油器和 ECU 供电，ECU 控制喷油器和主继电器线圈的搭铁回路。点火开关接通时，继电器触点闭合，ECU 中的喷油器驱动电路使晶体管 VT_1 导通，流过喷油器线圈的电流在 VT_1 发射极电阻上产生电压降；A 点的电压达到设定值时，喷油器驱动电路使 VT_1 截止。当蓄电池电压为 14V 时，流过喷油器线圈的峰值电流为 8A，喷油器针阀达到最大升程后，保持这一稳定、静止状态的电流为 2A；在此过程中，VT_1 以 20Hz 的频率导通或截止，即电压变化频率为 20Hz。晶体管 VT_2 的作用是吸收 VT_1 导通和截止时在喷油器线圈中产生的反电动势，防止电流突然减小。继电器的作用是防止流过喷油器线圈的电流过大，若流过喷油器线圈的电流超过设定值，继电器触点自动断开，以切断喷油器电源。

在喷油器电流驱动回路中，由于无附加电阻，回路的阻抗小，ECU 向喷油器发出指令时，流过喷油器线圈的电流增加迅速，电磁线圈产生磁力使针阀开启快，喷油器喷油迟滞时间缩短，响应性更好。喷油器针阀的开启时刻总是比 ECU 向喷油器发出指令的时刻晚，此时间即称为喷油器喷油迟滞时间（或无效喷油时间）。此外，采用电流驱动方式，保持针阀开启使喷油器喷油时的电流较小，喷油器线圈不易发热，也可减少功率损耗。

（2）电压驱动方式　低阻喷油器采用电压驱动方式时，必须加入附加电阻。因为低阻喷油器线圈的匝数较少，加入附加电阻可减小工作时流过线圈的电流，以防止线圈发热而损

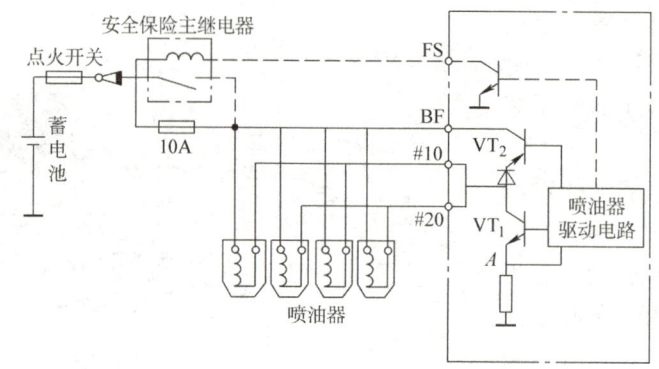

图 15-3 喷油器电流驱动电路

坏。附加电阻与喷油器的连接方式有三种,如图 15-4 所示。

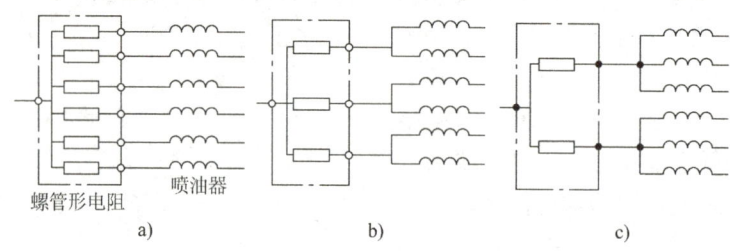

图 15-4 附加电阻与喷油器的连接方式
a) 独立式 b)、c) 分组式

电压驱动方式中的喷油器驱动电路较简单,但因其回路中的阻抗大,喷油器的喷油滞后时间长。其中,电压驱动高阻喷油器的喷油滞后时间最长,电压驱动低阻喷油器次之,电流驱动的喷油器最短。

五、实训操作

(一) 实训操作注意事项

1) 遵守实验室规章制度,未经许可,不得擅自移动和拆卸仪器与设备。
2) 注意安全和教具完好性。
3) 严禁未经许可擅自扳动教具、设备的电器开关、点火开关和起动开关,以防发生危险。
4) 在教师允许和监控下,起动发动机时,需保证设备周围的人员安全,防止意外发生。
5) 未关闭点火开关时,严禁拔下各传感器及执行器接口,以免损坏 ECU。
6) 安装喷油器时,一定要用新的垫片和 O 形圈,用过的垫片和 O 形圈绝不能再次使用。
7) 装 O 形圈的时候要小心操作,不能有损伤;同时,要给 O 形圈抹一点润滑脂或者燃油,绝不能由润滑油、齿轮油或制动油代替。
8) 将喷油器装到燃油导轨上后,喷油器应能够平稳转动。

9）喷油器装完以后，要用扭力扳手按规定力矩拧紧燃油导轨的联接螺栓。

（二）实训操作步骤

AJR 发动机 ECU 控制 4 个喷油器顺序开启（与点火顺序相对应：1—3—4—2），喷油器的供电来自燃油泵继电器，当 ECU 接通喷油器负电后，喷油器开启喷油，喷油量只取决于 ECU 控制的喷油器开启时间的长短。喷油器电路如图 15-5 所示。

当喷油器发生堵塞、发卡、滴漏时，ECU 不能检测到，必须人工检查和排除。如果有一个喷油器不工作，发动机可能会产生起动困难、怠速不稳或加速不良、动力差等现象。当喷油器控制电路开路或断路时，ECU 能检测到，使用故障阅读 V.A.G1551 的"执行元件诊断"可对喷油器进行测试。

1）发动机运转时，用手指接触喷油器，应可察觉到喷油脉动。

2）检查喷油器电阻值。高电阻型喷油器的电阻值应为 13~16Ω，低电阻型喷油器应为 2~3Ω。AJR 喷油器为高阻喷油器，发动机工作温度时电阻会增加 4~6Ω。

3）喷油器拆下后，通 12V 电压时，应可听到接通和断开的声音。此项试验，通电时间应不大于 4s，再次试验应间隔 30s，以防喷油器发热损坏。

4）测量喷油器供电电压。打开点火开关时，端子 1 对地电压应等于蓄电池电压，如图 15-6 所示。如果符合要求，则应检查端子 1 到附加熔丝 S 间的线路有无断路或接触不良，测量电压图如图 15-7 所示。

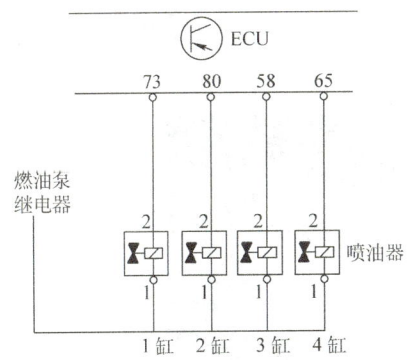

图 15-5　喷油器电路

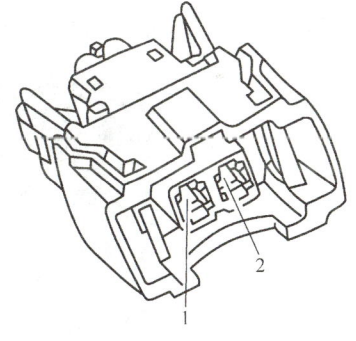

图 15-6　喷油器接线端子

5）检查喷油器的滴漏，拔下汽油压力调节器上的真空管和喷油器的插头及霍尔传感器的插头，从进气歧管上拆下汽油分配管连带 4 个喷油器，将 4 个喷油器头部放入 V.A.G1602 喷油器喷射速率测试仪的 4 个量杯内，把喷油器的一个触点与 V.A.G1594 测试线连接，测试线另一端夹住发动机搭铁点；把喷油器的另一个触点与 V.A.G1348/A 遥控开关、V.A.G1348-2 相配的导线连接，导线另一端夹住蓄电池的正极。用 V.A.G1552 进入 03 功能"电终控制诊断"，汽油泵运转，目测每个喷油器的滴漏。油泵运转时，每个喷油器在 1min 内允许滴油 1~2 滴，否则，应更换喷油器。

6）再次进入最终诊断，必须关闭点火开关 2s 后再打开。按下 V.A.G1348/3A 遥控开关的按钮 30s，用同样的方法测量喷油器在测量杯内的喷油量，规定值为 70~80mL。如果不符合要求，

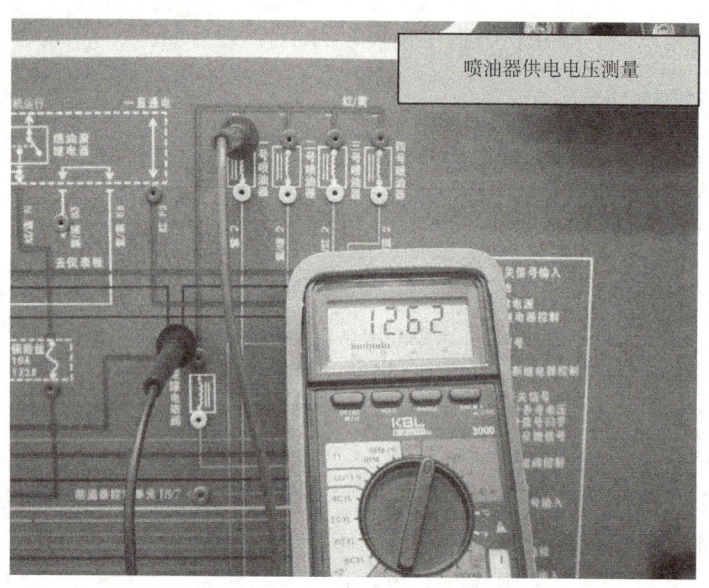

图 15-7　喷油器的电压测量

检查汽油压力或喷油器。测试喷射速率的同时,可检查喷射形状,所有喷射形状应相同。

注：5 和 6 采用的大众专用工具进行的喷油器的诊断,也可根据学校实际情况采用喷油器清洗机对喷油器进行诊断检测,检测结果应相同。每个喷油器在 1min 内允许滴油 1~2 滴,4 个喷油器在 30s 内连续喷油总量为 70~80mL。

7)连接示波器,显示如图 15-8 所示的喷油器的波形图,图中显示喷油器在发动机转速为 942r/min、喷油脉宽为 0.20ms 时的正常波形。

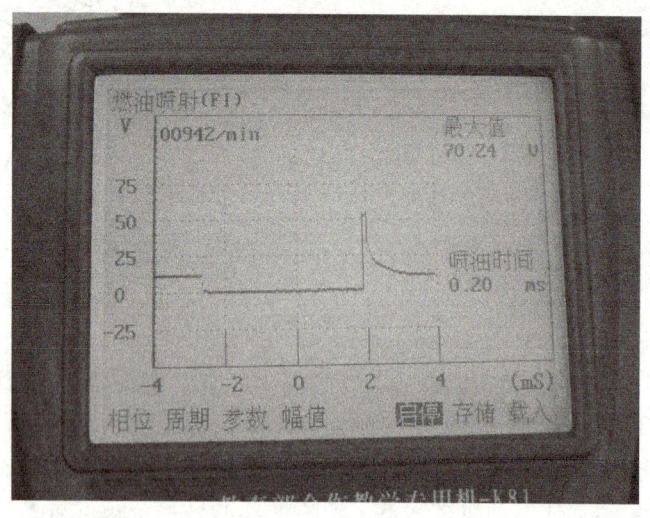

图 15-8　喷油器波形测试

8)喷油器的自适应复位。喷油器在长期使用后,汽油中的不饱和烃氧化生成胶质阻塞喷油器。在更换或者清洗喷油器以后,发动机的工作可能还是不平稳,这是因为阻塞的喷油器提供的是稀空燃比混合气,ECU 根据氧传感器信号增加喷油脉宽试图将混合气控制到正常的空燃比。当更换或者清洗了喷油器以后,自适应记忆仍然按增加的喷油脉宽进行控制,但喷油器已经不再阻塞了,这样导致可燃混合气太浓。当发动机达到正常工作温度时,驾驶车辆工作至少 5min,令自适应记忆进行再学习。在这以后,ECU 就能够提供正确的喷油脉宽,发动机能够平稳地进行工作。ECU 中的零部件更换以后也存在同样的问题。

六、考核要点与评分标准

1. 考核要求
1) 掌握喷油器的结构与工作原理。
2) 掌握喷油器的检测方法。

2. 考核时间
考核时间:20min。

3. 考核评分
喷油器的检测考核要点与评分标准见表 15-1。

表 15-1 喷油器的检测考核要点与评分标准

序号	考核要点	配分	评分标准	考核记录	得分
1	喷油器的结构、原理与功用	20	一处叙述不清扣 5 分		
2	喷油器的故障检测	50	喷油器工作情况检测不正确扣 10 分		
			线圈电阻的检测不正确扣 10 分		
			喷油量的检测方法不正确扣 10 分		
			喷油器泄漏检测方法不正确扣 10 分		
			喷油量的检测不正确扣 10 分		
3	仪器使用	20	不正确扣 20 分		
4	整理工具,清理现场 实习态度和纪律	10	保持实习现场秩序和卫生,保证人身及设备的安全,违规一次扣 5 分		
5	分数合计	100			

七、思考题

1. 喷油器按阻值分,可分为几种?其电阻值常为多少?
2. 喷油器的驱动方式是什么?
3. 发动机起动困难、怠速不稳或加速不良、动力性能不良等现象与喷油器有关吗?为什么?
4. 如何检测喷油器?
5. 如何利用常规方法判别喷油器工作是否正常?
6. 当利用万用表检测喷油器电阻时的注意事项是什么?
7. 详述利用示波器检测喷油器波形的步骤。

项目十六 检测怠速控制阀

一、教学目的

1）了解怠速控制阀的结构与工作原理。
2）熟悉怠速控制阀故障及对整个电控系统的影响。
3）掌握怠速控制阀的检测方法（电阻测试、电压测试、波形测试、数据流测试）、工艺流程和技术规范。
4）掌握怠速控制阀数据分析的方法。

二、教学设备、工具及量具

1）工具：数字万用表，汽车示波器。
2）设备：桑塔纳 AJR 发动机故障实验台，进口或国产故障诊断仪。
3）教具：STN－AJR 发动机教学挂图 1 套，怠速控制阀解剖教具 1 只，测量用怠速控制阀 8~10 只。

三、课时

实训课时安排 4 课时。

四、相关基础知识

（一）怠速控制系统的功能与组成

怠速是指发动机在无负荷（对外无功率输出）的情况下的稳定运转状态。当发动机怠速运转时，由于空调压缩机、动力转向助力泵、发电机等负载的变化会引起怠速转速发生波动，怠速控制阀（ISCV）的功用就是通过调节发动机怠速时的进气量来调节怠速转速，保证发动机在负荷发生变化时运转的稳定性。

一般汽车的标准怠速值会标在一个铭牌上。如果怠速转速过高，会增加发动机的燃油消耗量；但怠速转速过低，会增加有害物的排放。另外，怠速应随冷车运转与电器负荷、空调装置、自动变速器、动力转向的接入等情况而变化。现在大多数电子控制发动机上，都已设有不同形式的怠速转速控制装置，控制发动机以最佳的怠速转速运转。

图 16-1 所示为怠速控制系统的组成示意图。表 16-1 中内容为怠速控制系统各组成元件的功能。

怠速控制的具体内容主要包括：起动后控制，暖机过程控制，负荷变化时的控制，减速的控制等。

这些内容是由发动机电控单元（ECU）控制怠速空气控制阀（IACV）来实现的。怠速转速控制的实质是对怠速时进气量的控制，而怠速时喷油量的控制一般仍是按与进气量相匹配的原则进行增减，以达到适宜的空燃比。

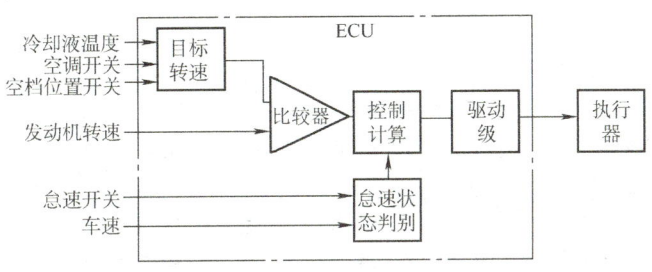

图 16-1　怠速控制系统的组成示意图

表 16-1　怠速控制系统各组成元件的功能

组件		功能
传感器或开关	曲轴位置传感器（CKP）	检测发动机转速的大小
	节气门位置传感器（TPS）	检测发动机是否处于怠速运转状态
	冷却液温度传感器（ECT）	检测发动机冷却液温度的高低
	起动开关信号（STA）	检测发动机是否处于起动工况
	空调开关信号（A/C）	检测空调压缩机是否处于工作状态
	空档起动开关信号（P/N）	检测变速器是否有载荷加在发动机上
	液力变矩器负荷信号	检测液力变矩器的负荷变化特点
	动力转向开关信号（PS）	检测动力转向系统是否起作用
	发动机负荷信号	检测发电机负荷的变化
	车速传感器（VSS）	检测车速
执行器	怠速空气控制阀（IACV）	控制怠速时进气量的大小
发动机控制模块（ECU）		根据从各个传感器输入的信号，把发送机的实际转速与根据各个传感器输入的信号所决定的目标转速进行对比，根据比较得出的差值，确定相当于目标转速的控制量，去驱动怠速空气控制机构（即怠速空气控制阀），使发动机怠速转速保持在目标转速附近

怠速进气量的控制对策、方式随车型不同而有所不同。对于电控燃油喷射发动机，怠速控制系统目前可分为以下两种基本类型。

1. 旁通控制式

这种方式可控制节气门旁通空气流量。这种方式用得较普遍，如附加空气滑阀式、步进电动机式、旋转滑阀式和占空比控制式怠速空气控制阀都属于这一类。

2. 节气门直动式

这种方式可直接控制节气门关闭位置。

如图16-2所示,这两种类型都是通过调节空气通路截面的方法来控制空气流量。下面具体介绍这两类怠速控制系统的工作原理及其测试方法。

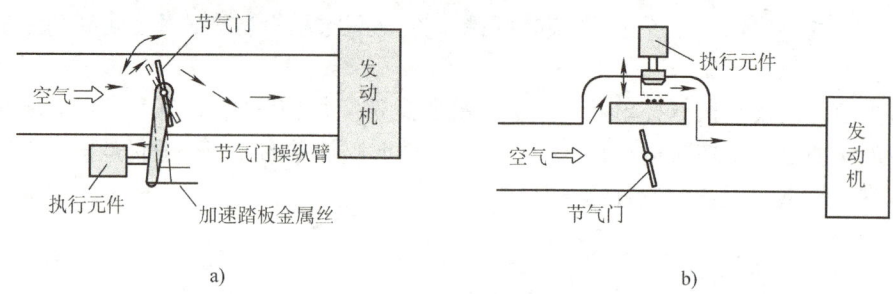

图16-2　怠速的两种控制方式

a)节气门直动式　b)旁通空气式

(二) 节气门直动式怠速控制系统

节气门直动式怠速控制系统取消了旁通通道,通过控制节气门的开启角度,调节空气通路的截面来控制充气量,实现对怠速的控制,如图16-3所示。桑塔纳、红旗、帕萨特、宝来以及奥迪A61.8L都用这种怠速系统。

大众系列轿车多采用节气门控制系统,以下为节气门直动式怠速控制系统的工作原理与故障检修。

1. 系统的组成和工作原理

节气门直动式怠速控制系统主要由节气门位置传感器、怠速节气门位置传感器、怠速开关和执行器(怠速直流电动机)以及一套齿轮驱动机构组成,图16-3(已拆去节气门体上的塑料盖板)为其结构图,图16-4为其内部线路图。节气门位置传感器和怠速节气门位置传感器都是由一个双轨形炭膜电阻和在其上滑动的触点组成。另外,在节气门体上有一个双齿轮,它由同轴的一个大齿轮和一个小齿轮组成。与怠速直流电动机同轴的小齿轮与双齿轮中的大齿轮啮合,扇形齿轮与节气门同轴并与双齿轮中的大齿轮啮合。当驾驶人踩加速踏板时,怠速开关断开,发动机控制模块根据节气门位置传感器的输入信号判断发动机的运行工况,并进行喷油和点火的控制。当驾驶人不踩加速踏板时,节气门在回位弹簧的作用下关闭,怠速开关闭合。发动机控制模块收到

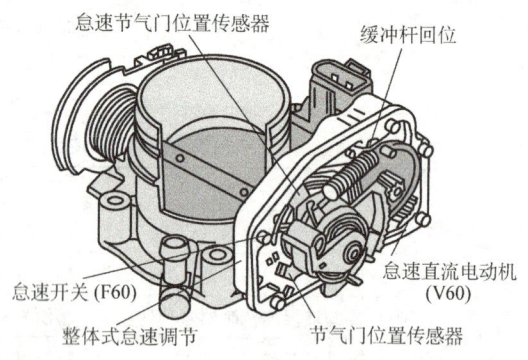

图16-3　节气门直动式怠速控制系统的结构

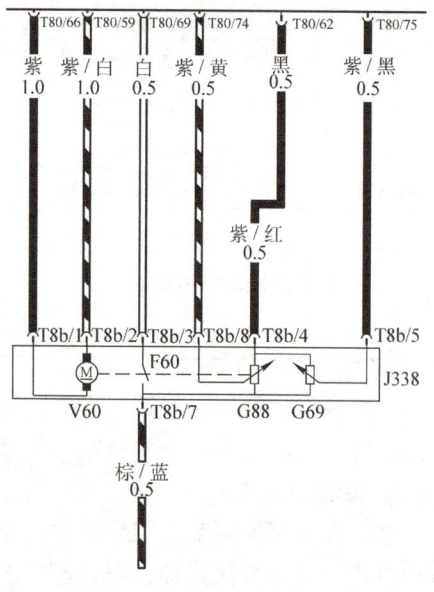

图16-4　节气门体电路图

怠速开关闭合的信号，得知发动机处于怠速运行状态，并根据怠速节气门位置传感器的信号和曲轴位置传感器的信号来控制怠速直流电动机的动作，经过小齿轮、双齿轮和扇形齿轮将电动机的转动传递到节气门，使其打开相应的角度，使怠速转速达到最佳值。

2. 系统测试

（1）机械检查　节气门体在长时间使用后，在进气通道和节气门之间有可能形成积炭，从而造成节气门卡滞，出现怠速不稳等现象。此外，节气门体在经受长期剧烈的振动后，有可能出现如怠速直流电动机轴承磨损、塑料齿轮断齿、阀门驱动机构卡滞、驱动机构盖板破裂等现象，出现这类故障现象时都无法修复，只能更换新的节气门体总成。所以在对节气门体检查时，可先采用目测有无以上故障现象发生的方式进行。

（2）部件测试

1）节气门体供电检测：如图 16-5a 所示，拔下节气门体接头，有 8 只端子，其中端子 6 是空的（没有接线），端子 1、2、3、4、5、7、8 分别与 ECU 的端子 T80/66、T80/59、T80/69、T80/62、T80/75、T80/67、T80/75 相接。1、2 端子直接接直流电动机，5、8 端子分别接节气门位置传感器和怠速节气门位置传感器的滑动触点，它们的输出信号都不超过 5V，且信号电压与节气门开度成反比。端子 3 输出怠速开关信号，端子 4、7 向节气门体提供 5V 电压，其中端子 7 通过发动机控制模块接地，具体参见表 16-2。

表 16-2　节气门体接头各端子功能

端子号	连接点	功　　能
1	T80/66（ECU）	怠速提高控制
2	T80/59（ECU）	怠速降低控制
3	T80/69（ECU）	怠速开关
4	T80/62（ECU）	传感器供电（5V）
5	T80/75（ECU）	节气门位置传感器信号
6	空	
7	T80/67（ECU）	传感器搭铁
8	T80/75（ECU）	怠速节气门位置传感器信号

将点火开关置于 ON（接通而不起动）位置，按图 16-5b 所示方法用万用表进行测量。测量端子 4 与端子 7 之间的电压，应为（5.0±0.5）V。若测量值与上述要求不符，将点火开关置于 OFF 位置，拔下 ECU 接头用万用表进行线路检测。端子 4 与 ECU 接头端子 T80/62、端子 7 与 ECU 接头端子 T80/67 之间的导线阻值应小于 1.5Ω，端子 4 与端子 7 间的电阻应为无穷大。若测得结果与上述要求不符，按电路图查找故障并排除。

2）怠速开关检测。将点火开关置于 OFF 位置，拆下节气门体接头。用万用表检测节气门全闭时端子 3 与端子 7 之间的电阻，应小于 1Ω。缓慢踩下加速踏板，端子 3 与 7 间阻值应为无穷大；否则，更换节气门体。

3）怠速控制装置检测。

① 怠速节气门位置传感器性能检测：如图 16-6 所示，将探针插入节气门体接头端子 8 引线内，起动发动机，进入怠速运行。在冷却液温度达到 80℃ 以上时，按图示方法用万用表测量探针检测点与蓄电池负极之间的电压，应为 2.8～3.6V。

② 直流电动机检测：把点火开关置于 OFF 位置，拔下节气门体接头，用万用表测量时，

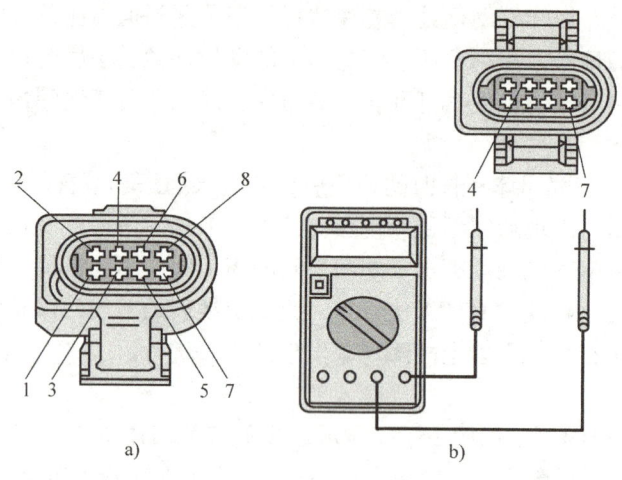

图 16-5　节气门体接头端子的分布和供电检测
a) 节气门体接头各端子分布　b) 节气门体供电检测

节气门体接头端子 1 与端子 2 之间的阻值应为 30～200Ω。若不符合要求,更换节气门体总成。

③ 急速节气门位置传感器检测：把点火开关置于 OFF 位置,按照"电动机驱动器"操作说明和接线图将其安装在节气门体上,如图 16-7 所示。具体操作见表 16-3。

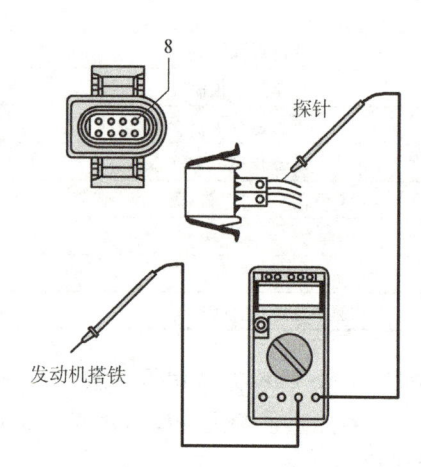

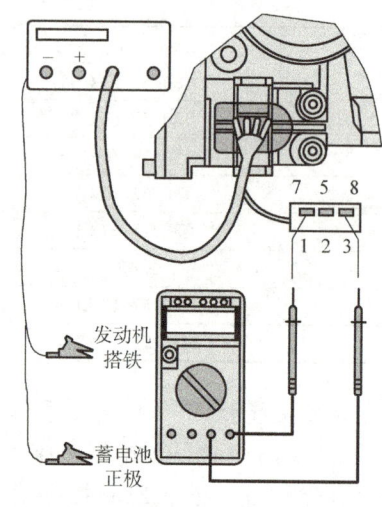

图 16-6　急速节气门开度传感器性能检测　　图 16-7　急速节气门位置传感器及直流电动机检测

表 16-3　操作步骤

操作步骤	操　　作
1	打开电动机驱动器电源开关,节气门转臂转到初始位置,如图 16-8 所示
2	按"-"按钮,节气门转臂从初始位置向急速最小位置限位块方向移动,每按一次"-"按钮,转臂移动一次,直到该臂靠到急速最小位置限位块为止
3	按"+"按钮,节气门转臂从当前位置向急速最大位置限位块移动。同样,每按一次"+",转臂移动一次,直到转臂靠到急速最大位置限位块为止
4	在上述操作中,用万用表测量节气门体接头端子 8 与端子 7 之间的电压值,电压应不超过 5V
5	关掉电源开关,节气门转臂自动返回到初始位置

若测得结果与上述要求不符,应更换节气门体总成;否则,用万用表检测节气门体接头端子与 ECU 端子之间的电阻,见表 16-4。

若以上节气门体的各项检查结果全都满足,但怠速控制装置仍不工作,则更换发动机控制模块。

④ 节气门位置传感器检测:打开点火开关,如图 16-9 所示将万用表表笔插入节气门体插座第 5 端子引线内,缓慢踩下加速踏板从关闭到全开,万用表电压读数应随着节气门开度的增大而缓慢下降。反之,随节气门的逐渐关闭,万用表电压读数应逐渐上升,否则,应进行供电和线路检查。

表 16-4 节气门体接头端子与 ECU 端子之间的电阻

序号	节气门体接头端子	ECU 端子	测量结果
1	8	T80/75	阻值小于 1.5Ω
2	2	T80/59	阻值小于 1.5Ω
3	1	T80/66	阻值小于 1.5Ω
4	7	T80/67	阻值小于 1.5Ω
5	1	T80/59	阻值应为无穷大
6	1	T80/75	阻值应为无穷大
7	1	T80/67	阻值应为无穷大
8	2	T80/66	阻值应为无穷大
9	7	T80/66	阻值应为无穷大

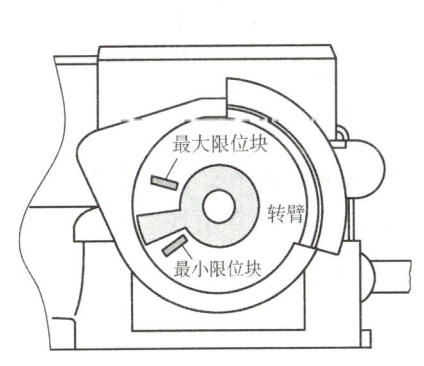

图 16-8 节气门转臂的位置

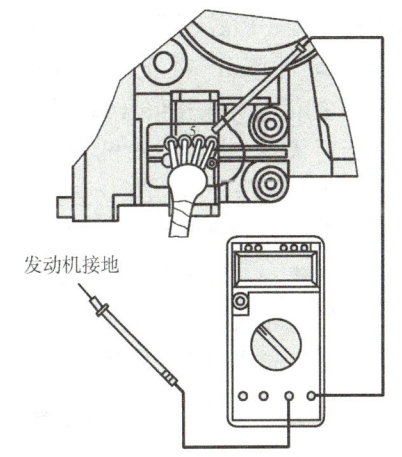

图 16-9 节气门位置传感器的检测

a. 供电检测:关闭点火开关,拔下节气门体插座,打开点火开关,检查节气门体接头端子 4 和端子 7 间的电压,应为 5.0±0.5V。

b. 线路检查:检查情况见表 16-5。

表 16-5 线路检查

序号	节气门体接头端子	ECU 端子	测量结果
1	5	T80/75	阻值小于 1.5Ω
2	4	T80/62	阻值小于 1.5Ω
3	7	T80/67	阻值小于 1.5Ω

(续)

序号	节气门体接头端子	ECU端子	测量结果
4	4	T80/75	阻值应为无穷大
5	7	T80/75	阻值应为无穷大
6	4	节气门7	阻值应为无穷大

若供电和线路均无故障，则更换节气门体总成。

（三）步进电动机式怠速控制系统

1. 步进电动机式怠速空气控制阀的工作原理

目前，相当一部分汽车都采用步进电动机来控制发动机的怠速转速，如奥迪200、通用、赛欧、奇瑞、切诺基及雷克萨斯LS400等。图16-10所示为步进电动机式怠速空气控制阀（IACV）的结构。步进电动机式怠速空气控制阀安装在发动机进气总管内，发动机控制模块根据各种传感器的信号在怠速空气控制阀接头各端子上加电压，从而使电动机转子顺转或反转，使阀芯做轴向移动，改变阀芯与阀座之间的间隙，就可调节流过旁通空气道的空气量。间隙小，进气量少，怠速低；间隙大，进气量多，怠速高。

发动机控制模块（ECU）对发动机怠速进行控制时，一般控制程序如图16-11所示。首先，发动机ECU根据节气门位置传感器（TPS）的信号和车速信号判断发动机是否处于怠速运行状态，然后发动机ECU根据发动机冷却液温度传感器（ECT）、空调开关（A/C）、

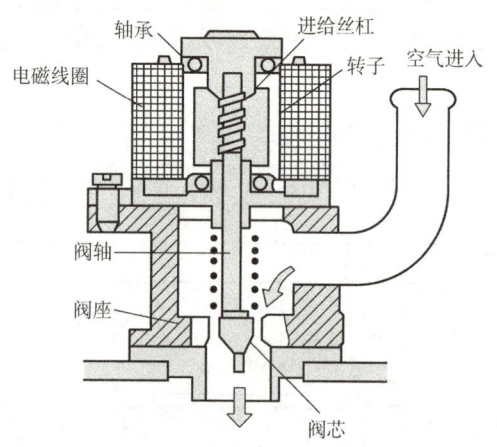

图16-10 步进电动机式怠速空气控制阀的结构

动力转向开关（PS）以及空档起动开关等信号，按照存储器内存储的参考数据，确定相应的目标转速。一般情况下，怠速控制常采用发动机转速信号作为反馈信号，实现怠速转速的闭环控制，即发动机的实际转速与目标转速进行比较，根据比较得出的差值确定相应目标转速控制量，去驱动步进电机，使实际转速趋近于目标转速。

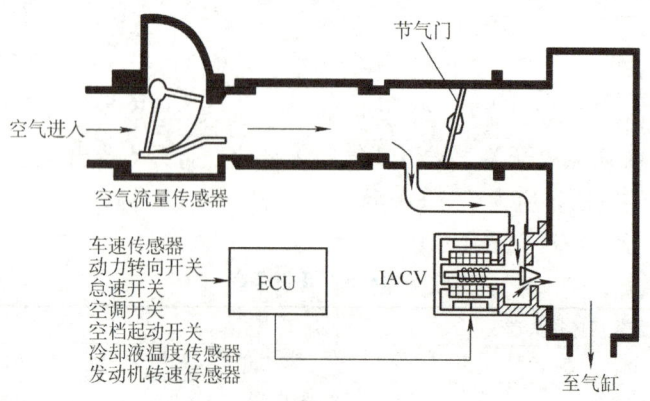

图16-11 步进电动机式怠速控制系统的组成

步进电动机的控制电路如图 16-12 所示。发动机控制模块依一定顺序，使功率管 VT_1 - VT_2 - VT_3 - VT_4 适时导通，分别给步进电动机定子线圈供电，驱动步进电动机转子旋转，使前端的阀门移动，改变阀门与阀座之间的距离，调节旁通空气道的空气流量，使发动机怠速转速达到所要求的目标转速。

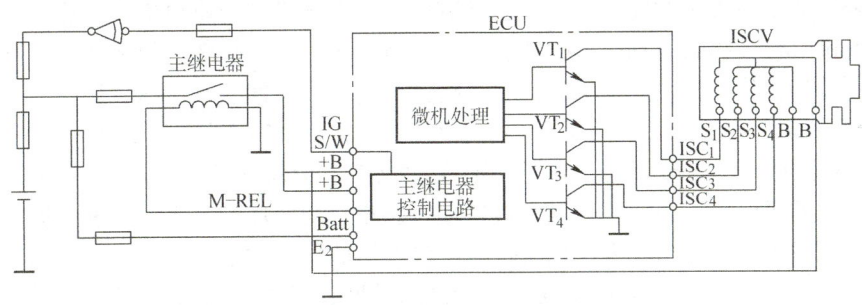

图 16-12　步进电动机的控制电路

2. 步进电动机式怠速控制系统的控制

（1）怠速空气控制阀（IACV）起动初始位置控制　为了改善发动机的起动性能，在每次关闭发动机点火开关后，发动机控制模块都要控制 M-REL 端子，继续给 EFI 主继电器供电，使其保持接通，以便步进电动机完全打开（如 125 步），进入起动初始位置，为下次起动做好准备。

（2）怠速空气控制阀（IACV）的起动控制　发动机起动时，由于怠速空气控制阀预先设定在全开位置，使起动期间经过怠速空气控制阀的旁通空气量达到最大，发动机更容易起动。

在发动机起动后，当发动机转速达到预定值（此值由冷却液温度确定）后，发动机控制模块便控制步进电动机，将怠速空气控制阀关小到由冷却液温度所确定的位置。如起动时冷却液温度为 20℃，当发动机转速达到 500r/min 时，发动机控制模块将控制怠速空气控制阀从全开位置（如 125 步）的 A 点到达 B 点位置，如图 16-13 所示。

（3）怠速空气控制阀（IACV）的暖机控制　如图 16-14 所示，在发动机暖机过程中，随着发动机冷却液温度的上升，怠速空气控制阀的开度逐渐变小。当冷却液温度达到 70℃ 时，暖机控制结束。

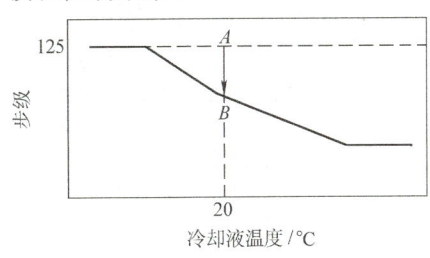

图 16-13　起动控制特性　　图 16-14　暖机控制特性

（4）怠速空气控制阀（IACV）的反馈控制　发动机控制模块内有一个预编程的目标怠速值，它根据空调开关、空档起动开关等的信号变化而变化。怠速控制的过程就是将目标转速和实际转速进行比较，并使实际怠速转速逼近于目标转速的过程。在发动机怠速运转时，如果发动机的实际转速与发动机控制模块存储器存储的目标转速相差超过一定值（如 20r/min），发动机控制模块将通过步进电动机控制怠速空气控制阀，增减旁通空气量，使发动机的实际转速与目标转速尽可能相同。

（5）发动机负荷变化的预控制　发动机在怠速运转时，如果起动空调系统、转动方向盘或挂档，都将使发动机的负荷立刻发生变化。为了避免发动机怠速转速因为负荷的变化而产生波动甚至造成熄火，在发动机转速出现变化前，发动机控制模块增加怠速空气控制阀的开度，增大进气量，提高发动机的怠速转速，保持发动机怠速运转的稳定性；而当这些载荷去除以后，发动机控制模块会减小怠速空气控制阀的开度，使发动机恢复加载前的转速。

（6）电气负载增多时的怠速控制　在怠速运转时，如使用的电气负载增大（比如打开前照灯），蓄电池电压就会降低。为了保证发动机控制模块＋B端子和点火开关（IGSW）端子具有正常的供电电压，需要控制步进电动机，相应地增加旁通道空气量，提高发动机怠速转速，提高发电机的输出功率，以维持蓄电池电压的稳定性。

（7）学习控制过程　由于发动机在整个使用期间，其性能会发生变化，所以虽然步进电动机怠速空气控制阀门的位置未变，但怠速转速和初设的数值也有可能不同。此时发动机控制模块可在反馈控制的基础上进行学习控制，使发动机转速达到目标值。与此同时，发动机控制模块将步进电动机转过的步数（即怠速自适应值）存储在存储器中，以便下一个怠速控制中使用。

由于这种学习控制在发动机控制模块中形成自适应值的影响，在进行完清洗或更换怠速空气控制阀、更换发动机控制模块或更换发动机等操作后，发动机的怠速转速可能会不稳定或不正常。比如皇冠3.0在刚清洗完怠速控制阀后，怠速可能会达到1000r/min以上（而其正常怠速转速应为750r/min左右），就是因为怠速空气控制阀脏时，积炭使进气孔部分堵塞，而为了保持发动机以正常的怠速转速运转，就必须增加进气量，所以发动机控制模块控制怠速空气控制阀打开比较大的开度，时间一长就会在发动机控制模块内部形成自适应值，将此时怠速运转时怠速阀的开度存入发动机控制模块，作为怠速运转时的标准开度。而当清洗完怠速阀后，积炭消除，进气孔已经完全畅通，但此时发动机控制模块仍然以清洗前的自适应值控制怠速阀开度，即怠速阀的开度还是比较大，所以怠速转速就比正常的怠速值高。此时，应按照维修手册的步骤进行重新设定。而为避免这种现象发生，应定期清洗怠速空气控制阀，而不是控制阀太脏甚至已经发生堵塞时再去清洗它。

3. 步进电动机式怠速控制系统的测试

（1）怠速控制工作情况的检查　起动发动机，在关闭发动机的同时，倾听怠速空气控制阀是否有"咔哒"声，如果听到"咔哒"声，说明怠速空气控制系统工作；如果没有听到"咔哒"声，需进行怠速空气控制系统测试。

（2）怠速空气控制阀电阻的检查　测量怠速空气控制阀接头 B_1 和 S_1 端子、B_1 和 S_3 端子、B_2 和 S_2 端子、B_2 和 S_4 端子之间的电阻，应该为 10～30Ω。端子位置如图16-15所示。如果电阻不符合规范，更换怠速空气控制阀。

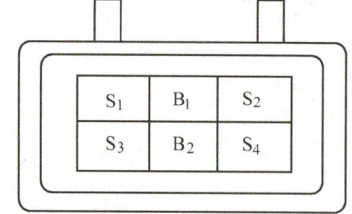

图16-15　怠速空气控制阀端子分布图

（3）检测怠速空气控制阀的运行

1）从节气门体上拆下怠速空气控制阀。如图16-16所示，把蓄电池正极接线柱连接到怠速空气控制阀 B_1 和 B_2 端子上。

2) 按顺序把负极依次接到端子 S_1、S_2、S_3 和 S_4，怠速空气控制阀应该向关闭的方向运动（图16-16a）。

3) 按顺序把负极依次接到端子 S_4、S_3、S_2 和 S_1，怠速空气控制阀应该向打开的方向运动（图16-16b）。

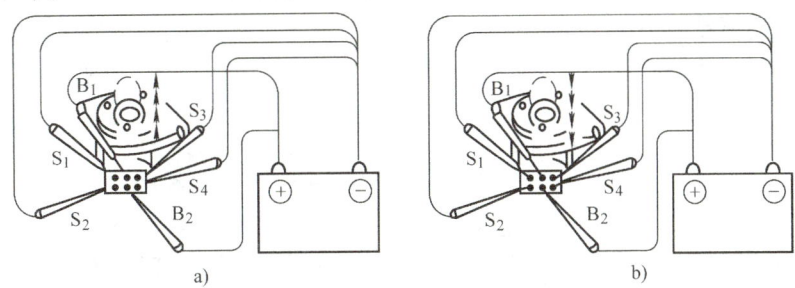

图 16-16　测试怠速空气控制阀

如果怠速空气控制阀不按规范打开和关闭，更换怠速空气控制阀。

（四）旋转电磁阀型怠速控制阀

1. 旋转滑阀式怠速控制系统的工作原理

旋转滑阀式怠速空气控制阀的结构如图 16-17 所示。图 16-18 所示为广州本田奥德赛的旋转滑阀式怠速阀。此外，桑塔纳2000、夏利2000、富康1.6A 以及丰田佳美等轿车都用这种怠速控制阀。

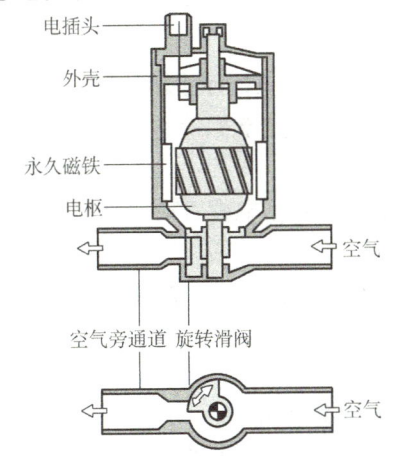

图 16-17　旋转滑阀式怠速空气控制阀的结构

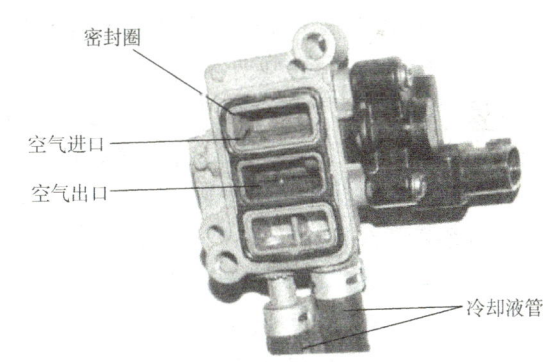

图 16-18　广州本田奥德赛的旋转滑阀式怠速阀

旋转滑阀式怠速控制系统主要由永磁铁、空气旁通道、旋转滑阀和复位弹簧等组成。其中旋转滑阀固装在电枢轴上，与电枢轴一起转动，用以控制通过旁通空气道的空气量；永磁铁固装在外壳上，形成永磁磁场；复位弹簧的作用是在发动机熄火后使怠速阀旁通道完全打开；电枢铁心上绕有两组绕向相反的电磁线圈 L_1 和 L_2（图16-19），当给线圈通电时，就会产生磁场从而使电枢轴带动旋转滑阀转动，控制通过旁通空气道的空气。电磁线圈 L_1 和 L_2 由发动机控制模块通过晶体管 VT_1 和 VT_2 控制，VT_1 和 VT_2 由同一信号进行反向控制，即 VT_2 导通时，VT_1 截止；VT_2 截止时，VT_1 导通。

由这两组线圈的导通时间的比例关系来决定电枢所受的转矩和偏转角度。电枢受到的转矩有三个：

T_1——线圈 L_1 产生的转矩,逆时针方向,大小与电流有关。
T_2——线圈 L_2 产生的转矩,顺时针方向,大小与电流有关。
T_3——复位弹簧产生的转矩,逆时针方向,大小与转角有关。

工作时,发动机控制模块根据发动机冷却液温度传感器(ECT)和节气门位置传感器(TPS)等输入的信号,确定发动机所处怠速工况的混合气浓度,并输出占空比信号控制 L_1 或 L_2 的通电时间。占空比是指发动机控制模块控制信号在一个周期内通电时间与通电周期之比,如图 16-20 所示。

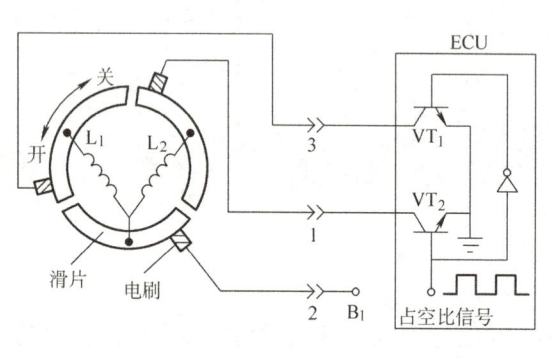

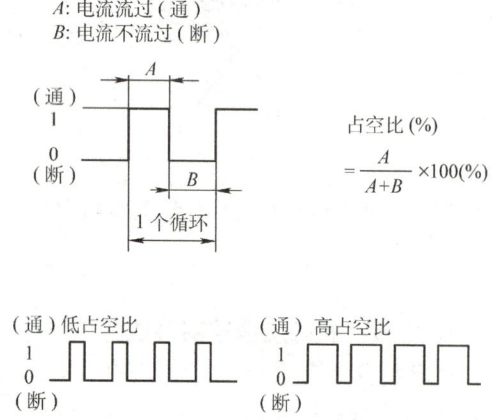

图 16-19 旋转滑阀式怠速空气控制阀的电路

图 16-20 信号的占空比

若不计复位弹簧的转矩,则:

① 占空比为 50% 时,L_1 和 L_2 平均通电时间相等,$T_1 = T_2$,电枢停止转动。

② 占空比大于 50% 时,线圈 L_2 的平均通电时间长,$T_2 > T_1$,电枢带动旋转滑阀顺时针偏转,空气旁通道截面减小,怠速降低。

③ 占空比小于 50% 时,线圈 L_1 的平均通电时间长,$T_1 > T_2$,电枢带动旋转滑阀逆时针偏转,空气旁通道截面减小,怠速降低。

旋转滑阀根据控制脉冲信号的占空比偏转,占空比的范围为 18%(旋转滑阀关闭)~ 82%(旋转滑阀打开)。滑阀的偏转角度限定在 90° 内。

2. 旋转滑阀式怠速控制系统的控制

旋转滑阀式怠速空气控制阀(IACV)的控制电路如图 16-21 所示。

(1) **起动控制** 发动机起动前,怠速空气控制阀(IACV)在复位弹簧的作用下使其开度保持最大。在发动机起动过程中,发动机控制模块会根据发动机的运行状况(来自节气门位置传感器和发动机冷却液温度传感器的信号)从存储器中取出预存的数据,控制怠速空气控制阀的开度。

(2) **暖机控制** 在发动机起动后,发动机控制模块根据发动机冷却液温度,控制怠速空气控制阀(IACV)的开度,即随着发动机冷却液温度的升高,怠速空气控制阀的开度越来越小,发动机的怠速转速越来越低,直至标准转速。

(3) **反馈控制** 反馈控制过程与步进电动机怠速控制系统很相似。发动机起动后,当满足反馈控制条件(怠速触点闭合,车速低于 2km/h,空调开关断开)时,发动机控制模块将根据发动机实际转速与存储器中预先设定的目标转速进行比较,如果发动机的实际转速

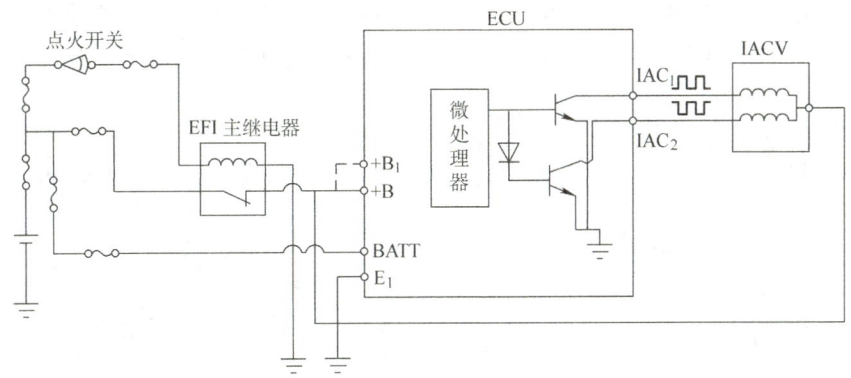

图16-21 旋转滑阀式怠速空气控制阀的控制原理

低于目标转速,发动机控制模块控制怠速空气控制阀将阀门开大,使其转速升高并逼近目标转速;反之,将阀门关小,使其转速下降。

(4) **发动机负荷变化时的预控制** 在发动机转速出现变化前,发动机控制模块增加怠速空气控制阀的开度,增大进气量,提高发动机的怠速转速,保持发动机怠速运转的稳定性;而当这些载荷去除以后,发动机控制模块便会减小怠速空气控制阀的开度,使发动机恢复加载前的转速。

(5) **学习控制** 发动机控制模块(ECU)能够记忆发动机转速与占空比之间的关系,并定期进行更新。发动机使用期间的磨损和其他变化会改变这种关系,尽管控制的占空比仍保持在某一值,然而发动机的怠速转速和使用初期数值已不一样。此时发动机控制模块可在反馈控制的基础上,进行学习控制,将怠速转速调整到目标值。当目标怠速达到后,发动机控制模块将其占空比存入备用的存储器中,在以后的怠速控制中作为这一工况下控制占空比的基准值。

3. 系统的测试

下面以丰田佳美5S—FE发动机为例讲述旋转滑阀式怠速控制系统的测试。

1) 暖机到正常的工作温度,确认怠速转速为700~800r/min。

2) 把变速器/变速驱动桥的变速杆置于空档位置,熄车后用短接线连接TE_1端子与E_1端子。起动发动机并注意发动机转速。

3) 发动机转速应增加到900~1300r/min,并保持5s,然后降到怠速转速。

4) 如果发动机转速不符合规范,关闭点火开关后检查怠速空气控制阀+B和RSC端子及+B和RSO端子间的电阻值,示意图如图16-22所示。

当控制阀温度在-10~50℃时,阻值为17.0~24.5Ω;当控制阀温度在50~100℃时,阻值为21.5~28.5Ω;否则,需更换怠速空气控制阀。

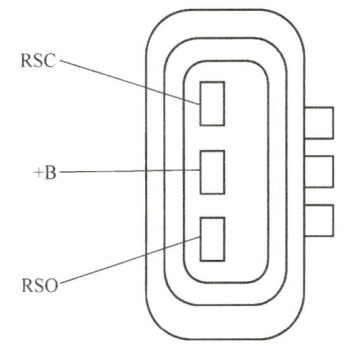

图16-22 旋转滑阀式怠速空气控制阀端子图

5) 测试怠速空气控制阀的运行。从节气门体上拆下怠速空气控制阀,进行如下操作,并观察怠速空气控制阀的开启和关闭。如图16-23所示,向+B端子和RSC端子之间提供电压，急速控制控制阀应关闭（图16-23a）；向+B端子和RSO端子之间提供电压，急速控制控制阀应打开（图16-23b）。如果急速空气控制阀运行有问题，则需更换急速空气控制阀。

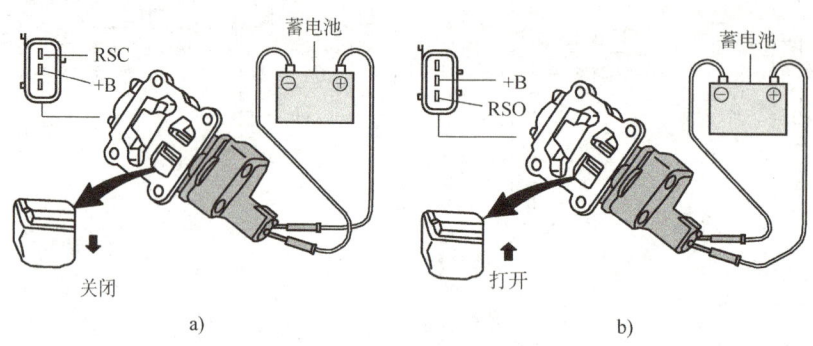

图16-23 旋转滑阀式急速空气控制阀的测试

a) 向+B端子和RSC端子供电，急速阀关闭　b) 向+B端子和RSO端子供电，急速阀打开

（五）占空比控制电磁阀型急速控制阀

占空比控制电磁阀型急速控制阀安装在进气歧管上，利用来自发动机控制模块的占空比信号控制经过节气门旁通道的进气量。当发动机急速运行时，发动机控制模块根据各种传感器的信号，向电磁线圈通以占空比可调的脉冲信号。控制信号的占空比决定了线圈中平均电流的大小，而平均电流的大小决定了电磁阀的开度和发动机急速的高低。占空比越大，线圈中的平均电流越大，线圈吸力越强，阀门升程高，开度大，旁通空气量大，急速高；反之，急速低。占空比急速控制阀的控制电路如图16-24所示，控制过程与步进电动机式和旋转滑阀式急速控制系统基本一致，只是急速阀的动作都是由发动机控制模块的占空比信号控制。这种急速控制阀在日产汽车和福特汽车上都被用到。

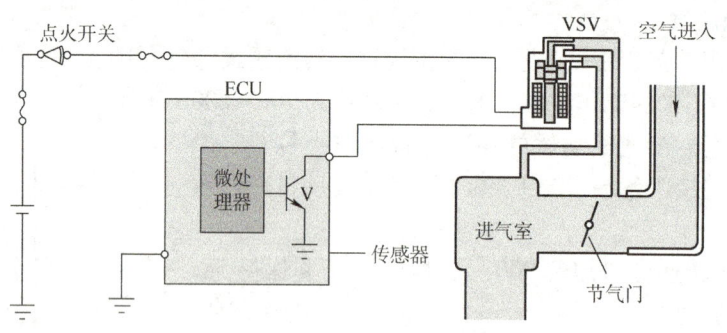

图16-24 占空比急速控制阀的控制电路

（六）电子节气门急速控制

电子节气门的工作原理如下：驾驶人操纵加速踏板，加速踏板位置传感器产生相应的电压信号输入节气门控制单元，控制单元首先对输入的信号进行滤波，以消除环境噪声的影响，然后根据当前的工作模式、踏板移动量和变化率解析驾驶人意图，计算出对发动机转矩的基本需求，得到相应的节气门转角的基本期望值。然后经过CAN总线和整车控制单元进

行通信，获取其他工况信息以及各种传感器信号（如发动机转速、档位、节气门位置、空调能耗等），由此计算出整车所需求的全部转矩，通过对节气门转角期望值进行补偿，得到节气门的最佳开度，并把相应的电压信号发送到驱动电路模块，驱动控制电动机使节气门达到最佳的开度位置。节气门位置传感器则把节气门的开度信号反馈给节气门控制单元，形成闭环的位置控制。电子节气门怠速控制原理图如图16-25所示。

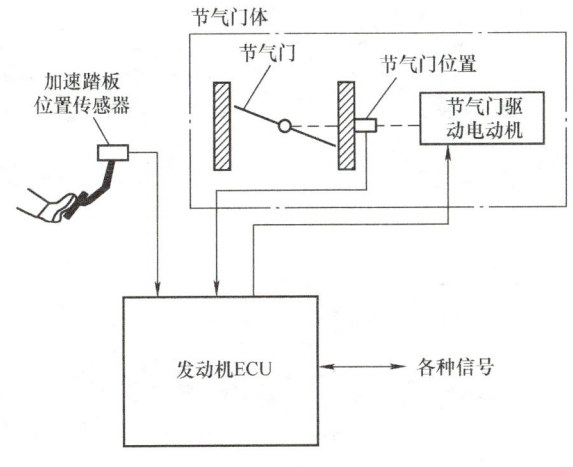

图16-25　电子节气门怠速控制原理图

五、实训操作

（一）实训操作注意事项

1）遵守实验室规章制度，未经许可，不得擅自移动和拆卸仪器与设备。

2）注意安全和教具完好性。

3）严禁未经许可擅自扳动教具、设备的电器开关、点火开关和起动开关，以防发生危险。

4）在教师允许和监控下，起动发动机时，需保证设备周围的人员安全，防止意外发生。

5）未关闭点火开关时，严禁拔下各传感器及执行器接口，以免损坏ECU。

（二）实训操作步骤

1. 电阻测试

（1）线束导通性测试　如图16-26、图16-27所示。测量节气门体接头端子1与ECU端子T80/66、节气门体接头端子2与ECU端子T80/59之间的阻值，应小于1.5Ω，具体数值参照表16-4。

（2）线束短路性测试　测量节气门体接头端子1与ECU端子T80/59、节气门体接头端子2与ECU端子T80/66之间的阻值，应无穷大，具体数值参照表16-5。

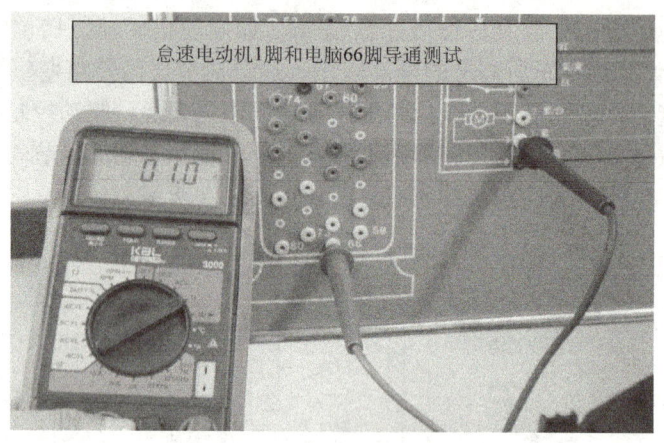

图 16-26　导通测试 1

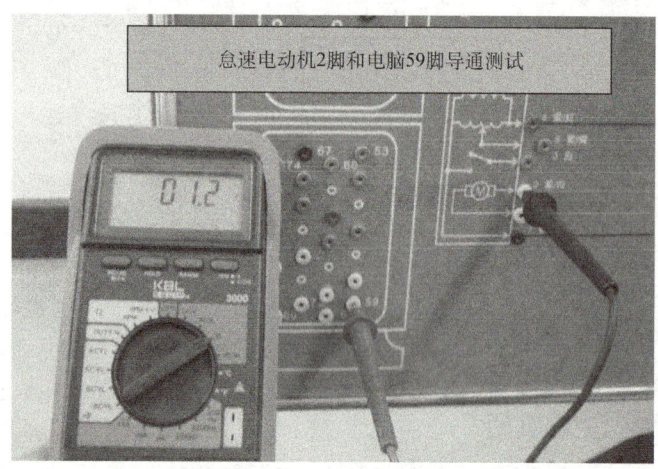

图 16-27　导通测试 2

2. 电压测试

电压测试如图 16-28 所示。起动发动机并怠速运转，用万用表电压档测量节气门体接头端子 1 和节气门体接头端子 2 之间的电压，此电压由于是 ECU 用于控制直流电动机的，所以此电压变化的会带动直流电动机运转，从而带动节气门，而达到设定的怠速值。如果测试无电压或是电压变化，在线路导通中测试线路没有问题则说明 ECU 有故障，无电压输出，应更换；如果有测试电压，并且电压有变化，而怠速不受控制，则有可能是直流电动机或是节气门连动机构有问题。

3. 数据流测试

（1）怠速检测条件

1）冷却液温度大于 80℃。

2）测试时冷却风扇不能转。

3）空调关闭。

4）其他用电设备关闭。

5）节气门拉索调节正常。

6）发动机怠速。

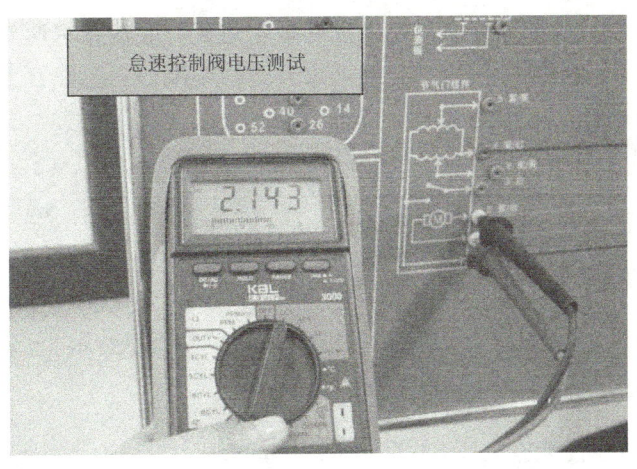

图 16-28　电压测试

（2）怠速检测。

1）V.A.G1552 进入 08 功能"读测量数据块"显示组 03。屏幕显示：

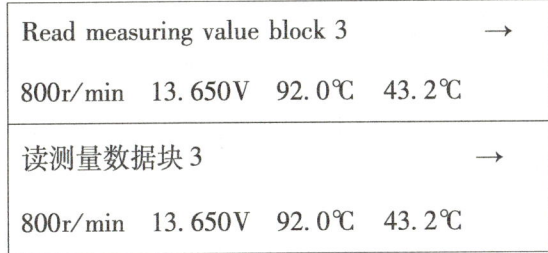

其中，区域 3 的冷却液温度应大于 80℃，区域 1 的发动机怠速标准值应在 (800±30) r/min。

2）如果怠速不在标准范围内，按 C 键，输入 20，按 Q 键确认。屏幕显示：

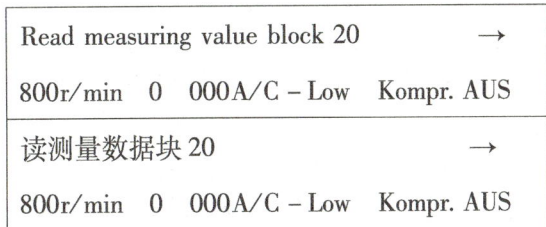

区域 3 的空调 A/C 开关应关闭，区域 4 的压缩应关闭。如果 A/C 开关是打开的，而压缩机在工作，应把 A/C 开关关闭，鼓风机关闭，让压缩机不工作。

3）如果怠速转速仍然超出范围，按 C 键，输入 04，按 Q 键确认。屏幕显示：

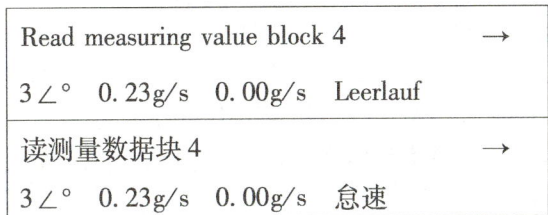

区域4应当是"Leerlauf"怠速，如果没有显示怠速，应检查怠速开关是否断开或线路开路。检查区域1，标准值为0~5∠°。如果没有达到标准值，应检查节气门控制部件与发动机控制单元的匹配。

4）按↑键。屏幕显示：

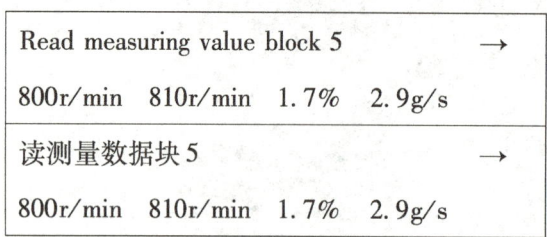

区域1中怠速转速标准值应在（800±30）r/min。

（3）数据分析 怠速转速是由发动机控制单元预先设置，不可以调整。怠速不当的原因分析如下：

1）怠速过低原因：
① 节气门组件与发动机ECU匹配不当。
② 发动机负荷过大。
③ 节气门组件故障。

2）怠速过高的原因：
① 进气系统漏气。
② 节气门组件与发动机ECU匹配不当。
③ 节气门组件故障。
④ 活性炭罐电磁阀常开。

4. 直动式节气门的基本设定

对于电喷汽车的某些系统，在维修后或维护时必须进行基本设定。在基本设定过程中，控制单元中的某些参数（如怠速时的点火正时等）会调整到生产厂家设定的指定值，或者将某些元件（如节气门位置传感器）参数存入控制单元，以便实行精确控制。大众汽车节气门体，无论是半电子式还是电子式的节气门，ECU必须知道电动机控制节气门在节气门位置传感器上能达到实际的最小和最大位置。图16-29所示是宝来汽车电子节气门电路。

ECU通过控制半电子节气门电动机把节气门的开度尽可能关到最小，怠速电位计电压传入ECU，ECU就会记忆这个开度（实际上ECU记忆的是节气门最小开度电压经模－数转换过来的数字电压），最大位置由怠速开关断开决定，其主要目的是重新划定怠速范围。

电子节气门最大和最小位置由电动机所能达的位置决定，主要用来重新规划怠速范围、规划部分负荷范围、划定全负荷范围。这些范围在解码器读取数据流时可见。

若节气门体过脏，节气门不能完全关闭，ECU的怠速自适应程序自适应后，可以使怠速正常。但若节气门体脏到一定程度，超过了ECU内的限值（即自适应超限）时，怠速将变得不稳定。清洗节气门后，ECU内记忆的节气门最小值和实际节气门开度能达到的最小值不同，这必然造成控制失准，使发动机怠速居高不下。这种情况会在ECU怠速自适应程序（软件）下，逐渐趋于正常，但时间较长。做基本设定就是让ECU立刻记忆真实情况的节气门最大、最小位置，让ECU对节气门重新分区。

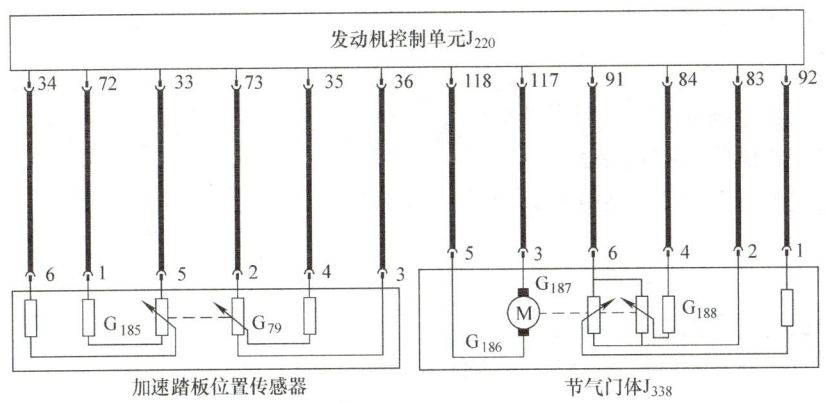

图 16-29　宝来汽车电子节气门电路

如果节气门未损坏而 ECU 损坏，并更换了新 ECU，则由于新 ECU 记忆的节气门最大、最小位置和实际行驶中节气门的位置不相同，会导致电动机不能正常控制节气门，所以更换了 ECU 也需要做基本设定。发动机损坏并更换了发动机后，发动机的性能提高，如按原来 ECU 记忆的值进行控制，会有一定误差，所以更换了发动机也需要做基本设定。

六、考核要点与评分标准

1. 考核要求

1）掌握怠速控制阀的分类、结构及其工作原理。
2）掌握怠速控制阀的检测方法。

2. 考核时间

考核时间：20min。

3. 考核评分

怠速控制阀的检测考核要点与评分标准见表 16-6。

表 16-6　怠速控制阀的检测考核要点与评分标准

序号	考核要点	配分	评分标准	考核记录	得分
1	怠速控制的原理与作用	20	一处叙述不清扣 5 分		
2	怠速控制阀的故障检测	25	错误一次扣 5 分		
3	故障码与数据流的读取	20	错误一次扣 5 分		
4	数据流的分析	25	错误一次扣 5 分		
5	整理工具，清理现场	10	保持实习现场秩序和卫生，保证人身及设备的安全，违规一次扣 5 分		
	实习态度和纪律				
6	分数合计	100			

七、思考题

1. 怠速控制的基本类型是什么？
2. 怠速控制阀共有几种类型？
3. 简述节气门直动式怠速控制阀的检测方法。
4. 简述步进电动机的检测方法。
5. 电子节气门的工作原理是什么？
6. 什么是占空比？如何测量占空比？
7. 发动机怠速控制系统的就车检测有哪几种？

项目十七

检测活性炭罐电磁阀

一、教学目的

1）了解常见活性炭罐电磁阀的结构与工作原理。
2）熟悉活性炭罐电磁阀的检测方法、工艺流程和要求技术规范。
3）掌握电控发动机的排放控制系统及其检测。

二、教学设备、工具及量具

1）工具：数字万用表，汽车示波器。
2）设备：桑塔纳 AJR 发动机故障实验台，进口或国产故障诊断仪。
3）教具：STN—AJR 发动机教学挂图 1 套，测量用桑塔纳 3000 型轿车活性炭罐电磁阀 8~10 只。

三、课时

实训课时安排 6 课时。

四、相关基础知识

（一）汽车排放对环境的影响

随着人们越来越重视环境治理，对汽车排放污染物的控制也越来越严格。目前汽车排放污染物控制系统，根据污染物来自排气管、曲轴箱和燃油系统的不同，一般分为排气污染物控制系统和非排气污染物控制系统。

排气污染物主要是指从排气管排出的 CO、HC、NO_x 等有害污染物。

CO 是一种无色、无味的有毒气体，它能使血液的输氧能力降低，从而使心脏、大脑等重要器官严重缺氧，从而引起头晕、头痛、恶心等症状，轻则使中枢神经系统受损，重则会使心血管工作困难，直至死亡。CO 主要是由于燃油混合气过浓，燃烧时的氧气不足产生的。

HC 包括未燃烧和未完全燃烧的燃油、润滑油及其裂解产物和部分氧化物，其中有些成分会对眼睛和皮肤有强烈的刺激作用，且浓度高时会引起头晕、恶心、贫血甚至急性中毒。HC 是由于混合气过稀、喷油器过脏、点火不良（点火正时不当或火花塞过脏）、排气门泄漏等原因，导致燃烧不完全而产生的。

NO_x 是燃烧过程中形成的多种氮氧化物，主要是 NO，还有 NO_2、N_2O_3、N_2O_5 等。其中，NO 是无色无味的气体，具有轻度刺激性，毒性不大。NO_2 是一种棕红色、有强刺激性的有毒气体。NO_x 是由于混合气在高温、富氧下燃烧时，含在混合气中的 N_2 和 O_2 发生化学反应而产生的。

（二）汽油蒸气排放（EVAP）控制系统

汽车产生的排放物中大约有 20% 来自燃油蒸发。燃油蒸发控制（Evaporative Emission-Control，EVAP）系统能够存储燃油系统产生的燃油蒸气（HC），阻止燃油蒸气泄漏到大气中，减少环境污染；同时，将收集的燃油蒸气适时地送入进气歧管，与正常混合气混合后进入发动机燃烧，使汽油得到充分利用。

1. 燃油蒸发控制（EVAP）系统的基本组成和工作

燃油蒸发控制（EVAP）系统的组成和构造，随汽车制造厂和生产年代的不同而不同。早期的燃油蒸发控制（EVAP）系统多是利用真空进行控制，而现在基本上都采用发动机控制模块进行控制。目前常见到的比较简单的燃油蒸发控制系统如图 17-1 所示。它主要由燃油箱、活性炭罐（有的叫吸附罐）、活性炭罐控制电磁阀和发动机控制模块等组成，能够提供比较精确的蒸发流量的控制。

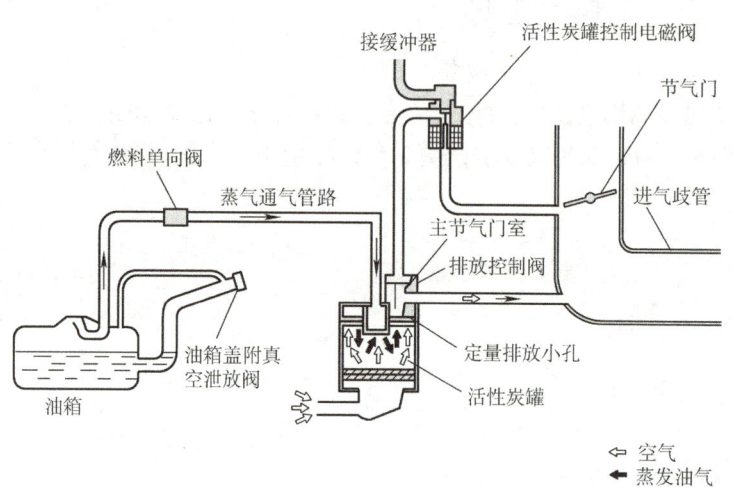

图 17-1　燃油蒸发控制系统示意图

活性炭罐是燃油蒸发系统中储存蒸气的部件，如图 17-2 所示。活性炭罐的下部与大气相通，上部有接头与油箱和进气歧管相连，用于收集和清除燃油蒸气。中间是活性炭颗粒，它具有极强的吸附燃油分子的作用。燃油箱内的燃油蒸气（HC）经油箱管道进入活性炭罐后，蒸气中的燃油分子被吸附在活性炭颗粒表面。活性炭罐有一个出口，经软管与发动机进气歧管相通。软管的中部设一个活性炭罐电磁阀（常闭），以控制管路的通断。当发动机运转时，如果发动机控制模块控制活性炭罐电磁阀开启，则在进气歧管真空吸力的作用下，空气从活性炭罐底部进入，经过活性炭至上方出口，再经软管进入发动机进气管，吸附在活性炭表面的燃油分子重新脱附，随新鲜空气一起被吸入发动机气缸燃烧。这一过程一方面使燃油得到充分利用；另一方面使活性炭罐内的活性炭保持良好的吸附燃油分子的能力，而不会因使用太久而失效。当活性炭罐电磁阀关闭时，燃油蒸气储存在活性炭罐中。

2. 燃油蒸发控制（EVAP）系统的控制

为了防止破坏发动机正常工作时的混合气成分，影响发动机正常工作，必须对燃油蒸气进入发动机进气歧管的时机和进入量进行控制。

目前，尽管各汽车生产厂家都采用发动机控制模块控制活性炭罐控制电磁阀的通断来控制其开启和关闭（线圈通电时，电磁阀开启；线圈断电时，电磁阀关闭），但它们在控制电磁阀开闭的时机和方法上并不完全一样。

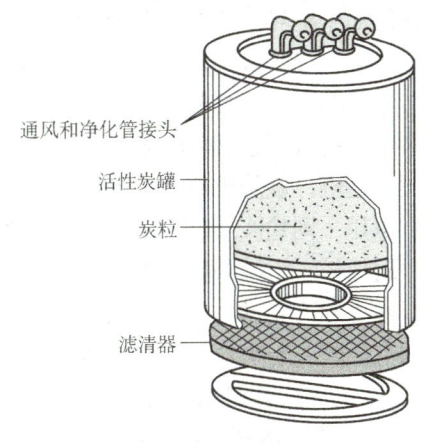

图 17-2　活性炭罐

一般说来，发动机控制模块（ECU）使活性炭罐控制电磁阀通电通常考虑以下条件：

1) 发动机起动已超过规定的时间。
2) 冷却液温度已高于规定值。
3) 急速触点开关处于断开状态。
4) 发动机转速高于规定值。

当满足以上条件时，发动机控制模块（ECU）使电磁阀线圈电路接地通电，电磁阀的阀门开启，储存在活性炭罐内的燃油蒸气经软管被吸入发动机燃烧。此时由于发动机的进气量较大，少量的燃油蒸气进入发动机不会影响混合气的浓度。如果不完全满足上述条件，ECU 不会激活活性炭罐电磁阀，燃油蒸气被储存在活性炭罐中。

较先进的燃油蒸发控制系统，一般都能根据发动机负荷等情况，适时地控制电磁阀的通电占空比，以达到控制电磁阀开启程度的目的。

3. 燃油蒸发控制（EVAP）系统检修

注意：在 EVAP 系统元件附近不要抽烟，也不要让其他火源接近。如果在汽车内或汽车附近有汽油气味，应立即检查 EVAP 系统的软管是否有裂纹或断开，并检查燃油系统是否有泄漏。若有燃油泄漏或燃油蒸发泄漏，应立即维修处理。

（1）燃油蒸发控制系统（EVAP）的一般诊断　EVAP 系统的诊断随汽车制造商和车型年度的不同而不同。应依照汽车制造商维修手册中的维修与诊断步骤进行。在发动机怠速或在很低速度下工作时，如果 EVAP 系统将蒸气注入进气歧管，发动机将出现工作不稳定。

EVAP 系统的一般诊断方法如下：

1) 检查 EVAP 系统中所有软管是否泄漏、堵塞和连接松动。检查 EVAP 系统中的电路连接是否松动、接线端是否腐蚀、绝缘部分是否磨损。如果活性炭罐控制电磁阀和相关电路内发生故障，常常在发动机控制模块存储器内设置故障码。

2) 可使用扫描检测仪诊断 EVAP 系统。在正确的故障诊断仪模式下，该故障诊断仪指示活性炭罐控制电磁阀是接通还是断开。将故障诊断仪连接到 DLC 上，再起动发动机。当发动机怠速时，活性炭罐控制电磁阀应该断开。

3) 继续着车直到满足电磁阀接通的条件。如果在此条件下电磁阀没有接通，应检查该电磁阀的供电导线、电磁阀以及从该电磁阀至 ECU 的导线。

(2) EVAP 系统元件的诊断 EVAP 系统元件的诊断方法如下：

1) 将发动机预热至正常工作温度，然后使发动机怠速运转。

2) 脱开活性炭罐上的真空软管，用手触摸软管开口端感觉有没有真空吸力。怠速时电磁阀不通电，软管内应无真空吸力；若此时有吸力，则检查电磁阀线束插头内的电源电压，若有电压，则检查 ECU；若无电压，则检查电磁阀是否泄漏。

3) 踩下加速踏板，使发动机转速升高到 2000r/min 以上，检查软管内有无真空吸力，若有吸力则为正常；若没有吸力，则检查电磁阀线束插头内电源电压。若电压正常，说明电磁阀有故障；若电压不正常或没有电压，则进一步检查线路和 ECU。

4) 检查活性炭罐电磁阀。

① 检查电磁阀电磁线圈的电阻值。拔下电磁阀线束插接器，用万用表 Ω 档测量电磁阀电磁线圈的电阻值。电阻值应符合规定，否则，应更换电磁阀。

② 脱开电磁阀插头，向活性炭罐进气孔吹气时应不导通，将蓄电池电压加在电磁阀的两端子上，再向活性炭罐进气孔吹气应能通气；否则，说明电磁阀有故障，应更换。

5) 检查活性炭罐（以雷克萨斯 LS400 为例）。

① 检查活性炭罐表面应无损坏或裂开。

② 如图 17-3a 所示，用低压空气吹入油箱接管，空气应无阻力地从其他管子流出。用低压空气吹入排污接管，空气应不能从其他接管流出。如有问题，更换活性炭罐。

6) 清洗活性炭罐中的滤清器。

如图 17-3b 所示，堵塞排污管，用 294kPa 的压缩空气吹入油箱接管，可清洗活性炭罐滤清器。

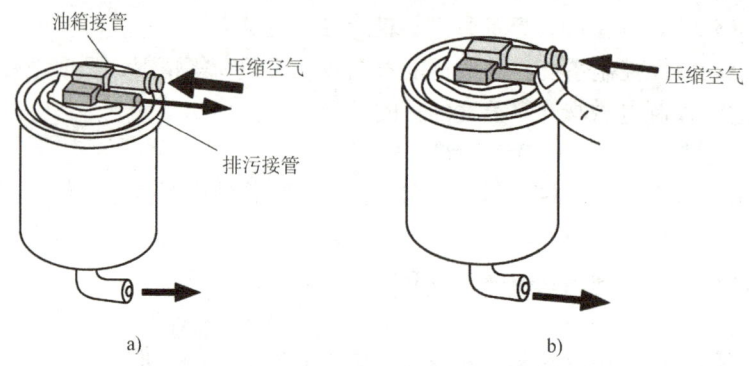

图 17-3 活性炭罐的检查与清洗
a) 检查活性炭罐 b) 清洗滤清器

(三) 废气再循环控制系统 (EGR)

1. 废气再循环的目的及原理

废气再循环 (Exhaust Gas Recirculation, EGR) 系统的作用是把一部分排气引入进气系统中，使其和新鲜混合气一起进入气缸中参与燃烧，其主要目的是减少氮氧化合物 (NO_x) 的排放。

氮氧化合物 (NO_x) 是混合气在高温和富氧条件下燃烧时，含在混合气中的 N_2 和 O_2

发生化学反应产生的。燃烧温度越高，N_2 和 O_2 越容易反应，排出的 NO_x 越多，如图 17-4 所示。所以减少 NO_x 的最好方法就是降低燃烧室的温度。

EGR 系统工作时，将一部分废气引入进气系统，与新鲜的燃油混合气混合，使混合气变稀，从而降低了燃烧速度，燃烧温度随之下降，从而有效地减少 NO_x 的生成。

由于废气再循环（EGR）会使混合气的着火性能和发动机输出功率下降，因此，应选择 NO_x 排放量比较多的发动机运转工况范围，进行适量的废气

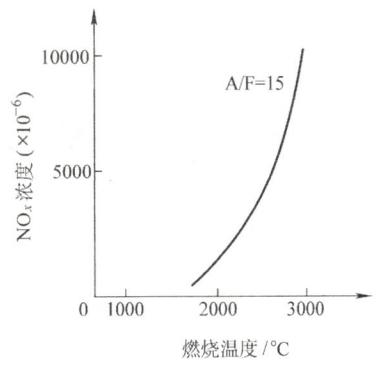

图 17-4　燃烧温度与 NO_x 排放量的关系

再循环。EGR 的控制量用 EGR 率表示，其定义为再循环废气的量占整个进气量的百分比。采用 EGR 系统可降低 NO_x 的排放，但是随着 EGR 率的增加，将导致油耗增加、HC 的排量增加以及由于废气再循环（EGR）造成缺火率增加，使燃烧变得不稳定，发动机性能下降（图 17-5），所以必须对 EGR 率进行控制。根据发动机工况不同，进入进气歧管的废气量一般在 6%～23% 变化。

由于采用 EGR 系统会对发动机的性能造成一定的影响，所以在 EGR 系统工作时，点火系统（即点火提前角）和燃油系统也要相应地调整。图 17-6 所示为点火提前角变化后，废气再循环量与发动机油耗和排放的关系。

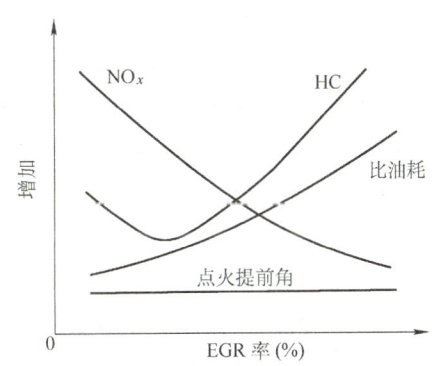

图 17-5　点火提前角不变时，
EGR 率对油耗和排放的影响

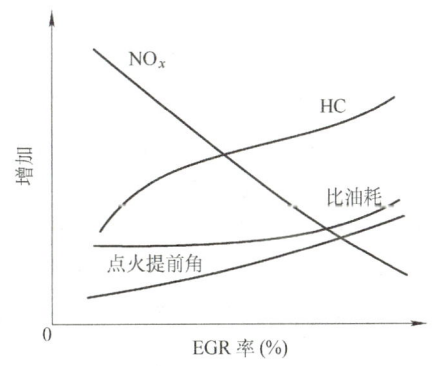

图 17-6　点火提前角改变时，
EGR 率对发动机性能的影响

2. EGR 控制系统

（1）普通电子式 EGR 控制系统　图 17-7 所示为日产 NISSAN 汽车 VG30 型发动机所用的 EGR 控制系统示意图。

这种系统在早期的 NISSAN 汽车上曾经采用，它由 EGR 控制电磁阀、节气门位置传感器（TPS）、EGR 阀、曲轴位置传感器（CKP）、发动机控制模块（ECU）、发动机冷却液温度传感器（ECT）等组成。

其工作原理是在发动机工作时，发动机控制模块（ECU）根据各传感器，如曲轴位置传感器（CKP）、发动机冷却液温度传感器（ECT）、节气门位置传感器（TPS）、点火开关等送来的信号，确定发动机目前在哪一种工况下工作，以便发出控制指令，控制 EGR 电磁阀的打开或关闭，使废气再循环进行或停止。

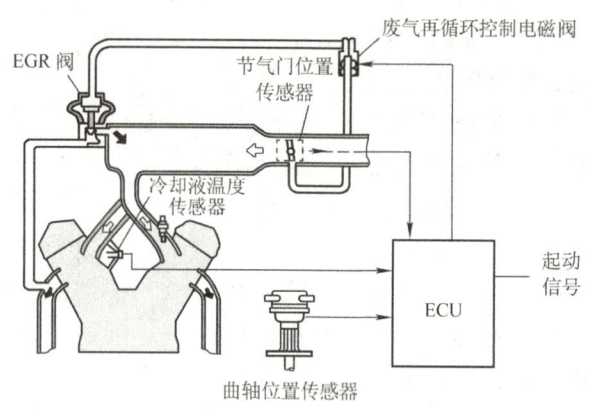

图 17-7 普通电子式 EGR 控制系统

在发动机的某些工况下,发动机控制模块(ECU)控制 EGR 电磁阀通电,从而切断了 EGR 控制阀的真空通道,使 EGR 阀关闭。

在发动机起动时、节气门位置传感器(TPS)的怠速触点接通(即发动机处于怠速运行工况)时、发动机温度低(例如发动机暖机过程中)时、发动机转速低于 900r/min 或高于 3200r/min 时,EGR 控制电磁阀通电(ON),使 EGR 阀处于关闭状态,EGR 系统不起作用;除以上工况外 EGR 控制电磁阀断电(OFF),使 EGR 阀处于打开状态,EGR 系统开始起作用。

(2)可变 EGR 率废气再循环控制系统 可变 EGR 率废气再循环控制是一种开环控制系统。其工作原理是:将 EGR 率与发动机转速、进气量的对应关系经试验确定后,以数据形式存入发动机控制模块的 ROM 中。发动机工作时,发动机控制模块根据各种传感器送来的信号,并经过与其内部数据对照和计算修正,输出适当的指令,控制电磁阀的开度,以调节废气再循环的 EGR 率。

可变 EGR 率废气再循环系统如图 17-8 所示。当发动机工作时,发动机控制模块(ECU)根据曲轴位置传感器(CKP)、节气门位置传感器(TPS)、发动机冷却液温度传感器(ECT)、点火开关、电源电压等信号,给废气再循环控制电磁阀提供不同占空比的脉冲电压,使其打开、关闭的平均时间不同,从而得到控制 EGR 阀不同开度所需的各种真空度,获得适合发动机工况的不同的 EGR 率。脉冲电压信号的占空比越大,电磁阀打开时间越长,EGR 率越大;反之,脉冲电压信号的占空比越小,EGR 率越小,当小至某一值时,EGR 控制阀关闭,废气再循环系统停止工作。

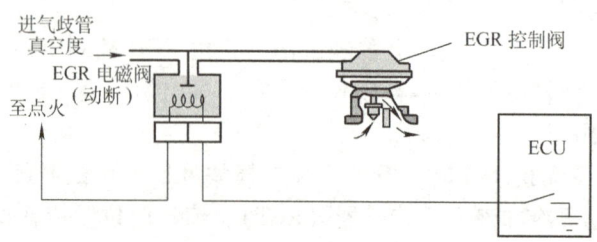

图 17-8 可变 EGR 率废气再循环控制系统

(3) 带压力反馈电子（PFE）传感器的废气再循环控制系统　这种系统由废气再循环阀、真空调节阀、计量孔和压力反馈电子传感器等组成。通过检测量孔处的压力，再综合发动机控制模块（ECU）接收的发动机转速、海拔、发动机真空度、发动机冷却液温度和节气门位置等输入信号来控制废气再循环的时间和流量，如图17-9所示。

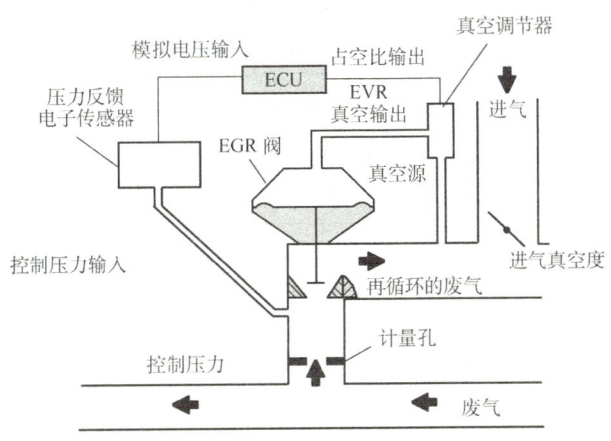

图17-9　带压力反馈电子传感器的废气再循环控制系统

压力反馈电子传感器把废气压力信号转换为电压信号传送给发动机控制模块。压力反馈电子传感器由3根导线与ECU连接。这3根导线是接地线、5V供电压线及信号线。计量孔后的废气压力与再循环的废气流量成正比。压力反馈电子传感器的信号通知ECU关于废气再循环的流量，ECU则把此信号与输入信号所要求的废气再循环流量相比较，如果实际的废气再循环流量与所要求的废气再循环流量之间有一些差别，那么，ECU将对输出给真空调节器的占空比信号进行必要的修正。

(4) 带压差反馈式电子（DPFE）传感器的废气再循环控制系统　带压差反馈式电子传感器废气再循环控制系统如图17-10所示。带压差反馈式电子传感器的废气再循环控制系统的工作方式和带压力反馈式电子传感器的废气再循环控制系统基本一样，只是它还需检测排气系统的废气压力，它的控制更精确。PFE传感器和DPFE传感器都是三线传感器，其中，PFE传感器有一个压力输入口，DPFE传感器有两个压力输入口。

(5) 带EGR位置传感器的废气再循环控制系统　图17-11所示为广州本田雅阁轿车发动机废气再循环（EGR）系统，该系统由EGR真空控制阀、EGR控制电磁阀、EGR阀以及各种传感器组成。在EGR阀上部装有一个可以检测EGR阀升程的EGR位置传感器，该传感器利用由一个柱塞推动的电位计向发动机ECM/PCM传送信号，作为控制废气再循环的参考信号，实现EGR系统的闭环控制。发动机ECM/PCM中存储有多种工况下EGR阀的最佳提升高度信号。如果实际提升高度值与发动机ECM/PCM存储的最佳值不同，ECM/PCM便改变EGR控制电磁阀上的电压，从而使EGR控制电磁阀通过EGR真空控制阀提高或降低EGR阀上的真空压力，控制进入燃烧室的废气量。

(6) 装有背压修正阀的EGR控制系统　图17-12所示为装有背压修正阀的EGR控制系统，广州三星道奇、尼桑千里马轿车采用这种系统。在EGR控制电磁阀和EGR阀之间的真空管路中装有一个背压修正阀。其功用是根据排气歧管中的背压控制废气再循环。

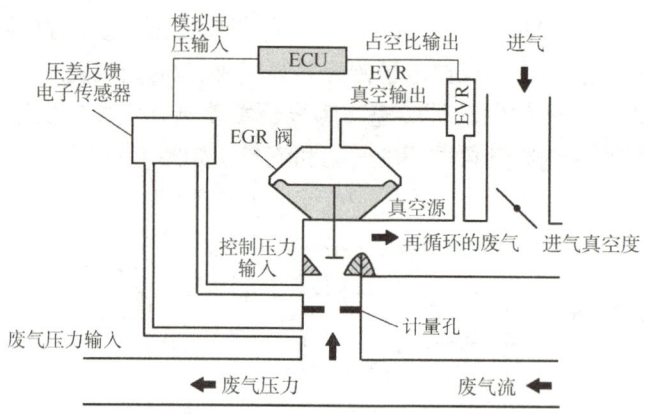

图 17-10 带压差反馈式电子传感器的废气再循环控制系统

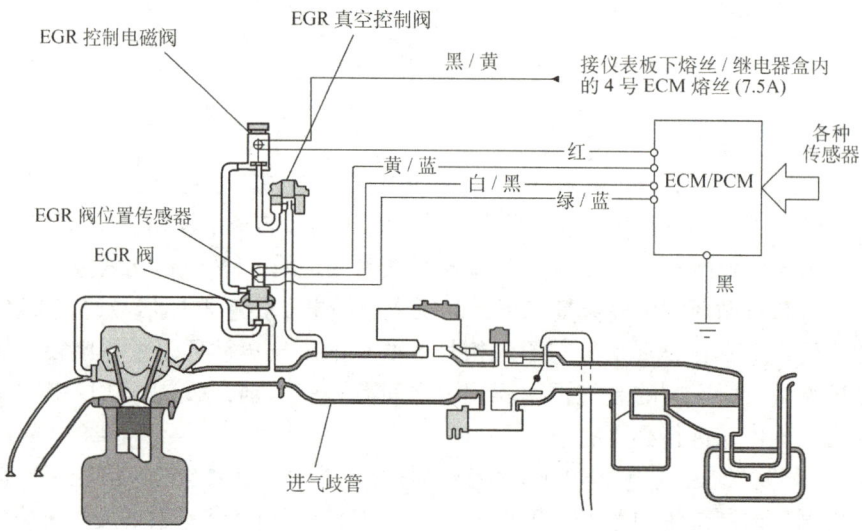

图 17-11 带 EGR 位置传感器的 EGR 控制系统

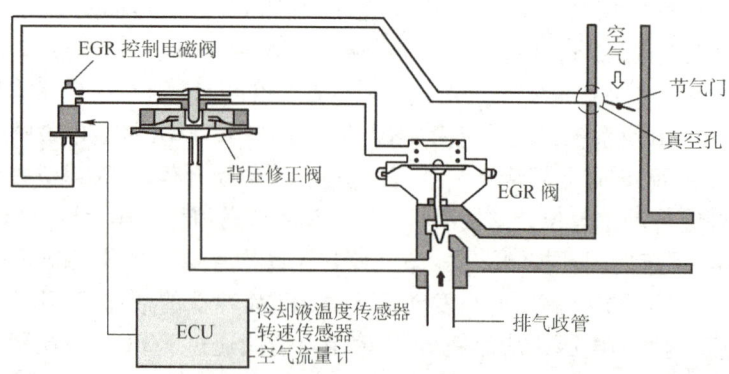

图 17-12 装有背压修正阀的 EGR 控制系统

排气歧管的背压通过管路作用在背压修正阀的背压气室下方。当发动机小负荷排气背压低时,在阀门弹簧的作用下气室膜片向下移动,使修正阀门关闭真空通道。此时,EGR

阀在其阀门弹簧作用下保持关闭，因而不进行废气再循环。

当发动机负荷增大、排气歧管背压升高时，修正阀背压气室下方的背压升高，使膜片克服阀门弹簧弹力向上运动而将修正阀门打开。由 EGR 真空电磁阀控制的真空通过背压修正阀而进入 EGR 阀上方的真空气室，将 EGR 阀吸开，废气再循环通道打开，废气进行再循环。

EGR 控制电磁阀受发动机控制模块控制。发动机控制模块根据转速信号、进气压力信号、冷却液温度信号、空气流量信号等，控制 EGR 控制电磁阀的开度，来控制进入 EGR 阀的真空度，从而控制 EGR 阀的开度，改变参与再循环的废气量。

3. 废气再循环（EGR）系统的诊断

如果废气再循环系统工作不良，例如 EGR 系统工作提前、推迟或过量运行，不仅使发动机排气污染增加，而且使发动机产生回火、怠速不稳、失速、加大节气门时瞬时减速等现象，因此应特别注意对 EGR 系统的检修。

（1）**EGR 阀的诊断** EGR 系统的诊断步骤随汽车生产厂及车型年度的不同而异。应按照汽车制造商检修手册中的诊断步骤维修数据库中的诊断步骤进行诊断。

注意：在诊断 EGR 系统之前，发动机必须处于正常工作温度。

如果 EGR 阀在怠速和发动机低速时保持打开，发动机的怠速运转就不会稳定，且在低速时会发生喘振或减速之后过载熄火或冷起动后过载熄火。如果 EGR 阀始终不能打开，将发生发动机爆燃，且 NO_x 排放量增大。

一般诊断 EGR 系统时，首先要检查系统中所有真空软管、EGR 阀和电插头。很多 EGR 系统中，发动机控制模块是根据冷却液温度传感器、节气门位置传感器及进气压力传感器等信号来控制 EGR 阀，所以 EGR 系统若不正常工作也有可能是这些传感器所致，因此还要检查相关传感器及其线路。

注意：如果发动机已持续运转一段时间，EGR 会很热，在诊断或维修时要戴上防护手套。

警告：不要将 EGR 阀放在任何类型的溶剂内清洗，这样做会损坏气阀的膜片。不能对 EGR 阀进行喷砂处理，因为喷砂会损坏 EGR 阀元件和螺塞孔。

1）**气道式 EGR 阀的诊断。**

当发动机处于正常工作温度且在怠速工作时，从 EGR 阀处拆下真空软管。用手动真空泵供给该阀 60.6kPa 的真空度，可拿一面镜子置于 EGR 阀的下面，观察 EGR 膜片的运动。在作用真空时，EGR 阀应该打开，且发动机怠速应该变得很不稳定。如果阀的膜片不能保持真空，则应更换该阀。如果阀不能打开或阀虽然能打开，但发动机转速无变化，应拆下该阀并检查是否卡滞或阀下面的通道内是否有积炭，需要时可用钢丝刷清理该通道。

2）**负背压 EGR 阀的诊断。**

负背压 EGR 阀在膜片中央有一个常关的放气阀，靠发动机低速时排气系统中的负压脉冲开启。

当发动机处于正常工作温度且点火开关断开时，从 EGR 阀上拆下真空软管，再将手动真空泵连接到该阀上的真空接头上。给 EGR 阀供给 60.6kPa 的真空度，此时 EGR 阀应该打开且保持真空度 20s。如果该阀工作不正常，则应更换该阀。

当手动真空泵供给 EGR 阀 60.6kPa 的真空度时，起动发动机，此时真空度应降至零，且该阀应该关闭。如果阀工作不正常，应更换。

3）正背压 EGR 阀的诊断。

正背压 EGR 阀在膜片中央有一个常开的放气阀，此放气阀在某一规定节气门开度时靠排气压力关闭。其诊断方法如下：

① 当发动机在正常的工作温度时，连接转速表，使其转速为 2000r/min，档位在驻车（P）档或空档（N），并将制动器拉到驻车制动的位置。

② 从 EGR 阀上断开真空软管并塞住软管。EGR 阀膜片应该向下移动，发动机转速应该增加。

③ 重新连接真空软管。EGR 膜片应该向上移动，发动机转速应该下降。在背压 EGR 阀内可以注意到膜片板的轻微振动。

④ 如果发动机转速能够改变，EGR 膜片能够移动，则 EGR 阀功能正常。如果发动机转速不改变或 EGR 膜片不移动，则拆下 EGR 阀，给 EGR 真空信号口施加 40kPa 的真空，此时真空应被消除，即 EGR 阀的膜片应该不能移动。继续施加真空，并向排气入口处施加最大压力为 7kPa 的压力，EGR 阀应该完全打开。如果 EGR 阀工作不正常，则更换 EGR 阀。

4）诊断数字 EGR 阀。

数字 EGR 阀以电子控制方式工作，没有连接真空装置。可用故障诊断仪诊断数字 EGR 阀。在发动机处于正常工作温度且点火开关断开时，将诊断仪连到 DLC 上。起动发动机，让发动机以怠速工作。在故障诊断仪上选取 EGR 控制，并用诊断仪给 EGR 电磁阀端子 1 通电。这样做之后，发动机转速应该稍微下降。如果 EGR 阀工作不正常，则检查下列部分：

① 检查 EGR 阀上供电导线处的电压是否为 12V，如图 17-13 所示。

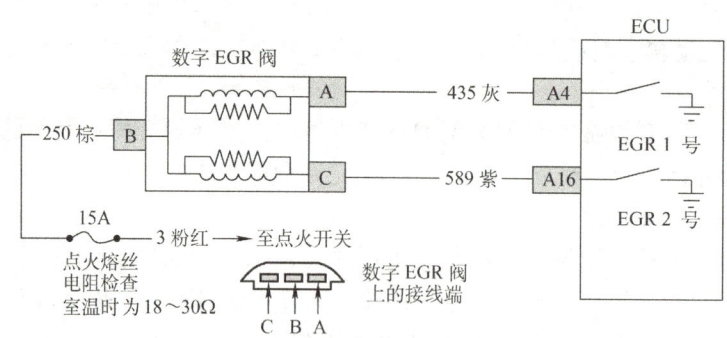

图 17-13 数字 EGR 阀的导线图

② 检查 EGR 阀与发动机控制模块（ECU）之间的导线。

③ 拆下 EGR 阀，检查阀下面的通道是否堵塞。

如果上述检查均没问题，则更换 EGR 阀。

(2) EGR 枢轴位置传感器的测试　EGR 枢轴位置传感器有故障能引起发动机反应迟缓、发出噪声、怠速不稳以及排放的问题等。

几乎所有的 EGR 阀枢轴位置传感器都是按相同的模式运行，所以对所有车型来说数字式动态示波仪的安装和测试过程都与三线式 EGR 枢轴位置传感器基本相同。通常情况下，EGR 阀枢轴位置传感器在 EGR 阀关闭的时候产生 1V 的信号电压，而在 EGR 阀开启的时候发出一个5V的工作电压，通过人为控制EGR阀的开启和关闭。

（四）三元催化转化器（TWC）

1. 三元催化转化器的工作原理

发动机的废气中含有大量的CO、HC和NO等有害气体，其生成机理比较复杂，影响因素也比较多，主要有空燃比、点火提前角、发动机的负荷、转速、温度以及内部结构等。

图17-14所示为空燃比对CO、HC和NO_x的影响曲线。由图中可以发现在理论空燃比附近，废气中的CO、HC和NO_x含量都比较少，这一特点非常重要，成为研制三元催化转化器的依据。

点火提前角对CO生成物影响不大，但对HC和NO_x的影响极大（图17-15、图17-16），点火提前角越大，HC和NO_x的生成物越多，因此过大的点火提前角是不可取的，而过小的点火提前角会降低发动机的动力性和经济性，因此采用正确的点火提前角极为重要。

铂、铑、钯以及一些稀土金属对CO、HC和NO_x都有一种催化净化功能，在400~800℃的高温中NO_x会发还原反应，生成氮和氧，而O_2与CO与HC发生氧化反应，分别生成CO_2和H_2O等无毒或低毒性物质。

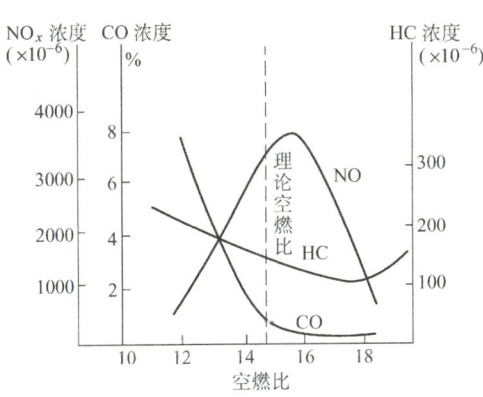

图17-14 空燃比对废气的影响

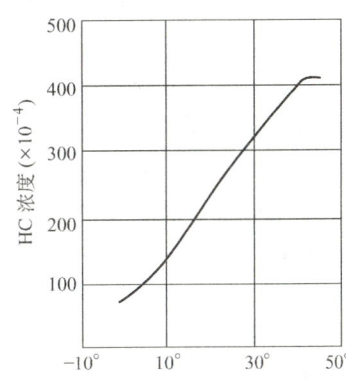

图17-15 点火提前角对HC的影响

由实验得出，三元催化转化器唯有在理论空燃比的小范围内才同时具有氧化和还原反应，使CO、HC、NO_x达到最佳的净化效果（图17-17）。

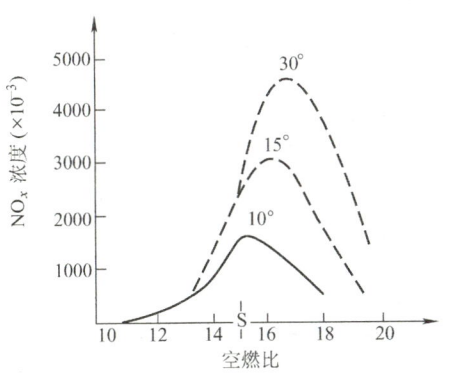

图17-16 点火提前角对NO_x的影响

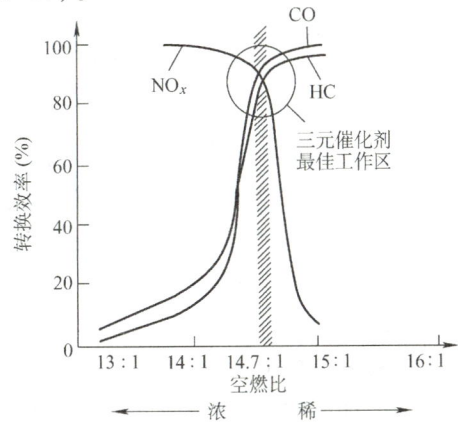

图17-17 三元催化转化器转换效率与空燃比的关系

三元催化转化器中起主要作用的是三元催化剂，它是铂（或钯）和铑的混合物，它促使有害气体 HC、CO 和 NO_x 发生反应，生成无害的 CO_2、N_2 和 H_2O，然而只有当混合气的空燃比保持稳定时，三元催化转化器的转换效率才能得到精确控制。

为了将实际空燃比精确地控制在理论空燃比 14.7:1 附近，使三元催化转化器工作在最佳状态，在发动机控制系统中采用氧传感器（O_2S）实现空燃比反馈控制，即闭环控制。

2. 催化转化器的检查与测试

（1）使用与维修相关基础知识　催化转化器不需要定期维护，但装有催化转化器的车辆要长久地保持良好的排放就必须做到正确的使用。一般使用或维修中要注意以下几个方面：

1）因为铅能使催化剂中毒、活性下降、催化转化效率降低，所以装有三元催化转化器的汽车严禁使用含铅汽油。

2）不要在易燃路面上行驶或停车。因为催化转化器表面温度很高，如有干草、酒精或其他有机溶剂等易燃物附在催化转换器上时，有可能燃烧使其过热。

3）在崎岖不平的道路上行驶时一定要多加注意。因为催化转化器装在汽车底部，路况不好时很容易造成拖底，损坏催化转化器。

4）对发动机着车困难的故障一定要及时维修。因为发动机起动时，喷油器可能一直在喷油，但如果燃油没有燃烧，就会积聚在催化转化器中。当发动机运行温度上升时，这些燃油的燃烧会使转化器温度过高而损坏。

5）在维修中尽量不要用拔下高压线的方法试火或进行断缸试验。因为这种情况下火花塞不点火，而喷油器还在喷油，没有燃烧的燃油会积聚在催化转化器中燃烧，造成转化器温度过高而损坏。

（2）三元催化转化器的外观检查　催化转化器一旦出现碰伤、破裂、失效或堵塞时，就会造成发动机动力性下降、燃油消耗量增大尤其是排放性能恶化等现象。当怀疑三元催化转化器有问题时，首先要进行外观检查，即将汽车升起后观察催化转化器是否有隆起、变形、泄漏、裂纹，各连接件是否牢固。拍打并晃动催化转化器，催化器内是否有物体移动的声音，排气管是否有颗粒状物质排出，若有，则说明催化器内部载体破碎，需要更换催化器。此外还要检查催化器表面是否有凹陷，若有，则说明催化转化器的载体可能受到损伤。检查催化转化器外壳上是否有严重的褪色斑点或略有青色或紫色的痕迹，在隔热罩上是否有明显的暗灰斑点，如有，则说明催化转化器曾处于过热状态，应做进一步检查。

注意：在催化转化器内的氧化反应过程中会释放大量的热，使它的温度很高，所以在催化转化器和其他排气系统部件及其周围作业时应特别注意，防止烫伤。

（3）三元催化转化器的测试　若检查催化转化器的外观没有问题，则可用以下三种方法对催化转化器进行测试。

1）温度测试法。

催化转化器在正常的工作状态下，由于氧化反应产生了大量的热量，因此可以通过温差对比来检测催化转化器性能的好坏。用高温测试仪测试三元催化转化器进气口和出气口的温度，正常情况下转化器出气口应该至少比进气口温度高 30~100℃，否则，表明该转化器工作不良，应进行更换或修理。转化器工作不良时，应检查空气泵系统，以确保在发动机处于正常工作温度时能保持向转换器泵入空气。如果没有出现空气流，也会使催化转化器工作无效。

2) 氧传感器信号测试法。

有些车辆在三元催化转化器前、后各安装了一个加热型氧传感器，发动机控制模块就是利用这两个氧传感器的信号来监测三元催化转化器的工作性能。因此，可以用这两个氧传感器的性能来判断三元催化转化器的工作性能。确认氧传感器没有故障的前提下，可以用双通道示波器获取两个氧传感器的信号波形。在发动机正常的工作温度条件下，如果两个氧传感器的信号波形变化基本同步，则说明三元催化转化器已经失效，必须进行更换。

3) 尾气分析测试法。

三元催化转化器的工作正常与否可以用废气分析仪来测试。当发动机怠速运转、变速器在空档时，把分析仪的探测头插入排气尾管进行快速检测。观察读数，如果读数在发动机说明书的范围内，说明催化剂仍在工作，如一个或两个（HC 和 CO）读数超过规定，说明催化剂可能已经失效。

某些汽车在三元催化转化器前的排气系统中，有一个可插入废气分析仪测头的连接装置。这样可以通过测量三元催化转化器前、后废气中的有害气体量，来判断催化转化器的有效性。如在三元催化转化器前、后测得的读数相同，说明催化转化器已不起作用，应查出其失效的原因，然后进行维修或更换。

注意：排放检测前要先预热。由于三元催化转化器只有达到正常温度后才能发挥催化作用，因此在对车辆进行排放检测前，一定要对发动机进行充分的预热（冷却液温度达到90℃）。

（五）曲轴箱强制通风系统

如果发动机燃烧室内的混合气和燃烧后的废气顺着活塞和气缸体的内壁漏入曲轴箱内，将稀释和污染润滑油，造成润滑油的润滑性能下降，因此必须将这些污染物从曲轴箱内排出；此外，曲轴箱内的压力随发动机转速升高而增加，如果不通风，会将润滑油从油封或气缸垫压出。由于环保的原因，不能将这些混合气直接排入大气，所以为解决此问题，现代汽车一般都采用曲轴箱强制通风（Positive Crankcase Ventilation，PCV）系统，将这些漏入曲轴箱的气体导入进气歧管，使其重新燃烧。

PCV 阀是曲轴箱强制通风系统中最重要的部件。PCV 阀内有一个锥形阀，如图 17-18 所示，由它控制曲轴箱蒸气流入进气管，同时防止气体或火焰反向流动。当发动机工作时，进气管真空度作用在 PCV 阀上，此真空吸引新鲜空气经空气滤芯、空气软管进入气门室盖，再经过气缸盖孔进入曲轴箱，并在曲轴箱中与从燃烧室泄漏的气体混合。这些空气与泄漏气体的混合气由于有进气歧管真空的吸力，可以向上经气缸盖孔流经气门室盖及 PCV 阀进入进气歧管，然后经进气门进入燃烧室燃烧。

（1）发动机不工作时　发动机不工作时，弹簧将锥形阀压在阀座上，此时阀内没有真空度，没有蒸气流量，锥形阀压在阀座上，这样可以防止回火，如图 17-19 所示。

（2）怠速或减速时　怠速或减速时，进气歧管真空度大，它克服弹簧压力，将锥形阀向上吸起。这时在锥形阀与 PCV 阀壳体之间存在小缝隙（图 17-20）。在怠速或减速工作时，发动机泄漏气体很少，这些气体可以从 PCV 阀的小缝隙流出曲轴箱。

（3）在常速行驶发动机负荷增加时　在部分节气门开度下（常速行驶）工作时，进气管真空度比怠速时小。这时，弹簧向下推压锥形阀，使锥形阀与 PCV 阀壳体间的缝隙增大（图 17-21）。在部分节气门开度下，发动机泄漏的气体比较多，锥形阀与 PCV 阀壳体间的较大缝隙可以使所有泄漏气体被吸入出气管。

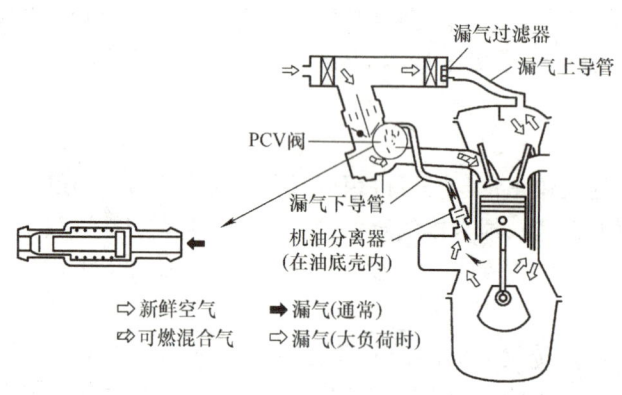

图 17-18　曲轴箱强制通风系统

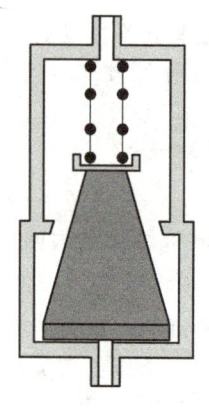

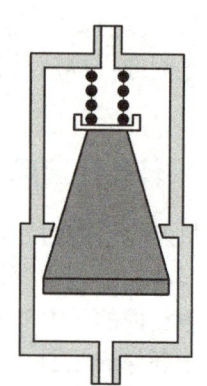

图 17-19　发动机不工作时　　　　　　　　图 17-20　怠速或减速时

（4）发动机大负荷或加速时　当发动机在大负荷下工作时，节气门全开，进气管真空度减小，弹簧将锥形阀进一步向下推压（图 17-22），从而使锥形阀与 PCV 阀壳体间的缝隙更大。因为大负荷工作时，产生更多侧漏气体，所以需要更大的缝隙才能使泄漏气体进入进气管。

（5）发生回火时　当发动机发生回火时，火焰传播到进气管进入 PCV 阀体内，火焰的压力压紧 PCV 阀使其关闭，以防止火焰传到曲轴箱中。如果系统中没有 PCV 阀，发动机回火时曲轴箱中的蒸气就有可能发生爆炸。

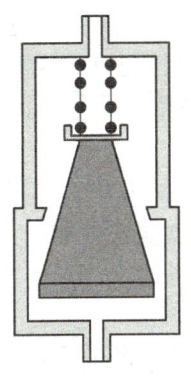
图 17-21　常速行驶发动机负荷增加时

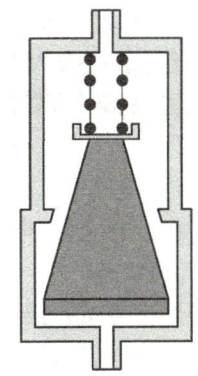
图 17-22　发动机大负荷或加速时

五、实训操作

（一）实训操作注意事项

1) 遵守实验室规章制度，未经许可，不得擅自移动和拆卸仪器与设备。

2) 注意安全和教具完好性。

3) 严禁未经许可擅自扳动教具、设备的电器开关、点火开关和起动开关，以防发生危险。

4) 在教师允许和监控下，起动发动机时，需保证设备周围的人员安全，防止意外发生。

5) 未关闭点火开关时，严禁拔下各传感器及执行器接口，以免损坏 ECU。

6) 在 EVAP 系统元件附近不要抽烟，也不要让其他火源接近。

7) 如果在汽车内或汽车附近有汽油味，应立即检查 EVAP 是否有漏油处。

（二）实训操作步骤

活性炭罐电磁阀在发动机达到工作温度和一定转速时才打开，让进气系统从活性炭罐中抽出汽油蒸气。电磁阀由发动机 ECU 操纵，在发动机不工作及怠速时是关闭的，此时 ECU 切断了电磁阀的搭铁电路。活性炭罐电磁阀电路如图 17-23 所示。

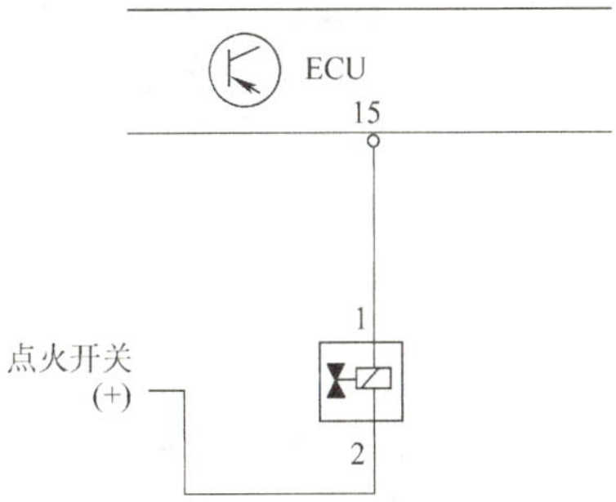

图 17-23　活性炭罐电磁阀电路

1. 检测泄漏

当没有电信号时，电磁阀应关闭，就车检测可按下述顺序进行：

1) 将发动机预热至正常工作温度，并使之怠速运转。

2) 拔下蒸气回收罐上的真空软管，检查软管内有无真空吸力。若燃油蒸发控制系统工作正常，在发动机怠速运转中电磁阀应关闭、真空软管内无真空吸力。如果此时真空软管内有真空吸力，则用万用表电压档检查电磁阀线束插接器端子上是否有电压。若电磁阀线束插接器端子上有电压，说明微机有故障；若无电压，则说明电磁阀有故障（卡死在开启位置）。

3）踩下加速踏板，当发动机转速大于2000r/min时，检查上述真空软管内有无真空吸力。若真空软管内有真空吸力，则说明该系统工作正常；若真空软管内无真空吸力，则用万用表电压档检查电磁阀线束插接器端子上是否有电压。若电压正常，说明电磁阀有故障（卡死在关闭位置）；若电压异常，则说明微机或控制线路有故障。

2. 电阻检测

1）线束导通性测试：拔下ECU及活性炭罐电磁阀插头，用万用表电阻档测量T80/15与活性炭罐电磁阀第2脚的电阻值，阻值应小于0.5Ω，熔丝盒插头N脚与活性炭罐电磁阀第1脚应处于导通状态。

2）线束短路性测试：拔下ECU及活性炭罐电磁阀插头，用万用表电阻档测量T80/15与活性炭罐电磁阀第1脚熔丝盒插头N脚与活性炭罐电磁阀第2脚的电阻值，阻值应为无穷大，活性炭罐电磁阀第2脚与搭铁之间应为无穷大。

3）图17-24、图17-25所示的活性炭罐电磁阀的电阻检测中，电阻值应为22~30Ω。

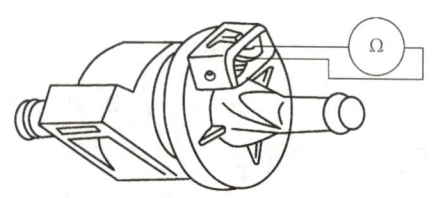

图17-24 测量活性炭罐电磁阀电阻

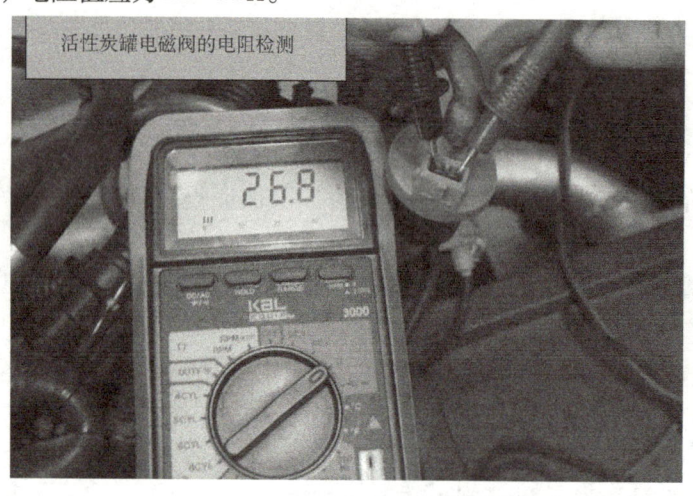

图17-25 活性炭罐电磁阀的电阻检测

3. 电压检测

测试ACF阀（活性炭罐电磁阀）的供电电压：使用万用表测量插头端子2与搭铁之间的电压，应为蓄电池电压，如图17-26、图17-27所示。当用V.A.G1527（大众专用工具）发光二极管测试灯测试插头端子1搭铁时，试灯应闪亮。发光二极管试灯也可自制，由一个发光二极管和串联300Ω的电阻组成。

若灯不亮，先检查端子1和熔丝间有无断路，如果线路正常，则检查汽油泵继电器（ACF阀的电源供应也经过汽油泵继电器控制）；若灯常亮，检查端子2到ECU间线路有无对地短路。

4. 数据流测试

（1）解码器的操作　连接解码器，点击"选择系统"，选择"[01]发动机系统"，选择"[08]读取动态数据流"，选择"[07]组"。

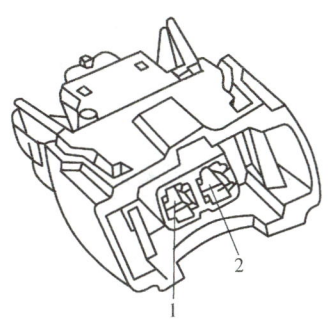

图 17-26 用发光二极管检查电磁阀线束插头

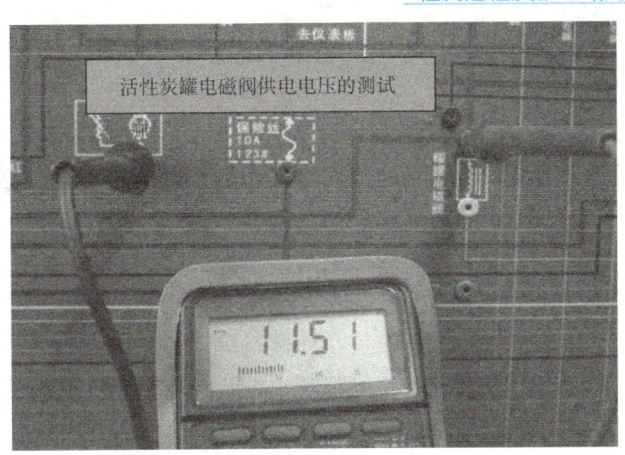

图 17-27 活性炭罐电磁电压测试

(2) 数据分析 读取测量数据流第07组第三项,显示的是活性炭罐的占空比,百分比值表示电磁阀的控制状态,0%表示电磁阀完全关闭,99%表示电磁阀完全打开。

5. ACF 阀动作测试

用 V. A. G1527 发光二极管测试灯连接插头端子1和端子2,进入最终控制诊断,选择活性炭罐电磁阀 N80,发光二极管测试灯应闪动。

如果试灯不闪或者常亮,检查 ACF 阀插头端子2和测试盒端子15间的线路对正极有无断路或短路;若没有,则更换发动机控制单元(ECU)。

六、考核要点与评分标准

1. 考核要求

1) 掌握活性炭罐电磁阀的结构与工作原理。
2) 掌握活性炭罐电磁阀的检测方法。

2. 考核时间

考核时间:15min。

3. 考核评分

活性炭罐电磁阀的检测考核要点与评分标准见表17-1。

表 17-1 活性炭罐电磁阀的检测考核要点与评分标准

序号	考核要点	配分	评分标准	考核记录	得分
1	活性炭罐电磁阀的工作原理与作用	20	一处叙述不清扣5分		
2	活性炭罐电磁阀的故障检测	25	错误一次扣5分		
3	故障码与数据流的读取	20	错误一次扣5分		
4	数据流的分析	25	错误一次扣5分		
5	整理工具,清理现场	10	保持实习现场秩序和卫生,保证人身及设备的安全,违规一次扣5分		
	实习态度和纪律				
6	分数合计	100			

七、思考题

1. 汽车增加汽油蒸气排放控制系统的目的是什么？
2. 排放控制系统包括几部分？
3. 简述活性炭罐电磁阀的检测方法。
4. 活性炭罐电磁阀及其控制系统出现问题后，对发动机正常运转有没有影响？
5. 如何用万用表判断活性炭罐电磁阀的导通情况？
6. 用常规方法如何判断活性炭罐电磁阀工作是否正常？
7. 曲轴箱强制通风系统的作用是什么？
8. 曲轴箱强制通风系统在什么工况下起作用？
9. 废气再循环的作用是什么？什么是废气再循环率？废气再循环率一般控制在什么范围？

项目十八 检测电控燃油喷射系统

一、教学目的

1）掌握电控燃油喷射系统的组成。
2）掌握燃油供给系统组成的主要元件。
3）掌握释放燃油系统压力的方法。
4）掌握通过测量燃油系统压力判断燃油系统的故障。

二、教学设备、工具及量具

1）工具：常用工具1套，燃油压力表。
2）设备：桑塔纳 AJR 电喷发动机实验台1台，其他车型电控发动机台架1台，桑塔纳时代超人汽车整车1辆。
3）教具：STN—AJR 发动机教学挂图1套。

三、课时

实训课时安排4课时。

四、相关基础知识

电控燃油喷射系统形式多样，但其组成相同，都是由空气供给系统、燃油供给系统和控制系统三个子系统组成，如图18-1 所示。

1. 空气供给系统

空气供给系统的功用是为发动机提供清洁的空气并控制发动机正常工作时的进气量。系统工作原理如图18-2 所示。发动机工作时，空气经空气滤清器过滤后，通过空气流量计（L型）、节气门体进入进气总管，再通过进气歧管分配给各缸。节气门体中设有节气门，用以控制进入发动机的空气量，从而控制发动机的输出功率（负荷）。在节气门体的外部或内部设有与主进气道并联的旁通怠速进气通道，并由怠速控制阀控制怠速时的进气量。

在 L 型电控燃油喷射系统中（图18-2a），流经怠速控制阀的空气首先经过空气流量计测量。在 D 型喷射系统中（图18-2b），绝对压力传感器测量的是进气管内的绝对压力，流经怠速控制阀的空气也在检测范围内。怠速控制阀由 ECU 直接控制。

2. 燃油供给系统

燃油供给系统的功用是供给喷油器一定压力的燃油,喷油器则根据 ECU 指令喷油。燃油供给系统原理如图 18-3 所示。图 18-3a 为带回油管路(双油管),图 18-3b 为不带回油管路(单油管),不带回油管路时,燃油压力调节器在油箱内直接将多余燃油流回油箱。

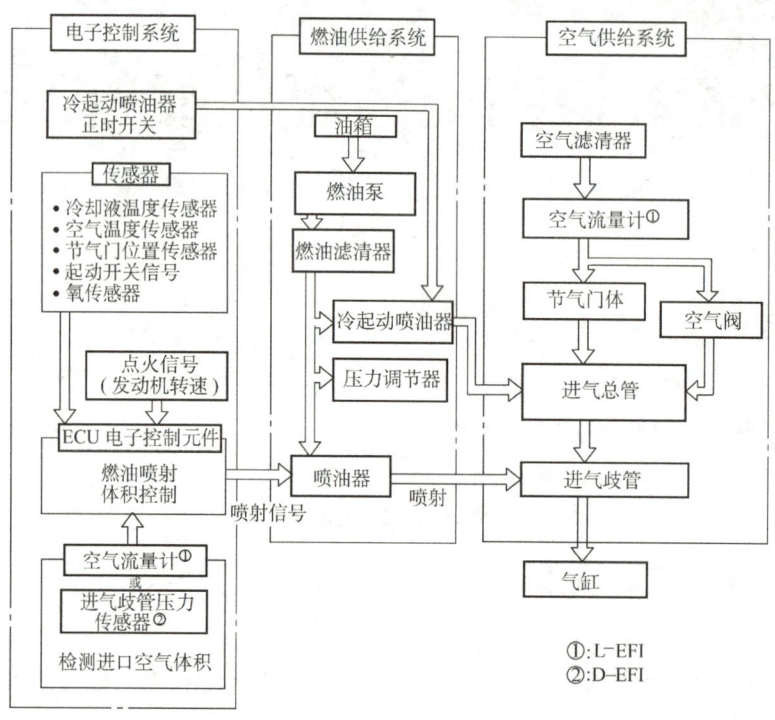

图 18-1 汽油机电控燃油喷射系统的组成

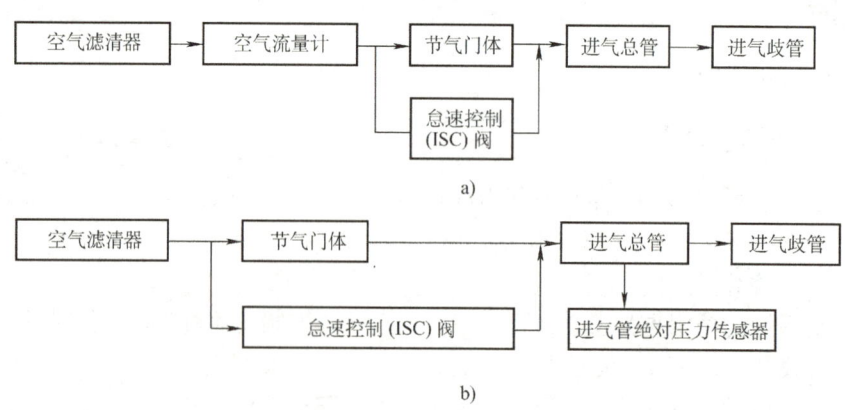

图 18-2 进气系统原理图
a) L 型 b) D 型

以图 18-3a 为例,电动燃油泵将汽油自油箱内吸出,经滤清器过滤后,由压力调节器调压,通过油管输送给喷油器,喷油器根据 ECU 指令向进气管喷油。燃油泵供给的多余汽油经回油管流回油箱。燃油泵一般装在油箱内。喷油器由 ECU 控制,有些发动机上还装有冷起动喷油器。冷起动喷油器安装在进气总管上，仅在发动机低温起动时喷油，以改善发动机的低温起动性能。

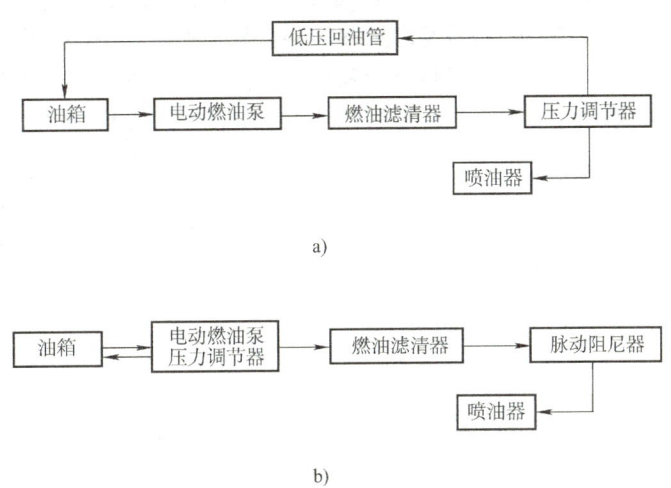

图 18-3　燃油供给系统原理图

3. 控制系统

在电控燃油喷射系统中，喷油量控制是最基本的也是最重要的控制内容，其控制原理如图 18-4 所示。ECU 根据空气流量信号和发动机转速信号确定基本的喷油时间（喷油量），再根据其他传感器（如冷却液温度传感器、节气门位置传感器等）对喷油时间进行修正，并按最后确定的总喷油时间向喷油器发出指令，使喷油器喷油（通电）或断油（断电）。

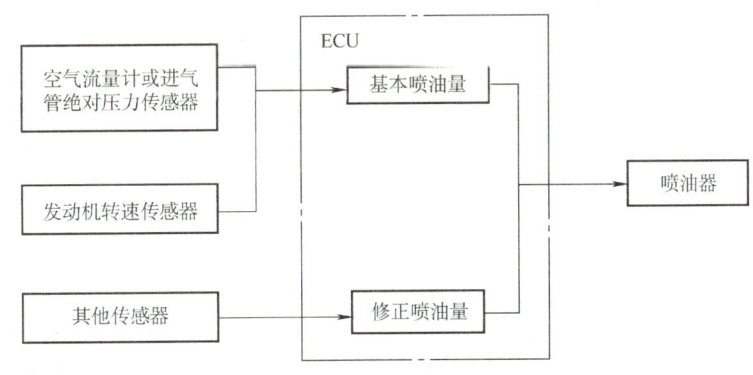

图 18-4　控制系统原理图

4. 喷射正时控制

喷油正时就是指喷油器在什么时刻（相对于发动机曲轴转角位置）开始喷油。

对于采用多点间歇性燃油喷射方式的发动机，按照喷油时刻与曲轴转角的关系，可分为同步喷射和异步喷射两类。

同步喷射是指发动机各缸工作循环，在既定的曲轴位置进行喷油，同步喷油有规律性。

异步喷射是指喷油与发动机的工作不同步，无规律性，其是在同步喷油的基础上，为改善发动机的性能额外增加的喷油。例如发动机冷起动和急加速时的临时性喷射。

同步喷射分为同时喷射、分组喷射和顺序喷射三种基本类型。

(1) **同时喷射正时控制** 采用同时喷射方式的喷油器控制电路和控制程序都比较简单,其控制电路如图 18-5a 图所示。从图中可以看出,所有的喷油器都是并联的。发动机 ECU 根据曲轴位置传感器产生的基准信号发出脉冲控制信号,控制功率晶体管的导通和截止,从而控制各喷油器电磁线圈电路能够同时接通和切断,使各缸喷油器同时喷油。通常曲轴每转一转,各缸喷油器同时喷射一次。同时喷射喷油正时如图 18-5b 所示。

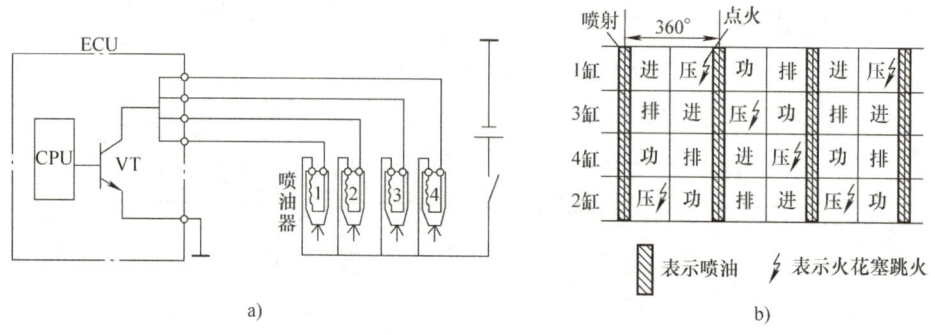

图 18-5 同时喷射

a) 同时喷射控制电路　b) 同时喷射喷油正时

由于这种喷射方式是所有气缸的喷油器同时喷油,所以喷油正时与发动机进气、压缩、做功、排气等工作循环关系不大。早期生产的燃油喷射发动机大多采用同时喷射方式。其缺点是由于各缸对应的喷射时间不可能最佳,从而造成各缸的混合气形成不均匀。但这种喷射方式的优点是不需要气缸判别信号,而且喷油驱动回路通用性好,其电路结构与软件都较简单。

(2) **分组喷射正时控制** 分组喷射一般把所有气缸的喷油器分成 2~4 组。发动机 ECU 控制各组喷油器轮流交替进行燃油喷射。四缸发动机一般将喷油器分为两组,其控制电路如图 18-6a 所示,每一工作循环中各喷油器均喷射一次或两次。图 18-6b 所示为分组喷射喷油正时。

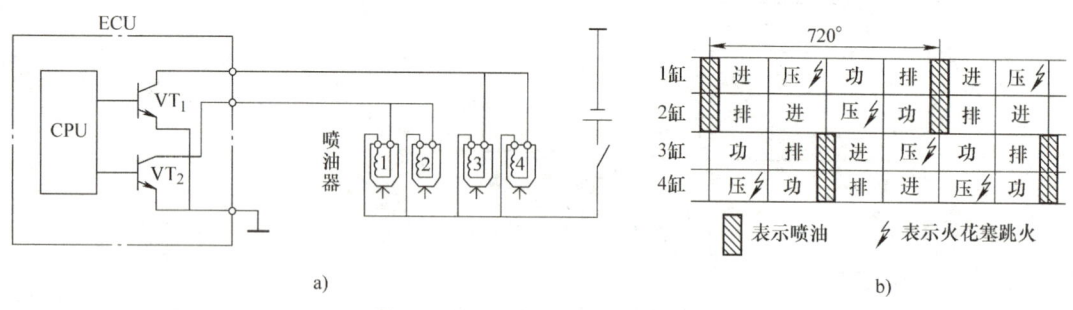

图 18-6 分组喷射

a) 分组喷射控制电路　b) 分组喷射喷油正时

相对于同时喷射的发动机,采用分组喷射的发动机在性能方面有所提高,主要体现在能有更多的气缸在合适的时候喷射燃油,从而改善了混合气的均匀性。

(3) **顺序喷射正时控制** 顺序燃油喷射也称为独立燃油喷射。曲轴每转两圈,各缸的喷油器按照发动机的点火顺序依次在最合适的曲轴转角位置进行燃油喷射。这种喷射系统应用广泛,如桑塔纳、帕萨特、捷达等轿车都用这种喷油系统。顺序燃油喷射系统的控制电路如图18-7a所示。各缸喷油器分别由发动机ECU的一个功率放大电路控制。功率放大器回路的数量与喷油器的数量相等。

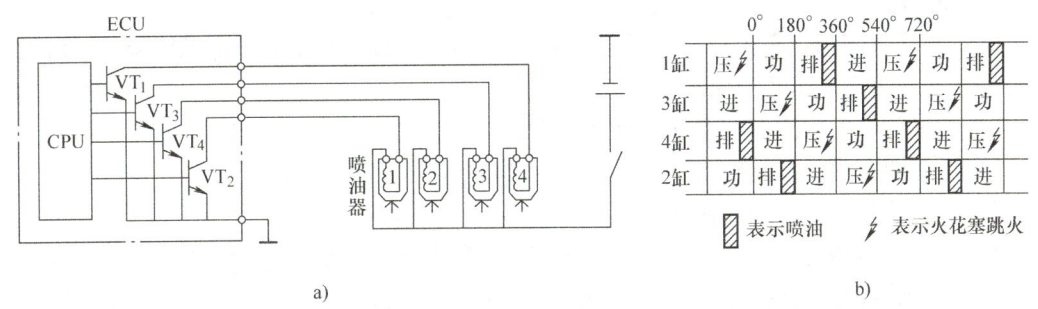

图18-7 顺序喷射
a) 顺序喷射控制电路　b) 顺序燃油喷射正时

采用顺序燃油喷射方式的发动机ECU需要"知道"在哪一时刻向哪一缸喷射燃油,因此必须具备气缸识别信号(通常称为判缸信号),该信号多来自曲轴位置传感器和凸轮轴位置传感器。采用顺序燃油喷射控制时,应具有正时和缸序两个控制功能。发动机ECU工作时,通过曲轴位置传感器输入的信号判定活塞在上止点前的具体位置,再与凸轮轴位置传感器的判缸信号相配合,这样可以确定是哪一缸在上止点,同时可以判定是处于压缩行程还是排气行程。因此当发动机ECU根据判缸信号、曲轴位置信号,确定该缸处于排气行程且活塞运动至上止点前某一位置时,便输出喷油控制指令,接通喷油器电磁线圈的搭铁电路,该缸喷油器即开始进行燃油喷射。图18-7b所示为顺序燃油喷射正时。

5. 发动机断油控制过程

断油控制是指在某些特殊工况下,燃油喷射系统暂时中断喷油器喷油,以满足发动机运行的特殊要求。断油控制包括发动机超速断油控制、减速断油控制和清除溢流控制。超速断油与减速断油控制示意图如图18-8所示。

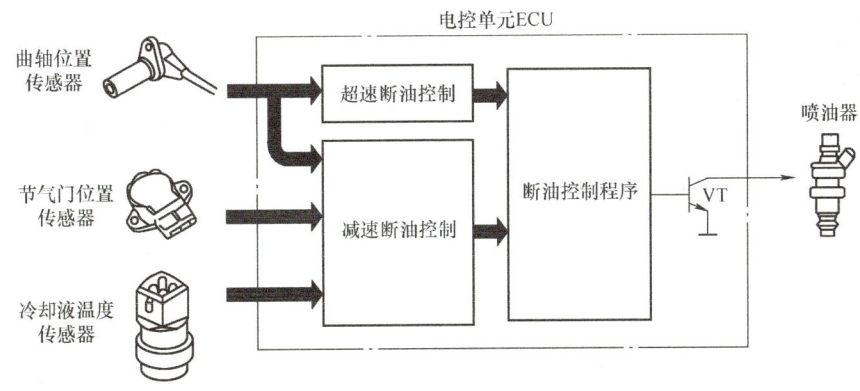

图18-8 超速断油与减速断油控制示意图

(1) 减速断油控制　减速断油控制是指当发动机在高转速运转过程中突然减速时，ECU 自动控制喷油器中断燃油喷射。

当高速行驶的汽车突然松开加速踏板减速时，发动机将在汽车惯性力的作用下高速运转，由于节气门已经关闭，进入气缸的空气很少，因此，如果不停止喷油，混合气将会很浓从而导致燃烧不完全，有害气体的排放量将急剧增加。减速断油的目的是节约燃油，并减少有害气体的排放量。

ECU 根据节气门位置传感器、发动机转速传感器和冷却液温度传感器等的信号，判断是否满足以下三个减速断油控制条件：

1）节气门位置传感器的怠速触点闭合。

2）冷却液温度已经达到正常温度。

3）发动机转速高于某一转速。

当三个条件全部满足时，ECU 立即发出停止喷油指令，控制喷油器停止喷油。当喷油停止、发动机转速降低到燃油复供转速或节气门开启（怠速触点断开）时，ECU 发出指令控制喷油器恢复喷油减速断油控制曲线如图 18-9 所示。

燃油停供转速和复供转速与冷却液温度和发动机负荷有关，并由 ECU 根据发动机温度、负荷等参数确定。冷却液温度越低、发动机负荷越大（如空调接通），燃油停供转速和复供转速就越高。

(2) 限速断油控制　限速断油控制是指当发动机转速超过允许的极限转速时，ECU 立即控制喷油器中断燃油喷射。燃油喷射时发动机采用限速断油控制的目的是防止发动机限速运转，从而损坏机件。

发动机工作时，转速越高，曲柄连杆机构的离心力越大。当离心力过大时，发动机就有"飞车"损坏的危险。因此，每台发动机都有一个极限转速值，一般为 6000～7000r/min。桑塔纳 2000Gli、2000Gsi、3000 型轿车的极限转速值为 6400 r/min，捷达 AT、GTX 型轿车的极限转速值为 6800r/min。在发动机运转过程中，ECU 随时将曲轴位置传感器测得的发动机实际转速与存储器中存储的极限转速进行比较，当实际转速超过安全转速的 80% 时，ECU 就发出停止喷油指令，控制喷油器停止喷油，限制发动机转速进一步升高。限速断油控制曲线如图 18-10 所示。

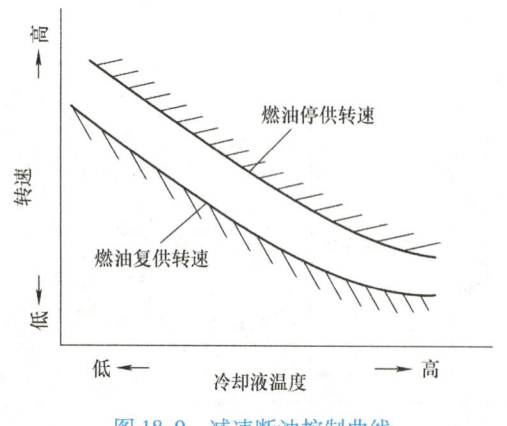

图 18-9　减速断油控制曲线

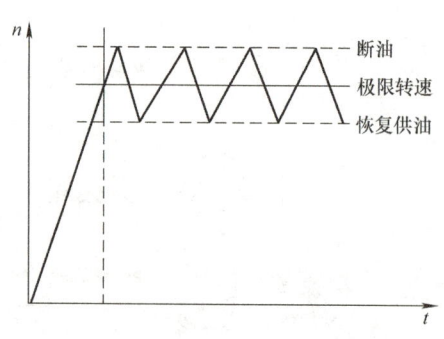

图 18-10　限速断油控制曲线

喷油器停止喷油后，发动机转速将降低。当发动机转速下降至低于安全转速的80%时，ECU控制喷油器恢复喷油。

(3) 清溢流断油控制　在装备燃油喷射式发动机的汽车上起动发动机时，燃油喷射系统将向发动机供给较浓的混合气，以便顺利起动。如果多次起动未能成功，那么淤积在气缸内的浓混合气就会浸湿火花塞，使其不能跳火而导致发动机不能起动。火花塞被混合气浸湿的现象称为"溢流"或"淹缸"。当出现溢流现象时，发动机将不能正常起动。这时可将发动机加速踏板踩到底，接通起动开关起动发动机，ECU自动控制喷油器停止喷油，以便排除气缸内的燃油蒸气，从而使火花塞干燥，并能跳火。这种控制称为清溢流断油控制。清溢流断油控制的条件是：

1) 点火开关处于起动位置。
2) 节气门全开。
3) 发动机转速低于500r/min。

只有在三个条件同时满足时，断油控制系统才能进入清除溢流状态工作。

由此可见，在起动燃油喷射式发动机时，不必踩下加速踏板，直接接通起动开关即可；否则，断油控制系统可能进入清除溢流状态而使发动机无法起动。

当接通起动开关而发动机不能起动时，可利用断油控制系统清除溢流的功能先将溢流清除，然后进行起动。

(4) 升档断油控制　在汽车行驶过程中，如果变速器需自动升档，变速器ECU会向发动机ECU发出转矩信号，发动机ECU接收到这个信号后立即发出指令，使个别气缸停止喷油，以便降低发动机转速，减轻换档冲击。这种控制称为升档断油控制。

6. 燃油供给系统主要元件

各种发动机的燃油供给系统基本相同，都是由电动燃油泵、燃油滤清器、燃油压力调节器、脉动阻尼器及油管等组成。

(1) 燃油滤清器　燃油滤清器安装在燃油泵之后的高压油路中，其功用是滤除燃油中的杂质和水分，防止燃油系统堵塞，减小机械磨损，以保证发动机正常工作。在电控燃油喷射式发动机的燃油供给系统中，一般采用的都是纸质滤芯、一次性的燃油滤清器。燃油滤清器的结构如图18-11所示。燃油从入口进入滤清器，经过壳体内的滤芯过滤后，清洁的燃油从出口流出。

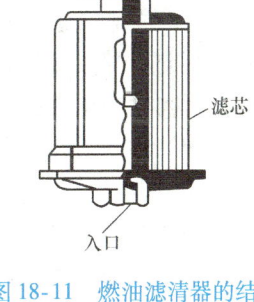

图18-11　燃油滤清器的结构

一般汽车每行驶20 000～40 000km或1～2年，应更换燃油滤清器。更换燃油滤清器时，应首先释放燃油系统压力，并注意燃油滤清器壳体上的箭头标记为燃油流动方向。

(2) 脉动阻尼器　部分电控燃油喷射式发动机的燃油供给系统中，在输油管的一端装有脉动阻尼器，其功用是衰减喷油器喷油时引起的燃油压力脉动，使燃油系统压力保持稳定。脉动阻尼器的结构如图18-12所示，主要由膜片和膜片弹簧等组成。发动机工作时，燃油经过脉动阻尼器膜片下方进入输油管，当燃油压力产生脉动时，膜片弹簧被压缩或伸

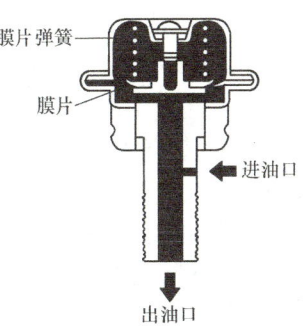

图18-12　脉动阻尼器的结构

张,膜片下方的容积略有增大或减小,从而可起到稳定燃油系统压力的作用。同时,膜片弹簧的变形可吸收脉动能量,迅速衰减燃油压力的脉动。脉动阻尼器一般不会发生故障。需进行拆卸时,注意应首先释放燃油系统压力。

（3）**燃油压力调节器** 喷油器的喷油量取决于喷油器的喷孔截面、喷油时间和喷油压差。在EFI系统中,ECU通过控制喷油器的喷油时间来实现对喷油量的控制。因此,要保证燃油喷射量的精确控制,在喷油器的结构尺寸一定时,必须保持恒定的喷油压差。喷油器将燃油喷入进气管内,喷油压差指输油管内燃油压力与进气管内气体压力的差值。进气管内的气体压力是随发动机转速和负荷的变化而变化的,要保持恒定的喷油压差,必须根据进气管内压力的变化来调节燃油压力。燃油压力调节器的功用就是调节燃油压力,使喷油压差保持恒定。

燃油压力调节器通常安装在输油管的一端,其结构如图18-13所示,主要由膜片、弹簧和回油阀等组成。膜片将调节器壳体内部分成两个室,即弹簧室和燃油室；膜片上方的弹簧室通过软管与进气管相通,膜片与回油阀相连,回油阀控制回油量。

发动机工作时,燃油压力调节器膜片上方承受的压力为弹簧的弹力和进气管内气体的压力之和,膜片下方承受的压力为燃油压力,当膜片上、下承受的压力相等时,膜片处于平衡位置不动。当进气管内气体压力下降（真空度增大）时,膜片向上移动,回油阀开度增大,回油量增多,使输油管内燃油压力也下降；反之,当进气管内的气体压力升高时,则膜片带动回油阀向下移动,回油阀开度减小,回油量减少,

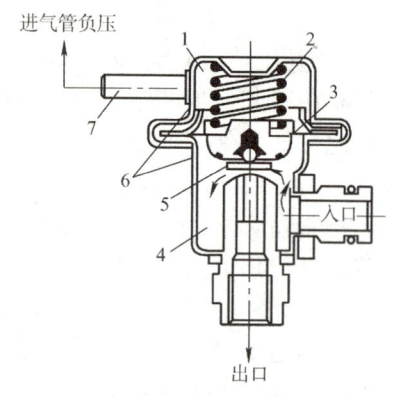

图18-13 燃油压力调节器的结构
1—弹簧室 2—弹簧 3—膜片 4—燃油室
5—回油阀 6—壳体 7—真空管接头

使输油管内燃油压力也升高。由此可见,在发动机工作时,燃油压力调节器通过控制回油量来调节输油管内燃油压力,从而保持喷油压差恒定不变。

发动机工作时,由于燃油泵的供油量远大于发动机消耗的油量,所以回油阀始终保持开启,使多余燃油经过回油管流回油箱。发动机停止工作（燃油泵停转）时,随输油管内燃油压力下降,回油阀在弹簧作用下逐渐关闭,以保持燃油系统内有一定的残余压力。

压力调节器不能维修,若工作不良时,应进行更换,拆卸时注意释放燃油系统压力。

在部分车型上,燃油压力调节器与进气管连接的真空管路中装有一个真空开关阀（VSV阀）,又称燃油压力控制阀,是由ECU控制的电磁阀。丰田雷克萨斯LS400轿车VSV阀控制原理及电路如图18-14和图18-15所示。当发动机起动时,若ECU检测到冷却液温度过高,则接通VSV阀电磁线圈的搭铁回路,VSV阀切断真空通道,使燃油压力调节器的弹簧室通大气,从而提高输油管内的油压,以防止高温时产生"气阻"现象,改善发动机高温起动性能。发动机起动后约100s,ECU切断VSV阀电路,终止燃油压力控制。

7. 燃油系统的检测

（1）**燃油系统的压力释放** 汽油喷射发动机为便于再次起动,在发动机熄火后,燃油系统内仍保持有较高的残余压力。在拆卸燃油系统内任何元件时,都必须首先释放燃油系统压力,以免系统内的压力油喷出,造成人身伤害或火灾。燃油系统压力的释放方法如下:

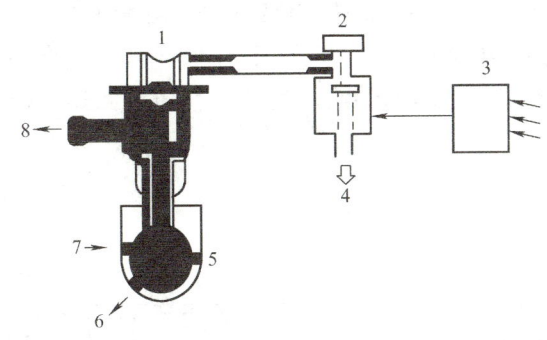

图 18-14 燃油压力控制阀原理

1—燃油压力调节器 2—VSV 阀 3—发动机 ECU 4—接真空软管
5—接冷起动喷油器 6—接输油管 7—接送油管 8—接回油管

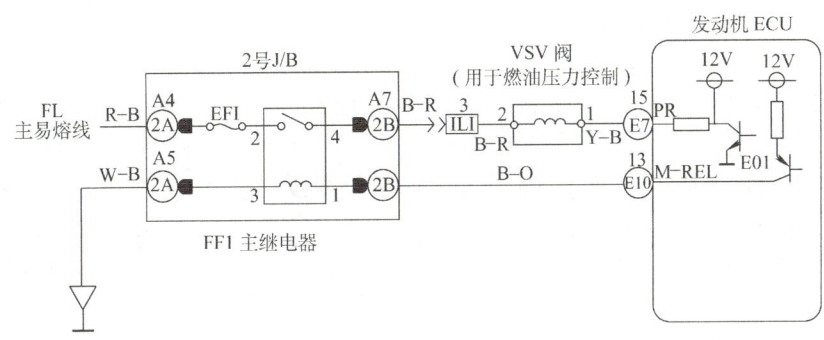

图 18-15 燃油压力控制阀电路

1）起动发动机，维持怠速运转。
2）在发动机运转时，拔下油泵继电器或电动燃油泵电源接线，使发动机自行熄火。
3）使发动机起动 2~3 次，即可完全释放燃油系统压力。
4）关闭点火开关，装上油泵继电器或电动燃油泵电源接线。

(2) 燃油系统压力预置　在拆开燃油系统进行维修之后，为避免首次起动发动机时因系统内无压力而导致起动时间过长，应预置燃油系统残余压力。燃油系统压力预置可通过反复打开和关闭点火开关数次来完成，也可按下述方法进行：

1）检查燃油系统所有元件和油管接头是否安装良好。
2）用专用导线将诊断座上的燃油泵测试端子跨接到 12V 电源上。
3）将点火开关转至 ON 位置，使电动燃油泵工作约 10s。
4）关闭点火开关，拆下诊断座上的专用导线。

(3) 燃油系统压力测试　通过测试燃油系统压力，可诊断燃油系统是否有故障，进而根据测试结果确定故障性质和部位。测试时，需使用专用油压表和管接头，测试方法如下：

1）检查油箱内燃油，应足够；释放燃油系统压力。
2）检查蓄电池电压，应在 12V 左右（电压高低直接影响燃油泵的供油压力），拆开蓄电池负极电缆线。
3）将专用油压表连接到燃油系统中。不同车型测试压力表的连接方式有所不同，主要有两种连接方式：一种是日本丰田等车型，用专用接头将油压表连接在输油管的进油管接头处，如图18-16所示；另一种是韩国大宇和美国通用等车型，用专用接头将油压表连接在燃油滤清器与输油管之间安装脉动阻尼器的位置（进行压力测试时拆下脉动阻尼器），如图18-17所示。

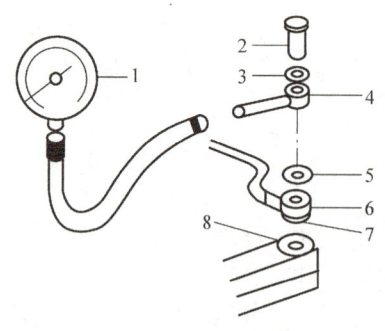

图18-16 燃油压力表的连接（1）

1—压力表 2—接头螺栓 3、5、7—垫片
4—油压表接头 6—油管 8—燃油分配总管

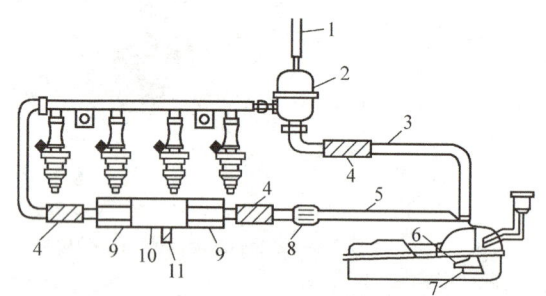

图18-17 燃油压力表的连接（2）

1—真空软管 2—燃油压力调节器 3—回油管 4—软管
5—压力油管 6—燃油泵 7—油泵滤网 8—燃油滤清器
9—管接头 10—三通管接头 11—油压表接头

4）将溅出的汽油擦净，重新接好蓄电池负极电缆线。起动发动机并维持怠速运转。

5）拆开燃油压力调节器上的真空软管，并用手指堵住进气管一侧的管口。检查油压表指示压力，应符合标准：一般多点喷射系统压力应为 0.25 ~ 0.35MPa，单点喷射系统压力应为 0.07 ~ 0.10MPa。

若燃油系统压力过低，可夹住回油软管以切断回油管路，再检查油压表指示压力。若压力恢复正常，说明燃油压力调节器有故障，应更换；若仍压力过低，应检查燃油系统有无泄漏，燃油泵滤网、燃油滤清器和油管路是否堵塞，若无泄漏和堵塞故障，应更换燃油泵。

若油压表指示压力过高，应检查回油管路是否堵塞；若回油管路正常，说明燃油压力调节器有故障，应更换。

6）如果测试燃油系统压力符合标准，使发动机运转至正常工作温度后，重新接上燃油压力调节器上的真空软管，检查燃油压力表指示压力，应略有下降（约 0.05MPa），否则，应检查真空管路是否堵塞或漏气；若真空管路正常，说明燃油压力调节器有故障，应更换。

7）使发动机熄火，燃油泵停止工作，等待10min后，观察燃油压表压力（即燃油系统残余压力）。多点喷射系统压力应不低于 0.20MPa，单点喷射系统压力应不低于 0.05MPa。若压力过低，应检查燃油系统是否有泄漏，若无泄漏，说明燃油泵出油阀、燃油压力调节器回油阀或喷油器密封不良。

8）检查完毕后，释放燃油系统压力，并拆下油压表，装复燃油系统。然后，预置燃油系统压力，并起动发动机检查有无泄漏。

五、实训操作

（一）实训操作注意事项

1）遵守实验室规章制度，未经许可，不得擅自移动和拆卸仪器与设备。

2）注意安全和教具完好性。

3）严禁未经许可擅自扳动教具、设备的电器开关、点火开关和起动开关，以防发生危险。

4）在教师允许和监控下，起动发动机时，需保证设备周围的人员安全，防止意外发生。

5）未关闭点火开关时，严禁拔下各传感器及执行器接口，以免损坏 ECU。

6）燃油系统修理之前必须释放燃油系统压力。

7）修理燃油系统故障时，必须拆除蓄电池负极，以免发生意外事故。

8）修理燃油系统故障时，不得在工作场地见明火，以免发生火灾。

9）工作场地必须配备足够的灭火设备。

（二）实训操作步骤

AJR 发动机在实车上测量汽油供给系统压力。

1. 测量汽油供给系统压力和保持压力的测试条件

汽油泵继电器正常，汽油泵工作正常，汽油滤清器正常，蓄电池电压正常。

2. 汽油供给系统的压力和保持压力的测量

1）如图 18-17 所示，将压力表安装在汽油分配管的供油管上，打开汽油压力表开关，起动发动机怠速运转。系统压力标准为：怠速时拔下真空管，为（300±20）kPa；不拔真空管，为（250±20）kPa。

2）接上真空管，踩一下加速踏板，汽油压力表指针应在 280~300kPa 跳动。

3）关闭点火开关，10min 后，汽油保持压力应大于 150kPa。

4）如果汽油保持压力小于 150kPa，起动发动机，怠速运转。当汽油压力建立起来后，关闭点火开关，同时关闭汽油压力表开关，继续观察压力表指针是否会下降。

5）系统油压不足的原因：①管接头或管子渗漏；②汽油滤清器过脏；③汽油泵不良或蓄电池电压不足；④汽油压力调节器损坏。

6）系统油压过高的原因：汽油压力调节器损坏。

在 AJR 实验台架上测试燃油系统压力和释放燃油系统压力。图 18-18 为汽油供给系统油压的测量示意图。由于台架预先装有燃油压力表，所以起动发动机后可直接观察到燃油系统压力，如图 18-19 所示。对燃油系统进行操作时，必须进行释放燃油系统压力的工作，如图 18-20 所示。在关闭点火开关时，拔下燃油泵插头，然后起动发动机，直至发动机自然熄火，反复起动发动机 2~3 次（图 18-21）。

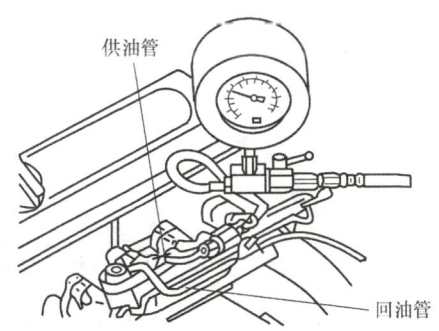

图 18-18　汽油供给系统油压的测量

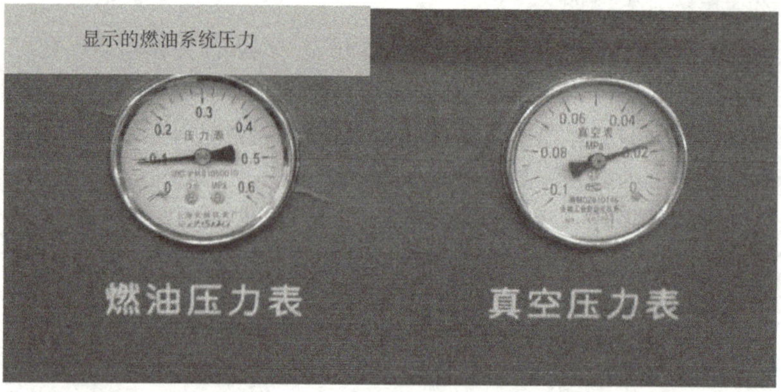

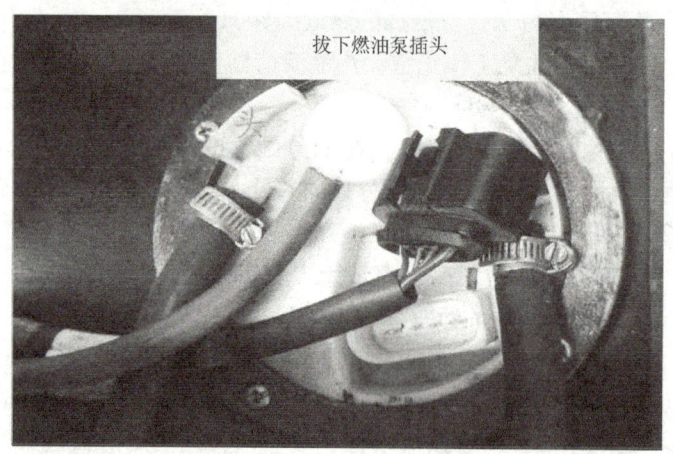

图 18-19　AJR 发动机台架燃油系统的压力

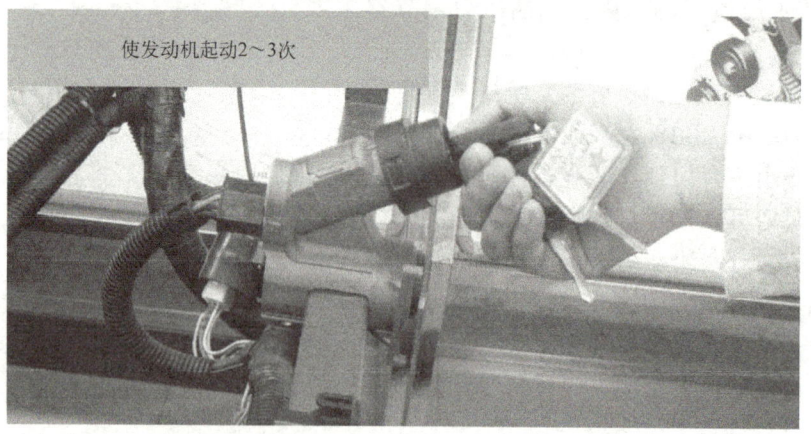

图 18-20　拔下燃油泵插头

图 18-21　起动发动机 2~3 次

六、考核要点与评分标准

1. 考核要求

1）掌握释放燃油系统压力的方法。

2）掌握测试燃油系统的方法。

2. 考核时间

考核时间：20min。

3. 考核评分

凸轮轴位置传感器的检测考核要点与评分标准见表18-1。

表18-1 凸轮轴位置传感器的检测考核要点与评分标准

序号	考核要点	配分	评分标准	考核记录	得分
1	遵守安全操作规程	10	一处叙述不清扣5分		
2	仪器设备的使用	20	错误一次扣5分		
3	燃油压力的释放和预置	30	错误一次扣5分		
4	燃油系统压力的测试	30	错误一次扣5分		
5	整理工具，清理现场	10	保持实习现场秩序和卫生，保证人身及设备的安全，违规一次扣5分		
	实习态度和纪律				
6	分数合计	100			

七、思考题

1. 电控燃油喷射系统由哪几部分组成？
2. 燃油供给系统组成的主要元件有哪些？
3. 如何释放燃油系统压力？
4. 如何通过测量燃油系统压力判断燃油系统的故障？
5. 如何通过测量燃油系统压力分析燃油压力调节器的保压能力？
6. 如何通过测量燃油系统压力分析燃油泵单向阀保压能力？
7. 同时喷射、分组喷射、顺序喷射的定义分别是什么？

项目十九

检测电动燃油泵

一、教学目的

1）熟悉电动燃油泵的结构和工作原理。
2）掌握电动燃油泵的检测方法和检测项目。

二、教学设备、工具及量具

1）工具：常用工具1套。
2）设备：桑塔纳 AJR 电喷发动机实验台1台，解剖发动机台架1台，桑塔纳时代超人或超越者汽车整车1辆，其他 D 型电控发动机1台。
3）教具：STN—AJR 发动机教学挂图1套。

三、课时

实训课时安排4课时。

四、相关基础知识

1. 电动燃油泵的类型

电动燃油泵是一种由小型直流电动机驱动的燃油泵，其作用是给电控燃油喷射系统提供具有一定压力的燃油。电动燃油泵的电动机和燃油泵连成一体，密封在同一壳体内。

电动燃油泵按安装位置的不同，可分为内置式和外置式两种。

内置式电动燃油泵安装在油箱中，具有噪声小、不易产生气阻、不易泄漏、安装管路较简单等优点，应用较为广泛。有些车型在油箱内还设有一个小油箱，并将燃油泵置于小油箱中，这样可防止在油箱燃油不足时，因汽车转弯或倾斜引起燃油泵周围燃油的移动而使燃油泵吸入空气产生气阻。

外置式电动燃油泵串接在油箱外部的输油管路中，优点是容易布置，安装自由度大，但噪声大，且燃油供给系统易产生气阻，所以只在少数车型上应用。

目前各车型装用的电动燃油泵按其结构不同，分为涡轮式、滚柱式、转子式和侧槽式。内置式电动燃油泵多采用涡轮式，外置式电动燃油泵则多数为滚柱式。

2. 电动燃油泵的构造

（1）涡轮式电动燃油泵　如图 19-1 所示，涡轮式电动燃油泵主要由燃油泵电动机、涡轮泵、出油阀、卸压阀等组成。油箱内燃油进入燃油泵内的进油室前，首先经过滤网初步过滤。

涡轮泵主要由叶轮、叶片、泵壳体和泵盖组成。叶轮安装在燃油泵电动机的转子轴上。

油泵电动机通电时，燃油泵电动机驱动涡轮泵叶轮旋转，由于离心力的作用，使叶轮周围小槽内的叶片贴紧泵壳，并将燃油从进油室带往出油室。由于进油室燃油不断被带走，所以形成一定的真空度，将油箱内的燃油经进油口吸入；而出油室燃油不断增多，燃油压力升高，当油压达到一定值时，则顶开出油阀经出油口输出。出油阀还可在燃油泵不工作时，阻止燃油倒流回油箱，这样可保持油路中有一定的残余压力，便于下次起动。

燃油泵工作中，燃油流经燃油泵内腔，对燃油泵电动机起到冷却和润滑的作用。燃油泵不工作时，出油阀关闭，使油管内保持一定的残余压力，以便于发动机起动和防止气阻产生。卸压阀安装在进油室和出油室之间，当燃油泵输出油压达到 0.4MPa 时，卸压阀开启，使油泵内的进、出油室连通，燃油泵工作只能使燃油在其内部循环，以防止输油压力过高。

涡轮式电动燃油泵具有泵油量大、泵油压力较高（可达 600kPa 以上）、供油压力稳定、运转噪声小、使用寿命长等优点，所以应用最为广泛。

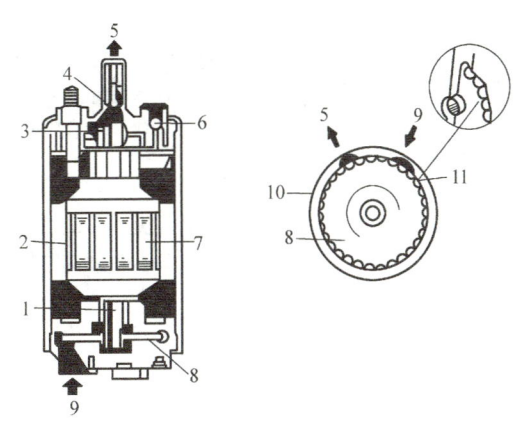

图 19-1　涡轮式电动燃油泵
1—前轴承　2—电动机定子　3—后轴承
4—出油阀　5—出油口　6—卸压阀　7—电动机转子
8—叶轮　9—进油口　10—泵壳体　11—叶片

（2）滚柱式电动燃油泵　如图 19-2 所示，滚柱式电动燃油泵主要由燃油泵电动机、滚柱式燃油泵、出油阀、卸压阀等组成。滚柱式电动燃油泵的输油压力波动较大，在出油端必须安装阻尼减振器，这使燃油泵的体积增大，所以一般都安装在油箱外面，即属外置式。

滚柱式电动燃油泵的工作原理如图 19-3 所示。装有滚柱的转子呈偏心状，置于泵壳内，由直流电动机驱动。当转子旋转时，位于转子槽内的滚柱在离心力的作用下，紧压在泵体内

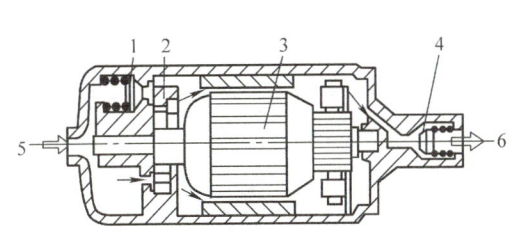

图 19-2　滚柱式电动燃油泵
1—卸压阀　2—滚柱泵　3—燃油泵电动机
4—出油阀　5—进油口　6—出油口

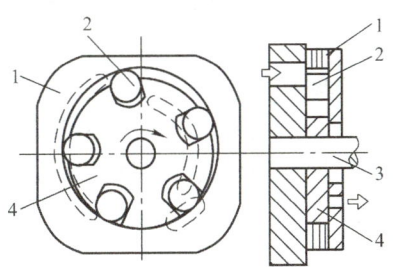

图 19-3　滚柱式电动燃油泵工作原理
1—泵壳体　2—滚柱　3—转子轴　4—转子

表面上，对周围起密封作用，在相邻两个滚柱之间形成了工作腔。在燃油泵运转过程中，工作腔转过出油口后，其容积不断增大，形成一定的真空度。当转到与进油口连通时将燃油吸入；而吸满燃油的工作腔转过进油口后，其容积不断减小，使燃油压力提高，受压燃油流过电动机，从出油口输出。出油阀和卸压阀的作用与涡轮式电动燃油泵相同。

3. 燃油泵控制电路

不同车型采用的燃油泵控制电路也不同，但主要分为以下三种类型：

(1) **ECU 控制的燃油泵控制电路** 此种控制电路主要应用在装用 D 型 EFI 和装用热式或卡门旋涡式空气流量计的 L 型 EFI 系统中。图 19-4 所示为日本丰田皇冠 3.0 轿车燃油泵控制电路。

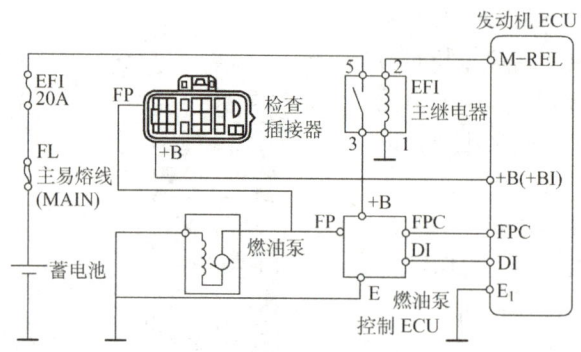

图 19-4 ECU 控制的燃油泵控制电路

蓄电池电源经主易熔线、20A 熔丝、主继电器进入 ECU 的 + B 端子，燃油泵控制 ECU 通过 FP 端子向燃油泵供电。燃油泵控制 ECU 根据发动机 ECU 端子 FPC 和 DI 的信号，控制 + B 端子与 FP 端子的连通回路，以改变输送给燃油泵电压，从而实现对燃油泵转速的控制。当发动机高速、大负荷工作时，发动机 ECU 的 FPC 端子向燃油泵控制 ECU 发出指令，使 FP 端子向燃油泵提供 12V 的蓄电池电压，燃油泵以高速运转。当发动机低速、小负荷工作时，发动机 ECU 的 DI 端子向燃油泵控制 ECU 发出指令，使 FP 端子向燃油泵提供较低的电压（一般为 9V），燃油泵以低速运转。

ECU 的电源端子 + B 和燃油泵控制端子 FP，分别有导线与诊断座上的相应端子相连，以便于对燃油泵进行检查。

(2) **燃油泵开关控制的燃油泵控制电路** 此种控制电路用于装用叶片式空气流量计的 L 型 EFI 系统。图 19-5 所示为日本丰田雷克萨斯 ES300 轿车燃油泵控制电路。

发动机起动时，点火开关 ST 端子与电源接通，起动机继电器线圈通电使其触点闭合，蓄电池经起动机继电器向开路继电器中的线圈 L_1 供电使其触点闭合，从而通过主继电器、开路继电器向燃油泵供电，使燃油泵工作。发动机起动后正常运转时，点火开关处于点火位置，点火开关 IG 端子与电源接通，同时空气流量计内的测量板转动使燃油泵开关闭合，开路继电器内的线圈 L_2 通电，仍可保持开路继电器触点闭合，燃油泵继续工作。发动机运转中，燃油泵始终保持工作状态；但发动机停转时，空气流量计内的燃油泵开关断开，开路继电器内的 L_1 和 L_2 线圈均不通电，其开关断开燃油泵电路，燃油泵停止工作。

开路继电器中的 RC 电路，可在发动机熄火时延长电动燃油泵工作 2~3s，以便保持燃

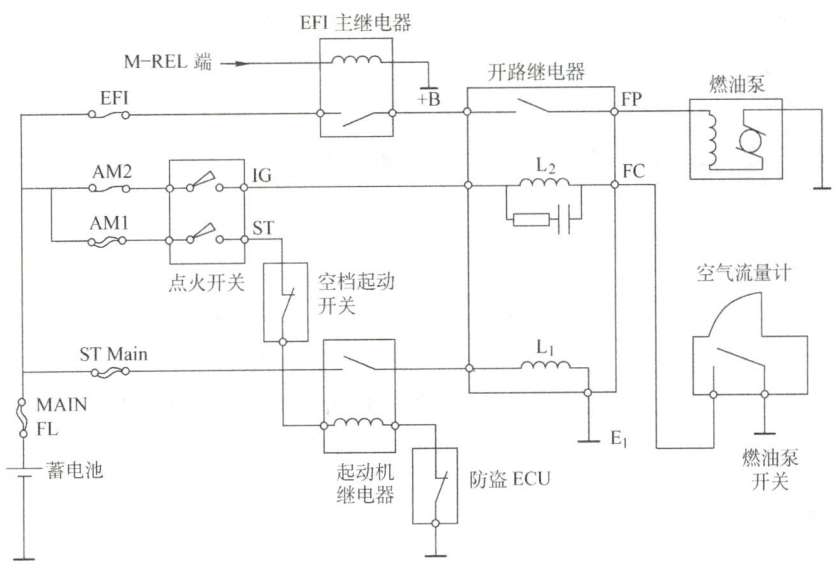

图 19-5 燃油泵开关控制的燃油泵控制电路

油系统内有一定的残余压力。

(3) 燃油泵继电器控制的燃油泵控制电路　此种控制电路可根据发动机转速和负荷的变化，通过燃油泵继电器改变燃油泵供电线路，从而控制燃油泵工作转速。图 19-6 所示为日本丰田雷克萨斯 LS400 轿车燃油泵控制电路。

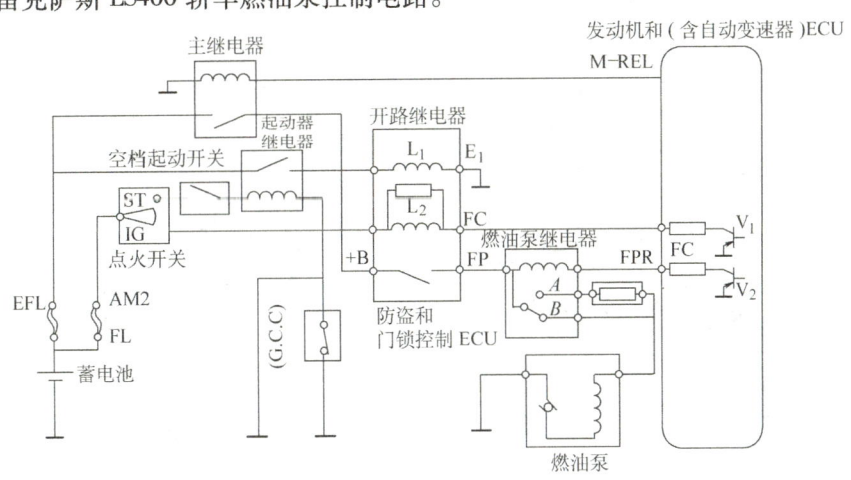

图 19-6　燃油泵继电器控制的燃油泵控制电路

与雷克萨斯 ES300 基本相同，点火开关接通后即通过主继电器将开路继电器的 +B 端子与电源接通。起动时，开路继电器中的 L_1 线圈通电，发动机正常运转时，ECU 中的晶体管 VT_1 导通，开路继电器中的 L_2 线圈通电，均使开路继电器触点闭合，油泵继电器 FP 端子与电源接通，燃油泵工作。发动机熄火后，ECU 中的晶体管 VT_1 截止，开路继电器内的 L_1 和 L_2 线圈均不通电，其开关断开燃油泵电路，燃油泵停止工作。

发动机 ECU 控制油泵继电器。发动机低速、中小负荷工作时，ECU 中的晶体管 VT_2 导通，燃油泵继电器线路通电，使触点 A 闭合。由于将电阻串联到燃油泵电路中，所以燃油泵两端电压低于蓄电池电压，燃油泵低速运转。发动机高速、大负荷工作时，ECU 中的晶体管截止，燃油泵继电器触点 B 闭合，直接给燃油泵输送蓄电池电压，燃油泵高速运转。

五、实训操作

（一）实训操作注意事项

1) 遵守实验室规章制度，未经许可，不得擅自移动和拆卸仪器与设备。
2) 注意安全和教具完好性。
3) 严禁未经许可擅自扳动教具、设备的电器开关、点火开关和起动开关，以防发生危险。
4) 在教师允许和监控下，起动发动机时，需保证设备周围的人员安全，防止意外发生。
5) 未关闭点火开关时，严禁拔下各传感器及执行器接口，以免损坏 ECU。
6) 在发动机停止工作后，供油管路保持有压力，在修理检测燃油系统之前，必须释放压力。

（二）实训操作步骤

1. 汽油泵的拆卸

1) 在点火开关关闭的情况下，拔下蓄电池负极电缆。
2) 拆下位于行李箱内地毯下的汽油箱密封凸缘的盖板。
3) 从密封凸缘上拔下进油管、回油管和通气管，再拔下 3 个端子的导线插头。
4) 用专用工具旋下大螺母，如图 19-7 所示。
5) 从燃油箱开口处拉出密封凸缘和橡胶密封件。
6) 拔下密封凸缘内的汽油表导线插头。
7) 将专用工具插入到燃油箱内汽油泵壳体的 3 个拆装缺口内，旋松汽油泵，如图 19-8 所示。

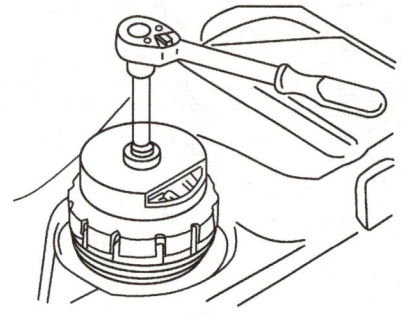

图 19-7 用专用工具旋下大螺母

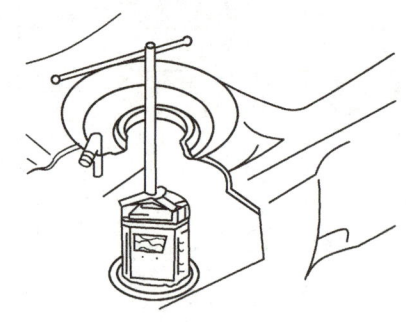

图 19-8 拆卸汽油泵

8) 从燃油箱中拉出汽油泵。

2. 汽油泵的安装

汽油泵的安装可参照图 19-9 进行，具体的步骤和方法如下：

1) 将汽油泵同密封凸缘下引出的输油管和回油管以及汽油泵接头插入到汽油泵上，并保证软管接头连接紧固。
2) 将汽油泵插入到燃油箱内。
3) 用专用工具将汽油泵拧紧在燃油箱底部的固定位置上。
4) 在燃油箱开口上安装好密封圈，安装密封圈时用汽油将密封圈润湿。

5）将密封凸缘连同浮子和汽油传感器插入到燃油箱开口并压到底。

6）注意密封凸缘的安装位置，密封凸缘上的箭头必须对准燃油箱上的箭头，如图19-10所示。

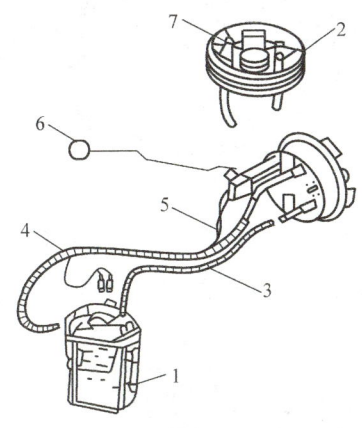
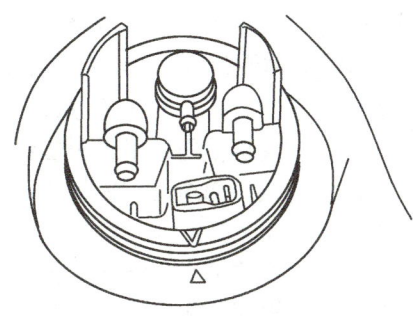

图19-9　汽油泵及其他附件
1—汽油泵　2—密封凸缘　3—回油管　4—输油管
5—导线　6—浮子　7—透气管（通向活性炭罐）

图19-10　密封凸缘与燃油箱对正标记

7）用专用工具拧紧大螺母，如图19-7所示。

8）接上密封凸缘上部的输油管和回油管以及3个端子的导线插头。

3. 汽油泵工作状况的测试

测试汽油泵工作状况时，应保证蓄电池电压正常、汽油泵熔丝正常、汽油滤清器正常。

1）接通点火开关，应该能够听到汽油泵起动的声音。

2）如果汽油泵没有起动，应关闭点火开关，从中央线路板上拔下汽油泵继电器，使用接头导线 V. A. G1348/3 - 2 将遥控器 V. A. G1348/3A 接到汽油泵继电器的触点和蓄电池正极端子上，起动发动机。如果汽油泵工作，应检查汽油泵继电器。

3）汽油泵继电器（J17）在中央电器继电器板2号位（图19-11a），汽油泵继电器熔丝

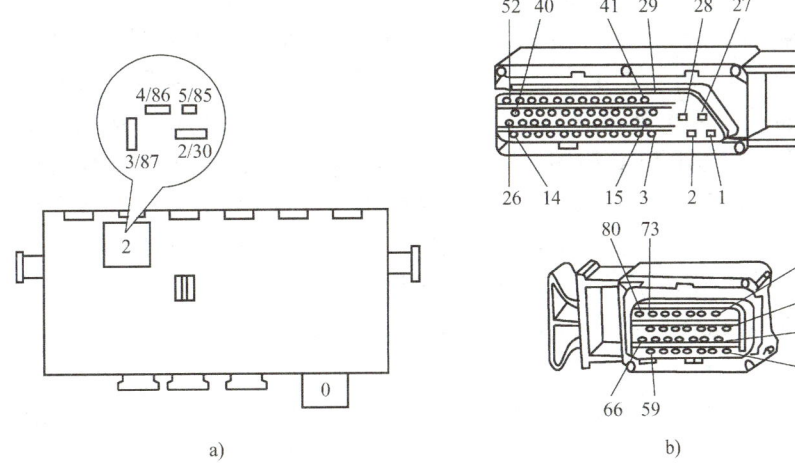

图19-11　汽油泵继电器位置及ECU测试盒端子图

在熔丝盒 5 号位，S5 = 10A。汽油泵继电器控制着汽油泵、喷油器、空气流量计、活性炭罐电磁阀和加热型氧传感器的电压供应。检查前应确保蓄电池电压正常，汽油泵继电器熔丝正常。用测试线短接测试盒上端子 2 和 4（图 19-11b），接通点火开关，汽油泵继电器必须有动作声，否则，检查汽油泵继电器线路。如果线路正常，更换汽油泵继电器。

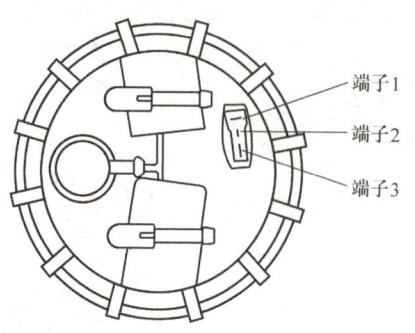

4）如果汽油泵继电器良好，汽油泵仍然不工作，打开行李箱饰板，从密封凸缘拔下 3 个端子的导线插头。起动发动机，用万用表测量导线上端子 1 和端子 3 之间的电压，如图 19-12 所示。电压的额定值约为蓄电池的电压（12V 左右），测试方法如图 19-13 所示。

图 19-12　汽油泵线束插头

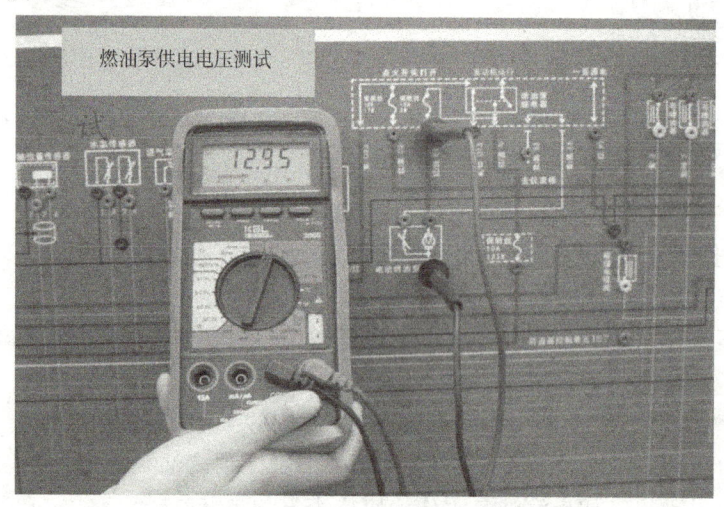

图 19-13　燃油泵供电电压测试

如果没有达到额定电压值，则根据电路图查找并消除电路中的断路故障。如图 19-14 所示，燃油泵插头第 3 脚为燃油泵工作供电端，与熔丝盒 E 插头第 14 脚相连，接受来自熔丝 S5 的供电，熔丝 S5 与燃油泵继电器在熔丝盒内部相连，燃油泵继电器触点闭合，使导线 30 常火经熔丝 S5、插头 E14 至燃油泵 T3e/3 到燃油泵，再经 T3e/1 搭铁，构成回路，燃油泵正常工作。燃油泵继电器由 ECU 控制，燃油泵继电器线圈一端由熔丝盒内部接至点火开关二档 15 号线上，一端经 D13 脚插头连接至 ECU 的 T80/4，由 ECU 控制线圈搭铁，线圈经 ECU 内部搭铁构成回路，燃油泵继电器正常工作。拔下 ECU 插头，测量 D13 至 T80/4，电阻值应小于 0.5Ω，拔下燃油泵插头，测量 E14 至燃油泵 T3e/3 的电阻值，应小于 0.5Ω。拔下燃油泵插头，测量 T3e/3 与 T3e/1 之间的电阻值，应为 2~3Ω，如图 19-15 所示。

4. 测量汽油泵供油量

测量汽油泵供油量时，应保证蓄电池电压正常、汽油泵熔丝正常、汽油滤清器工作正常。

1）关闭点火开关。

2）使用插头导线 V. A. G1348/3 - 2 将遥控器 V. A. G1348/3A 接到汽油泵继电器的触点

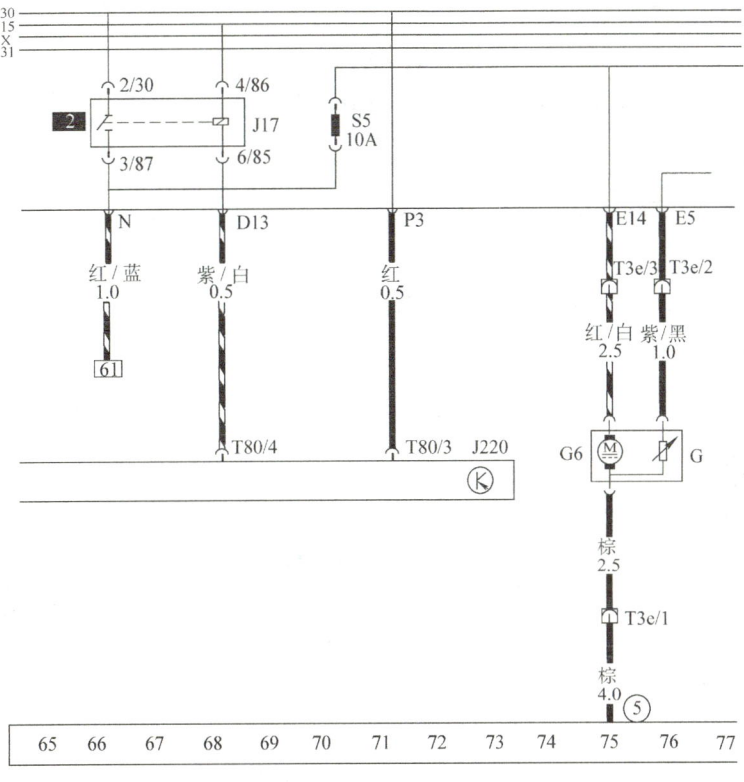

图 19-14　燃油泵电路图

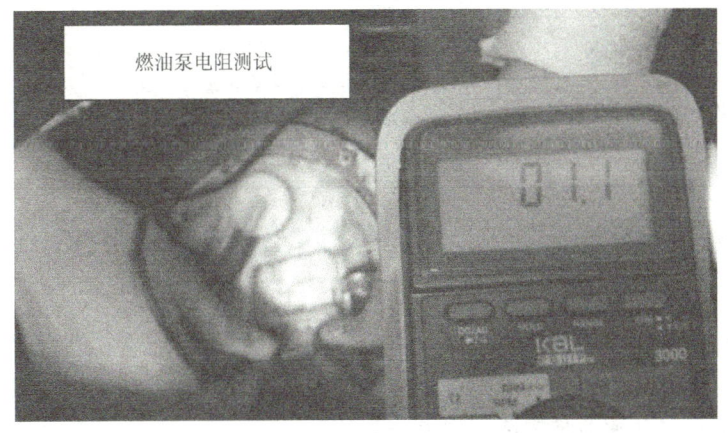

图 19-15　燃油泵电阻测试

和蓄电池正极端子上。

3）从汽油分配管上拔下输油管。汽油系统是有压力的，在打开系统之前先在开口处放置抹布，然后小心地松开接头释放压力。

4）将压力表 V. A. G1318 及接头 V. A. G1318/10 连接到输油管上。

5）将软管 V. A. G1318/1 接到压力表的接口 V. A. G1318/11 上，并伸到量杯内。

6）打开压力表的截止阀（使其接通）。

7）操作遥控器 V. A. G1348/3A，缓慢关上截止阀，直到压力表上显示 0.3MPa 的压力，然后保持这一位置。

8）排空量杯，将遥控器接通 30s。

9）将排出的油量与额定值相比较。额定值应大于 0.58L/30s。

如果没有达到最低的输油量，故障原因可能为输油管弯曲或阻塞、汽油滤清器阻塞、汽油泵故障等。

六、考核要点与评分标准

1. 考核要求

1）掌握电动燃油泵的检测方法和检测项目。

2）掌握电动燃油泵电路的检测方法。

2. 考核时间

考核时间：20min。

3. 考核评分

电动燃油泵的检测考核要点与评分标准见表 19-1。

表 19-1 电动燃油泵的检测考核要点与评分标准

序号	考核要点	配分	评分标准	考核记录	得分
1	遵守安全操作规程	10	违反安全规则记为 0 分		
2	工具和仪器使用	10	不正确扣 10 分		
3	燃油泵的拆卸	20	每错一步扣 5 分，扣完为止		
4	燃油泵的检测	30	每错一项扣 15 分		
5	燃油泵电路的检查	20	检查过程不正确扣 20 分		
6	整理工具，清理现场	10	保持实习现场秩序和卫生，保证人身及设备的安全，违规一次扣 5 分		
	实习态度和纪律				
7	分数合计	100			

七、思考题

1. 电动燃油泵的作用是什么？
2. 电动燃油泵按安装位置不同可分为几种安装方式？各有什么优缺点？
3. 汽车根据电动燃油泵构造不同可分为几种？
4. 如何检测电动燃油泵？
5. 对电动燃油泵进行测试的注意事项有哪些？
6. 电动燃油泵中的单向阀起什么作用？安全阀起什么作用？

项目二十 设定最终诊断控制与基本怠速

一、教学目的

1）了解最终诊断控制的目的和意义。
2）熟悉使用解码器对 AJR 发动机进行诊断控制操作的方法。
3）掌握使用解码器对发动机怠速进行基本设定的方法。
4）掌握使用解码器对控制单元编码的方法。

二、教学设备、工具及量具

1）工具：常用工具 1 套，专用或通用解码器。
2）设备：桑塔纳 AJR 电喷发动机实验台 1 台，大众车系汽车整车 1 辆或电控发动机台架。
3）教具：STN—AJR 发动机教学挂图 1 套。

三、课时

实训课时安排 4 课时。

四、相关基础知识

最终诊断控制是大众公司在汽车上应用解码器测试执行器的一种方法。连接解码器后，利用解码器发出指令，令部分执行器按解码器的指令发出相应的动作，供故障诊断人员通过听、看，试验执行器是否能执行相应的动作，借以判断执行器及其控制电路是否正常。

发动机基本设定可分为不起动发动机的基本设定和起动发动机后的基本设定。不起动发动机的设定即怠速基本设定，怠速进行基本设定就是节气门位置传感器与 ECU 匹配，也可以说是节气门初始化。当断开蓄电池电源或是更换、清洁节气门阀体或是更换 ECU 后，ECU 内部就不再存有原有节气门的位置信息，如果不做基本设定，ECU 就会因不能准确判断节气门初始位置，导致怠速控制不良。起动发动机后的基本设定可以借助 λ 控制功能的开、闭来查找故障和进行点火正时检查。

对于大众车系来说，每个控制单元根据配置不同、销售地不同，在其控制单元内都有不同的编码，用以激活 ECU 内部相应的控制程序。如果编码不对，会导致系统工作不正常，甚至报出错误故障码，而相同车型和配置的汽车，其 ECU 内部编码是相同的，而且 ECU 内部编码可以通过解码器重新编写。

1. 最终诊断控制

1）最终控制诊断只能在点火开关接通，发动机不运转的情况下完成。如果起动发动机，控制单元获得转速脉冲信号，最终控制诊断立即终止。执行元件在检测时，能听到动作的声音或者可以触摸感觉到。要重复进行一次最终控制诊断，必须关闭点火开关2s后再接通。最终控制诊断时，电动汽油泵连续不断地工作。最终控制诊断超过10min后，自动结束。

2）连接故障阅读仪，打开点火开关，选择地址码01"发动机电子控制系统"。屏幕显示：

Test of vehicle systems	HELP
Select function XX	
车辆系统测试	帮助
选择功能 XX	

3）输入03功能"最终控制诊断"。屏幕显示：

Test of vehicle systems	Q
03 Final control diagnosis	
车辆系统测试	确认
03 最终控制诊断	

4）按Q键确认。屏幕显示：

Final control diagnosis	→
Injector cylinder 1 – N30	
最终控制诊断	→
1 缸喷油器 – N30	

5）踩加速踏板使节气门控制部件中怠速开关打开，1缸喷油器将发出咔嗒声5次。按→键进入下一缸喷油器检查。用同上方法依次对4个缸的喷油器进行检查。如果没有听到喷油器的咔嗒声，也就是喷油器不动作。按→键。屏幕显示：

Final control diagnosis	→
ACF Solenoid 1 – N80	
最终控制诊断	→
活性炭罐电磁阀 1 – N80	

6）活性炭罐电磁阀有连续动作，可以听到咔嗒声或者触摸感觉到电磁阀动作。按→键可以对以下执行元件进行检查：二次空气进气阀 – N112、二次空气泵继电器 – J229和进气歧管压力变化阀 – N156。

在桑塔纳2000GSi上没有二次空气进气阀 – N112、二次空气泵继电器 – J229和进气歧管压力变化阀 – N156这些执行元件，所以不必进行检查。

如果活性炭罐电磁阀 1 – N80 没有动作（没有咔嗒声），要对它进行电气检查。

2. 基本设定

基本设定是对发动机控制单元和节气门控制部件进行匹配。发动机控制单元被切断电源后，必须进行基本设定。

（1）基本设定的内容

1）当发动机不运转时，基本设定功能可以完成节气门控制部件与发动机控制单元匹配。基本设定时，要求在故障储存中没有故障存在。

2）发动机运转时，在基本设定功能中可以完成以下内容：

① 借助 λ 控制功能的开、闭帮助查找故障。

② 点火正时检查。

发动机运转时必须满足下列条件：

① 冷却液温度不低于 80℃。

② 测试时，散热风扇不转。

③ 空调关闭。

④ 其他用电设备关闭。

⑤ 在故障储存中没有故障存在。

（2）基本设定的操作方法

1）连接故障阅读仪 V. A. G1552 或 V. A. G1551，让发动机怠速运转。选择地址码 01 "发动机电子控制系统"。屏幕显示：

Test of vehicle systems	HELP
Select function XX	
车辆系统测试	帮助
选择功能 XX	

2）输入 04 "基本设定"功能，按 Q 键确认。屏幕显示：

Introduction of basic setting	HELP
Enter display group number XX	
引入基本设定	帮助
输入组别号 XX	

3）输入需要显示的组别号，可以参见"读测量数据块"部分。这里用 01 显示组来举例图示过程，输入 01 显示组。屏幕显示：

Introduction of basic setting	Q
Enter display group number 01	
引入基本设定	确认
输入组别号 01	

4）按 Q 键确认。屏幕显示：

System in basic setting 1	→		
1	2	3	4
引入基本设定 1→1	2	3	4

5）如果全部显示区域都在标准范围内，按 → 键。屏幕显示：

Test of vehicle systems	HELP
Select function XX	
车辆系统测试	帮助
选择功能 XX	

6）输入 06 "结束输出"功能，按 Q 键确认。

(3) 节气门基本设定

1）接好解码器，打开点火开关至 ON 位置（不起动发动机），用 V. A. G1551 或 V. A. G1552 选择 04 功能进入基本调整，键入通道号 098，键入 Q 键确认后，系统就进入基本设置状态。

2）节气门体在怠速直流电动机的驱动下，开度从"最初始位置"到最小位置，再到最大位置，然后从最大位置返回到"最初始位置"。发动机控制模块将怠速节气门位置传感器的最小位置、最大位置以及从最大位置到初始位置间等距分的 3 点位置一起存入相应的暂存器中。

3）基本设置的时间需要 5~10s 左右。在基本设置期间，不能拆装任何电控零部件及其接线，更不能踩加速踏板。

4）在发动机控制模块完成基本设置后，输入 06 "结束输出"功能，按 Q 键确认，退出基本设定。

(4) 大众车系其他车型怠速基本设定的通道号

1）小红旗、帕萨特 B4、奥迪 100、200 为 001。

2）桑塔纳 GSi、帕萨特 B5（1.8）、捷达王（5 阀）、奥迪 A6、V6 为 098。

3）捷达前卫（2 阀）、A6（1.8/2.4/2.8）、B5（1.8T/2.8）、BORA、POLO 为 060。

3. 控制单元编码

如果控制单元编码没有显示或者更换了控制单元之后，都必须对控制单元编码。

1）连接故障阅读仪 V. A. G1552 或 V. A. G1551，接通点火开关，选择地址 01 "发动机电子控制系统"。屏幕显示：

Test of vehicle systems	HELP
Select function XX	
车辆系统测试	帮助
选择功能 XX	

2）输入 07 "控制单元编码"功能，按 Q 键确认。屏幕显示：

```
Code control unit              Q
Feed in code number   XXXXX（0 - 32000）
控制单元编码                   Q
输入编码号码          XXXXX（0 - 32000）
```

3）输入这种车辆的编码号（手动变速器车辆编码号为 08001），按 Q 键确认。控制单元的识别内容将显示在 V. A. G1552 故障阅读仪的屏幕上。

4）关闭点火开关，然后打开。当点火开关再次打开，新输入的编码将起作用。按 → 键。屏幕显示：

```
Test of vehicle systems        HELP
Select function   XX
车辆系统测试                   帮助
选择功能   XX
```

5）输入 06 "结束输出"，按 Q 键确认。

6）其他车型的编码（表 20-1）。

表 20-1　其他车型的编码

地址	系统	PASSAT GLi	PASSAT GSi	PASSAT 1.8T	俊杰	时超	普桑	POLO 手	POLO 自	V62.8
00		自动检测过程								
01	发动机	04001	04031	04051	08031	08001		00071	00073	08051
02	变速器			00113						00113
03	制动	03604	03604	13604	02802	04505	01901	01097		13604
08	空调暖风		02000	17000				不需编		17000
09	中央电器								17566	
12	离合器									
14	车轮									
15	安全气囊	XG 版本：22599　OG 版本：12359　OL 版本：12364						12343	12343	XJ22602
16	转向盘									
17	仪表板（防盗）	00145	05145	05125				00141	00143	07125
18	采暖									
19	CAN	00004	00005	00004				00014	00015	00004
22	全轮驱动									
20	防盗系统									

(续)

地址	系统	PASSAT GLi	PASSAT GSi	PASSAT 1.8T	俊杰	时超	普桑	POLO 手	POLO 自	V62.8
26	电动天窗									
34	液位调整									
35	中控锁									
36	驾驶座									
37	导航系统									
41	柴油泵									
45	车门监视									
46	舒适系统	04906	04906	00258				00258 单门	00258 单门	00258 单门
		04907	04907	00259				00259 四门	00259 四门	00259 四门
47	音响									
55	光照宽度调整									00015
56	收音机	04403	04401							00403
65	轮压监控									
66	座椅后视镜									
75	紧急呼叫									
76	停车辅助									
77	电子转向								00116	

五、实训操作

（一）实训操作注意事项

1）遵守实验室规章制度，未经许可，不得擅自移动和拆卸仪器与设备。
2）注意安全和教具完好性。
3）严禁未经许可擅自扳动教具、设备的电器开关、点火开关和起动开关，以防发生危险。
4）在教师允许和监控下，起动发动机时，需保证设备周围的人员安全，防止意外发生。
5）未关闭点火开关时，严禁拔下各传感器及执行器接口，以免损坏 ECU。
6）解码器与诊断接口连接时，关闭发动机点火开关。
7）尽可能减少拔插解码器与诊断接口的次数，以防接口损坏。

（二）实训操作步骤

1. 最终控制诊断

将解码器连接到诊断接口上，打开点火开关，选择地址码 01 "发动机电子控制系统"，输入 03 "最终控制诊断" 功能，按 Q 键确认。踩加速踏板使节气门控制部件中怠速开关打开，1 缸喷油器将发出咔嗒声 5 次，按 → 键进入下一缸喷油器检查。用同样方法依次对 4 个缸的喷油器进行检查，按 → 键进入下一执行器的诊断，直致诊断结束，输入 06 结束最终诊断。

2. 节气门基本设定

将解码器连接到诊断接口上，打开点火开关（不起动发动机），选择 04 功能进入基本调整，键入通道号 098，按 Q 键确认后，系统就进入基本设置状态。等待 5 ~ 10s 左右，观察节气门体的动作，直至节气门动作停止，输入 06 "结束输出" 功能，按 Q 键确认，退出基本设定。

3. 控制单元编码

将解码器连接到诊断接口上，接通点火开关，选择地址 01 "发动机电子控制系统"，输入 07 "控制单元编码" 功能，按 Q 键确认，输入 08001（输入号码根据车型和系统而定），按 Q 键确认。关闭点火开关，然后打开，输入 06 "结束输出"，按 Q 键确认。

输入控制编码时一定要注意，记住原先的编码，最后一次一定输入正确的编码；否则，会使控制系统出现异常，不能正常工作。

六、考核要点与评分标准

1. 考核要求

正确使用解码器进行最终控制诊断的操作、节气门基本设定和进行控制单元编码的操作。

2. 考核时间

考核时间：20min。

3. 考核评分

最终诊断控制与基本怠速设定考核要点与评分标准见表 20-2。

表 20-2 最终诊断控制与基本怠速设定考核要点与评分标准

序号	考核要点	配分	评分标准	考核记录	得分
1	遵守安全操作规程	10	违反安全规则记为 0 分		
2	仪器使用	10	不正确扣 10 分		
3	怠速基本设定	20	操作不正确扣 20 分		
4	最终诊断控制	20	操作不正确扣 20 分		
5	控制单元编码	20	操作不正确扣 20 分		
6	规范作业情况	10	每次扣 5 分，扣完为止		
7	整理工具，清理现场	10	保持实习现场秩序和卫生，保证人身及设备的安全，违规一次扣 5 分		
	实习态度和纪律				
8	分数合计	100			

七、思考题

1. 最终诊断控制的主要内容是什么？
2. 为什么要做怠速基本设定？
3. 控制单元编码的目的是什么？
4. 简述最终诊断控制的操作步骤。
5. 简述怠速基本设定的操作步骤。
6. 简述控制单元编码的操作步骤。

项目二十一

防盗系统的匹配

一、教学目的

1) 了解防盗系统的组成及其基本原理。
2) 熟悉汽车防盗器的识别码与密码的获取方法。
3) 掌握防盗 ECU 与发动机 ECU 的匹配方法。
4) 掌握钥匙的匹配方法。

二、教学设备、工具及量具

1) 工具：常用工具 1 套，专用或通用解码器。
2) 设备：桑塔纳 AJR 电喷发动机实验台 1 台，大众车系汽车整车 1 辆或电控发动机台架。
3) 教具：STN – AJR 发动机教学挂图 1 套。

三、课时

实训课时安排 4 课时。

四、相关基础知识

汽车防盗器是一种点火开关打开后开始工作的电子防盗保护装置，采用使发动机不能发动，或能发动数秒钟后即中断的方式防盗（又称电子锁），可以有效避免汽车被无权使用的人开走。桑塔纳 2000GSi 型轿车汽车防盗器由下列元件组成：带有脉冲转发器的汽车钥匙、识读线圈、防盗器 ECU（J362）、带可变代码的发动机 ECU（J220）以及防盗器警告灯。图 21-1 所示为桑塔纳 2000GSi 型轿车防盗器的组成。

车钥匙上的脉冲转发器和识读线圈是整个电子控制防盗系统的信号发生器，防盗器 ECU 是控制单元，而发动机 ECU 是执行器。

1. 防盗器元件的功能

（1）脉冲转发器　脉冲转发器安装在车钥匙中，它是一种不需要电池来驱动的感应和发射元件。

当车钥匙插入锁孔并打开点火开关时，防盗器 ECU 把能量输送给识读线圈。由识读线圈把能量用感应的方式传送给脉冲转发器。这时，脉冲转发器接收感应能量后立即发射"程

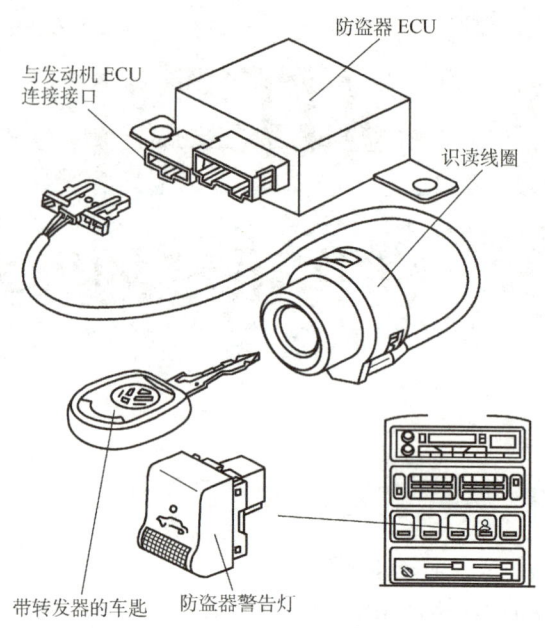

图 21-1 桑塔纳 2000GSi 型轿车防盗器的组成

控代码",通过识读线圈把程控代码输送给防盗器 ECU，供其核对，以识别合法性。每一辆车的车钥匙（即脉冲转发器）都有不同的"程控代码"。

(2) 识读线圈　识读线圈环绕在机械点火开关锁的外面，当点火开关置于 ON 位置时，把能量传送给车钥匙中的脉冲转发器，并把脉冲转发器中存储的程控代码输送给防盗器 ECU。

(3) 防盗器 ECU　防盗器 ECU 安装在转向柱左边支架中央线路板上方。在点火开关置于 ON 位置时，激活脉冲转发器，通过识读线圈把它的程控代码接收回防盗器 ECU。防盗器 ECU 把输入的程控代码与先前存储在防盗器内的车钥匙代码进行核对，同时防盗器 ECU 对发动机 ECU 存储在防盗器 ECU 中的代码进行核对。如果核对后代码不一致，发动机在起动后 2s 之内中断点火和喷射而熄火。

由于防盗器 ECU 是经过与发动机 ECU 匹配后，才介入到发动机电子控制系统中的，因此只有使用被装于汽车上的防盗器 ECU 匹配过并认可的车钥匙，才能安全起动发动机。

(4) 防盗警告灯　当使用合法的车钥匙打开点火开关时，安装在仪表台中部面板上的防盗警告灯会亮后熄灭（3s 内）。如果使用非法的车钥匙，或者防盗系统中存在故障，打开点火开关后，防盗警告灯会连续不停地闪烁。

2. 汽车防盗器的识别码与密码

(1) 汽车防盗器的识别码　防盗器 ECU 有一个 14 位字符的识别码和一个 4 位数的密码。一辆新车，它的密码在该车的钥匙牌上，上面用黑胶纸封住。

如果钥匙牌丢失，通过大众专用阅读仪 V. A. G1552 或 1551，输入地址码 25 后，可从仪器显示屏上读取 14 位字符的识别号码。通过此号码，可由上海大众汽车公司查到密码。

(2) 汽车防盗器的密码　新车的密码被隐含在车钥匙牌上，剥去牌上的黑胶纸后可显示 4 位数密码。车主应在购车后立即妥善保管好这个"密码"。

密码是用来解密和重新配置车钥匙的，如果钥匙牌丢失或遗忘了密码，必须先使用仪器获得14位字符的识别码,再通过大众公司服务热线查询密码,匹配汽车钥匙。不管是重配还是增配钥匙都必须这样处理。

如果车主丢失了一把合法的钥匙,为了安全防盗,必须把其余钥匙都用仪器重新进行一次匹配过程,这样可以使丢失的钥匙变为非法钥匙(尽管形状、材料不变),不能起动发动机而起到防盗作用。

注意:输入4位数字密码之前,必须先输入一个"0",否则,防盗器ECU会锁死。如果密码输错(操作失误),允许再输入一次,两次输错后,防盗器ECU会锁死。在点火开关打开的状态下等30min后,还可以试两次。

3. 防盗器的自我诊断功能

桑塔纳2000GSi型轿车的汽车防盗器系统属于电子控制系统,因此设有故障自我诊断功能和匹配钥匙功能,必须使用专用的上海大众故障诊断阅读仪和相应的操作程序来诊断故障和进行防盗器匹配。

(1) 自诊断检测条件

1) 被检测车辆蓄电池电压必须大于11V。

2) 将大众专用故障阅读仪V.A.G1552的插头与车内变速器操纵杆前的诊断插口连接。

3) 点火开关打开。

(2) 操作步骤

1) 点火开关打开(ON)后,进入操作1-车辆系统测试。屏幕显示:

Test of vehicle	HELP
Insert address word XX	
车辆系统测试	帮助
输入地址码XX	

2) 输入防盗器地址码25。屏幕显示:

Test of vehicle	Q
25 – Immobiliser	
车辆系统测试	Q
25 – 防盗器	

3) 按"Q"键确认。约5s后,屏幕显示:

330 953 253 IMMO VWZ6ZOTO 123456 V01	→
Coding 00000	WSC 01205
330 953 253 IMMO VWZ6ZOTO 123456 V01	→
Coding 00000	WSC 01205

此屏幕显示直接进入01-查询防盗器ECU版本。

屏幕中:330 953 253为防盗器ECU零件号;IMMO为电子防盗系统缩写;VWZ6ZOTO

123456 为防盗器 ECU 14 位字符号，凭借此号可向大众公司维修热线查询防盗密码；V01 为防盗器控制单元软件版本；Coding 00000 为编码号（对修理站来讲无意义）；WSC 01205 为维修站代码，在使用 V. A. G1552 检修防盗器时，必须先输入维修站代码。

4）按"→"键。屏幕显示：

Test of vehicle	HELP
Select function XX	
车辆系统测试	帮助
选择功能 XX	

此时按"HELP"，屏幕会列出以下可供选择的功能菜单：

02 - 查询故障

05 - 清除故障存储

06 - 结束输出

08 - 读测量数据块

10 - 匹配

11 - 输密码

（3）防盗器故障码的查询、清除及退出查询

1）连接 V. A. G1552，选择防盗器电子系统。屏幕显示：

Test of vehicle	HELP
Select function XX	
车辆系统测试	帮助
选择功能 XX	

2）输入数字键"02"查询故障功能，并按"Q"键确认。屏幕显示：

X Fault recognized
发现 X 个故障

3）按"→"键可以逐个显示故障码和故障内容，直到全部故障显示完毕。

如果屏幕显示"NO Faults recognized"，即未发现故障，按"→"键，则退回到功能菜单。

4）防盗器故障码查询结束后，按"→"退回到功能菜单。键入"05"数字键进入清除故障存储功能，并按"Q"键确认，就可清除防盗器 ECU 中的故障存储。屏幕显示：

Test of vehicle	→
Fault memory is erased	
车辆系统测试	→
故障存储已被清除	

5）键入"06"数字键进入结束输出功能，并按"Q"键确认。完成这一功能后，专用故障阅读仪退出防盗器诊断程序，回到待机状态。

（4）防盗器故障码　表21-1所列为桑塔纳2000GSi型轿车防盗器故障码和故障排除。

表21-1　桑塔纳2000GSi型轿车防盗器故障码表

故障码	显示内容	故障现象	故障排除
65535	防盗ECU损坏	警告灯亮 发动机不能起动	更换新件并重新匹配
00750	警告灯故障对地短路/断路 （线路损坏） 对正极短路（警告灯坏）	警告灯亮 警告灯不亮	检修线路 更换损坏的警告灯
01128	防盗识读线圈损坏 线路断路/短路	警告灯闪烁发动机不能起动	检修线路 更换识读线圈
01176	钥匙转发器信号太弱 识读线圈损坏 非法钥匙	警告灯闪烁发动机不能起动	配制新车钥匙，完成所有钥匙匹配程序 更换识读线圈 配制合法钥匙
01177	发动机ECU更换后没有匹配 连接线路断路/短路	警告灯闪烁发动机不能起动 警告灯不亮	完成发动机ECU和防盗ECU的匹配程序，检查两ECU之间线路
01179	配匙程序不正确	警告灯快速闪烁	查询故障，清除存储 完成车钥匙匹配程序

五、实训操作

（一）实训操作注意事项

1）遵守实验室规章制度，未经许可，不得擅自移动和拆卸仪器与设备。

2）注意安全和教具完好性。

3）严禁未经许可擅自扳动教具、设备的电器开关、点火开关和起动开关，以防发生危险。

4）在教师允许和监控下，起动发动机时，需保证设备周围的人员安全，防止意外发生。

5）未关闭点火开关时，严禁拔下各传感器及执行器接口，以免损坏ECU。

（二）实训操作步骤

1. 桑塔纳2000GSi型防盗器电路

图21-2所示为桑塔纳2000GSi防盗器电路。

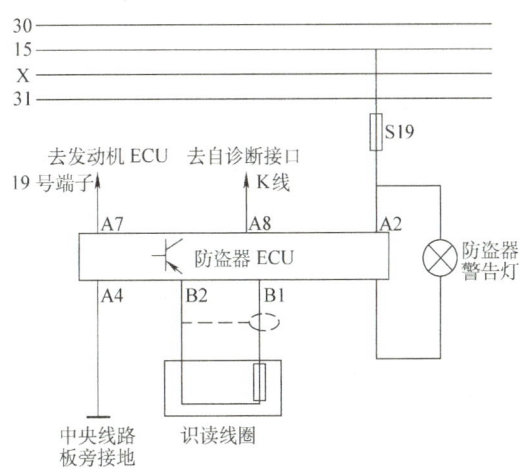

图21-2　桑塔纳2000GSi防盗器电路

2. 发动机 ECU 更换后的匹配程序

发动机 ECU 在修理中更换，则必须重新与防盗器 ECU 进行匹配。匹配程序如下：

1）必须使用一把原车合法钥匙。

2）连接仪器，打开点火开关，输入"25"防盗器地址码，按 Q 键确认。屏幕显示：

Test of vehicle	HELP
Select function XX	
车辆系统测试	帮助
选择功能 XX	

3）按"→"键，选择功能，输入"10"防盗器匹配功能。屏幕显示：

Test of vehicle	Q
10 – Adaptation	
车辆系统测试	确认
10 – 匹配	

4）按 Q 键确认。屏幕显示：

Adaptation
Feed in channel number XX
匹配
输入频道号 XX

5）此时输入"00"频道号并按 Q 键确认。屏幕显示：

Adaptation	→
Learned values have been erased	
匹配	→
已知数值已被清除	

6）按"→"键完成匹配程序，仪器返回待机状态。由于点火开关是在 ON 状态，发动机新配的 ECU 随机代码就被防盗器 ECU 读入并储存，原发动机 ECU 的代码则被清除。

7）由于拆下原配发动机 ECU 是在断电情况下操作的，新 ECU 匹配后，还要使用车辆系统测试"01"地址的"04"基本数据设定功能进行一次基本设定。

3. 防盗器 ECU 更换后的匹配

1）防盗器 ECU 在修理中更换，或使用一个从别的车上拆下来的防盗器 ECU 装车，都必须用仪器重新做一次发动机 ECU 与防盗器 ECU 的匹配。其操作程序与上述相同。

2）必须把所有车钥匙都重新做一次钥匙匹配。

4. 匹配汽车钥匙

桑塔纳 2000GSi 型轿车在配新的车钥匙或更换防盗器 ECU 时，都必须用仪器进行一次钥匙匹配。

此功能能将以前所有合法钥匙的代码清除，重编新的合法代码。如果用户遗失一把合法的钥匙，只要将其他钥匙重新完成一次匹配钥匙程序，那么丢失的钥匙就变为非法钥匙，不能起动发动机。匹配钥匙最多不能超过8把。

匹配汽车钥匙程序如下：

1）必须知道密码。如果丢失，可用仪器先查出14字符后，向大众公司服务热线求得。

2）连接V.A.G1552，打开点火开关，输入"25"防盗器地址码，按Q键确认。

按"→"键选择输密码功能。

输入"11"，按Q键确认。屏幕显示：

| Login procedure |
| Enter code number XXXXX |
| 登录程序 |
| 输入密码号 XXXXX |

3）将密码号在4位数字前加"0"（如08888），并输入。

按Q键确认，如正确，则可回到功能菜单去进行下一步"匹配"。如屏幕显示：

| Function is unknown or |
| Cannot be carried out at moment |
| 功能不清或 |
| 此刻不能执行 |

表明密码号错误，必须重新输入正确的密码。如果连续两次输错，必须输入"06"退出防盗器自诊断程序，在点火开关接通（打开）的情况下等待30min以后进行。

4）匹配钥匙。输入"10"匹配功能，按Q键确认。屏幕显示：

| Adaptation |
| Feed in channel number XX |
| 匹配 |
| 输入频道号 XX |

输入"21"频道号，按Q键确认。屏幕显示：

| Channel 21 Adaptation 2 → |
| <-1 -3> |
| 频道21 匹配2 → |
| <-1 -3> |

汽车钥匙数量可根据需要输入0~8个数字。上面屏幕中的2，表示已有2把合法的钥

匙储存。此时键入"1"则表示要减少1把钥匙，键入"3"则表示增加1把钥匙。直到屏幕右上角的数字符号需为数为止。注意：如果输入"0"表示全部钥匙都变为非法，将不能起动发动机。

按"→"键，屏幕显示：

| Channel 21 Adaptation 5 | → |
| Enter adaptation value XXXXX | |

| 频道 21 匹配 5 | → |
| 输入匹配钥匙数 XXXXX | |

如需匹配5把钥匙，则输入"00005"，并按"Q"键确认。

继续按"Q"键，直到屏幕显示：

| Channel 21 Adaptation 5 | → |
| Changed value is stored | |

| 频道 21 匹配 5 | → |
| 改变的钥匙已储存 | |

按"→"键，回到待机状态，输入"06"结束输出功能，按"Q"键确认。

此时在汽车点火锁上的这把钥匙匹配完毕。

关闭点火开关，然后换另一把钥匙插入，打开点火开关至少1s后，重复上述操作，把所有的钥匙都匹配完毕。

5）操作提示。匹配钥匙的操作过程应在30s内完成，并必须打开点火开关，否则无效。

如果操作过程中发现错误，如将已匹配好的钥匙再次进行匹配，则防盗警告灯以快速闪亮（2次/s）报警，读出过程自动中断。如果要匹配的钥匙中转发器是坏的或钥匙没有转发器，匹配将不能完成。

每次匹配钥匙的操作过程顺利完成后，防盗警告灯亮2s，然后熄灭0.5s，再亮0.5s后熄灭，表示过程完成。

对匹配好的钥匙都必须试用一下，或进入"02"故障查询功能检查一下，以确认最终完成匹配。

5. 读测量数据块

1）输入08"读测量数据块"功能，按Q键确认。屏幕显示：

| Read measuring value block | HELP |
| Enter display group number XX | |

| 读测量数据块 | 帮助 |
| 输入显示组号 XX | |

2）输入显示组号22，按Q键确认。屏幕显示：

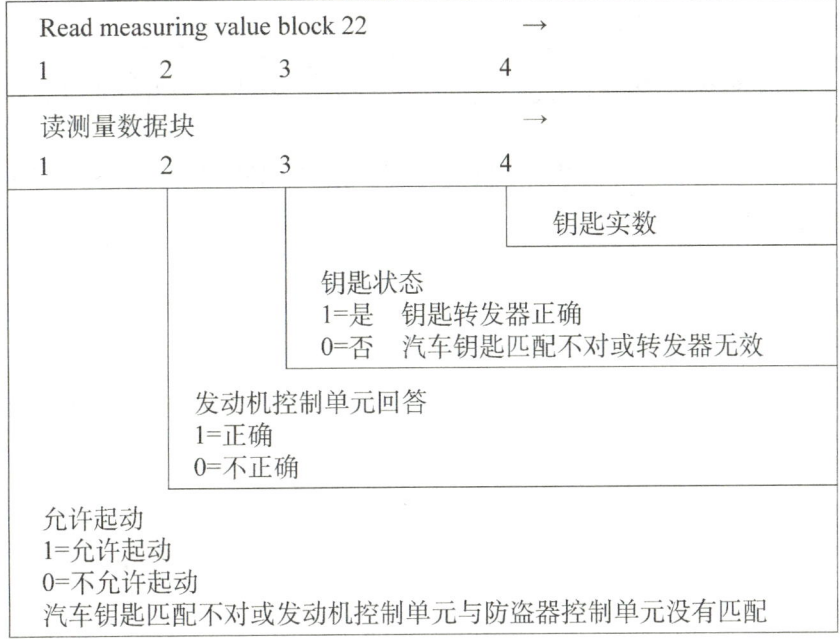

六、考核要点与评分标准

1. 考核要求

1）正确掌握防盗ECU与发动机ECU的匹配方法。
2）熟练掌握钥匙的匹配方法。

2. 考核时间

考核时间：20min。

3. 考核评分

防盗系统的匹配的考核要点与评分标准见表21-2。

表21-2 防盗系统的匹配的考核要点与评分标准

序号	考核要点	配分	评分标准	考核记录	得分
1	遵守安全操作规程	10	违反安全规则记为0分		
2	仪器使用	10	不正确扣10分		
3	汽车钥匙的匹配	30	匹配操作不正确扣30分		
4	防盗器故障码的读取与清除	30	错误一次扣5分		
5	规范作业情况	10	每次扣5分，扣完为止		
6	整理工具，清理现场	10	保持实习现场秩序和卫生，保证人身及设备的安全，违规一次扣5分		
	实习态度和纪律				
7	分数合计	100			

七、思考题

1. 简述 AJR 防盗系统的组成。
2. 如何获得防盗系统的密码?
3. 更换防盗系统 ECU 或是发动机 ECU 后,该如何处理发动机不能起动的问题?
4. 匹配汽车钥匙的步骤是什么?

项目二十二

排除发动机电子控制系统故障的思路与方法

一、教学目的

1）了解发动机故障诊断的基本方法和故障诊断的原则。
2）熟练掌握故障诊断的操作步骤。

二、教学设备、工具及量具

1）工具：常用工具 1 套，专用或通用解码器。
2）设备：桑塔纳 AJR 电喷发动机实验台 1 台，根据学校现有教学设备准备各车系汽车整车或电控发动机台架及相应的维修手册。

三、课时

实训课时安排 6 课时。

四、相关基础知识

1. 汽车故障

汽车故障是指汽车部分或完全丧失工作能力的现象，其实质是汽车零件本身或零件之间的配合状态发生了异常变化。汽车的工作能力是动力性、经济性、工作可靠性及安全环保等性能的总称。

汽车故障的形式多种多样，一般可作如下分类：

1）按汽车丧失工作能力的程度可分为局部故障和完全故障。

局部故障是指汽车部分丧失了工作能力，降低了使用性能的故障。完全故障是指汽车完全丧失了工作能力，不能行驶的故障。

2）按故障发生的后果可分为轻微故障、一般故障、严重故障和致命故障。

轻微故障不会导致停驶，暂不影响正常行驶，故障排除时不需要更换零件，可用随车工具在短时间内排除。一般故障不会导致主要零部件损坏，虽未造成停驶，但已影响汽车的正常行驶，可在短时间内用随车工具通过调整或更换低值易耗件进行修复。严重故障会导致整车性能严重下降及主要零部件损坏，且不能用随车工具在短时间内修复。致命故障会造成汽车重大损坏及主要总成报废，还可能导致人身伤亡。

3）按故障发生的性质可分为自然故障和人为故障。

自然故障是指在汽车使用期内，由于内、外部不可抗拒的自然因素的影响而产生的故障。人为故障是指在汽车制造和维修中，由于使用了不合格的零件或违反了装配技术要求，或在使用中没有遵守使用条件和操作工艺规程及运输、保管不当等人为因素所造成的故障。

4）按故障发生的速度可分为突发性故障和渐进性故障。

突发性故障是指零件在损坏前没有可以察觉到的征兆，故障是瞬间产生的，具有偶然性和突发性，一般不受运行时间的影响，难以预测；但这种故障容易排除，通常不影响汽车的使用寿命。渐进性故障是由于汽车某些零件的初始参数逐渐恶化，其参数值超出允许范围而引起的故障，其故障率与运行时间有关，在汽车有效寿命的后期才会明显地表现出来。渐进性故障是汽车需进行大修的标志，通过诊断和检测，可以预测故障发生的时间。

5）按故障表现的稳定程度可分为持续性故障和间歇性故障。

持续性故障的故障现象稳定，故障规律明显，其故障部位技术状况稳定，一般较易诊断和排除。间歇性故障时有时无，具有突发性，且无明显规律可循，其故障部位的技术状况会发生不规则变化。

6）按故障显现程度可分为可见性故障和潜在性故障。

可见性故障是指已经导致汽车功能丧失或性能下降的故障。潜在性故障是指逐渐发展，但尚未对汽车性能产生影响的故障。

2. 汽车故障诊断

（1）汽车故障诊断　汽车故障诊断是指在不解体（或仅拆下个别小零件）的情况下，确定汽车的技术状况，查明故障部位及故障原因的汽车应用技术。汽车技术状况是指定量测得的表征某一时刻汽车外观和性能参数值的总和。

（2）汽车故障诊断方法　汽车技术状况的诊断是通过检查、测量、分析、判断等一系列活动完成的，其基本方法主要分为人工经验诊断法和现代仪器设备诊断法。

1）人工经验诊断法：是指诊断人员凭丰富的实践经验和一定的理论知识，在汽车不解体或局部解体的情况下，依靠直观的感觉印象，借助简单工具和仪表，采用眼观、耳听、手摸和鼻闻等手段，进行检查、试验、分析，确定汽车的技术状况，查明故障原因和故障部位的诊断方法。

2）现代仪器设备诊断法：是指在汽车不解体的情况下，利用测试仪器、检测设备和检验工具，检测整车、总成或机构的参数、曲线和波形，为分析、判断汽车技术状况提供定量依据的诊断方法。

在实际的故障诊断过程中，上述两种方法往往同时综合使用，也称为综合诊断法。人工经验诊断法简单实用，不需要专用仪器设备，投资少、见效快，但对复杂故障诊断速度慢、准确性差，不能进行定量分析，需要诊断人员有较高的技术水平和丰富的实践经验。

现代仪器设备诊断法检测速度快、准确性高，能定量分析，可实现快速诊断，而且采用微机控制的现代电子仪器设备能自动分析、判断、存储并打印出汽车各项性能参数，但其投资大、检测成本高。

现代仪器设备诊断法是汽车故障诊断检测技术发展的必然趋势。人工经验诊断法虽然有一定不足，但在相当长的历史时期内仍有十分重要的实用价值，即使普遍使用了现代仪器设备诊断法，也不能完全脱离人工经验诊断法。现代仪器设备诊断法也是把人脑的分析、判断，通过计算机语言变成了电脑的分析、判断，所以，不能忽视人工经验诊断法的实用性，只有将两者有机结合，才能提高故障诊断效率。

(3) 发动机电子控制系统故障诊断原则

1) 先思后行：当发动机出现故障时，根据故障现象先进行故障分析，在清楚可能的故障原因后选择适当的程序和方法进行故障诊断操作，以防止故障诊断操作的盲目性。尤其是对故障原因比较复杂的故障现象，"先思后行"既可避免对无关部位做无效的检查，又不会漏检有关的故障部位，达到准确、迅速排除故障的目的。

2) 先外后内：在选择故障诊断程序和操作次序时，先对发动机电子控制系统以外的故障原因进行检查，然后对电子控制系统进行诊断操作，以避免费时费力去检查发动机电子控制系统，而不能及时找到真正的故障原因。

3) 故障码优先：当故障自诊断系统监测到电子控制系统故障时，均会以故障码的形式储存故障信息，但并不是所有的故障都通过发动机故障警告灯报警，因此无论仪表板上的发动机故障警告灯是否亮起报警，在对发动机电子控制系统进行检查以前，均应先进行读取故障码操作，以便充分利用故障自诊断系统迅速而准确地排除故障。

4) 先简后繁：能以简单方法检查的可能故障部位优先检查。直观检查最为简单，一些看、摸、听、闻等方法可以确认的故障部位优先检查；需要用仪器、仪表或其他专用工具进行检测的部位，也应将较易检查的安排在前面，这样可使电控发动机的故障诊断变得较为简单。

5) 先熟后生：电控发动机的一些故障现象可能由多个故障原因引起，不同故障原因出现的概率是不同的，对常见的故障部位先进行检查，往往可迅速确定故障部位，省时省力。

6) 先备后用：电子控制系统元件性能是否良好、电路是否正常，通常以电压或电阻等参数值来判断。没有这些诊断参数，不了解检测的位置，往往会使电子控制系统的故障诊断变得很困难或根本无法进行。所谓先备后用就是在检修前，应准备好有关的诊断参数、检修资料或备件，以保证故障诊断的顺利进行。

五、实训操作

（一）实训操作注意事项

1) 遵守实验室规章制度，未经许可，不得擅自移动和拆卸仪器与设备。
2) 注意安全和教具完好性。
3) 严禁未经许可擅自扳动教具、设备的电器开关、点火开关和起动开关，以防发生危险。
4) 在教师允许和监控下，起动发动机时，需保证设备周围的人员安全，防止意外发生。
5) 未关闭点火开关时，严禁拔下各传感器及执行器接口，以免损坏 ECU。

（二）实训操作步骤

1. 发动机电子控制系统故障诊断的基本方法

电控发动机故障诊断按诊断故障所采用的手段，可分为直观诊断、利用自诊断系统诊断、简单仪表诊断和专用诊断仪表器诊断等。

(1) 人工直观诊断法　通过原地检查或道路试验，靠直接观察、感觉或借助简单的工具来确定发动机故障的部位和产生的原因。这种方法较适合于常见的和明显的机械性故障，诊断的速度和准确性主要取决于诊断人员的技术水平和工作经验。其基本方法可以归纳为六个字，即"问"、"看"、"听"、"嗅"、"摸"、"试"。

1)"问"：即询问驾驶人，也叫"问诊"。需要通过问诊掌握维修车辆的基本情况应包括车辆行驶里程、运行条件、以往修理情况、故障的产生时间和症状。这些信息对诊断分析故障有着非常重要的价值，必须认真听客户对故障现象的描述，尽管客户的描述可能曲解真实故障或不全面，也可能是自相矛盾的，但它有可能把握住问题关键。

最好的做法是：在倾听客户的初步意见之后，思索一下，进行一次初诊，随后询问一些有关的问题来帮助确定或否定初步诊断的结论，同时认真填写"客户调查表"。此表所含项目是电控发动机电控系统故障现象的真实记录，与诊断测试结果一起构成查找故障源的依据。客户调查表见表 22-1。

表 22-1　客户调查表

客户姓名		登记号	
		登记日期	
		车身代号	
接车日期		里程表读数	km
故障发生日期			
故障发生频次		□经常　□有时　□仅一次　□其他	
故障发生的条件	天气	□晴天　□阴天　□雨天　□雪天　□其他	
	气温	□炎热天　□热天　□冷天　□寒冷天（大约　　℃）	
	地点	□高速公路　□一般公路　□市内　□上坡 □下坡　□粗糙路面　□其他	
	发动机冷却液温度	□冷机　□暖机时　□暖机后　□任何温度　□其他	
	发动机工况	□起动　□起动后　□急速　□无负载 □行驶　（□匀速　□加速　□减速）□其他	
故障现象	发动机不能起动	□不能起动　□无起动征兆　□有起动征兆	
	起动困难	□起动时运转转速低　□其他	
	急速不良	□急速不稳　□急速高　□急速低　□急速粗暴　□其他	
	动力不足	□加速迟缓　□回火　□放炮　□喘振　□敲缸　□其他	
	发动机熄火	□起动后立即熄火　□踩加速踏板后　□松加速踏板后　□空调工作时　□挂档时　□其他	
	其他		
	故障指灯状态	□常亮　□有时亮　□不亮	

2)"看":即察看发动机工作状况,如排气颜色、润滑油状况、外部附件和线束连接状况,是否有漏油、漏水、漏气情况等。

3)"听":异响是发生故障和产生事故的前兆,必须认真对待。通过监听发动机各部位的工作响声,与正常响声进行比较来判断该部位的工作响声是否为异响。

4)"嗅":在发动机工作时如有异味发出,如浓烈的汽油味、焦臭味,必须仔细检查产生味源的部位。

5)"摸":通过手摸感觉有关工作部位的温度和振动来判断该部位工作是否正常,但应注意严格按安全操作规定进行。

6)"试":即通过试车对发动机整体的技术状况进行测试,从而可以更直观地了解故障发生的条件和症状。

(2)利用随车故障自诊断系统诊断 利用故障自诊断系统调取发动机电控系统的有关故障码,然后根据故障码表的故障提示找出故障所在。随车自诊断系统通常只能提供与电控系统有关的电气装置或线路故障,只能做出初步的诊断,具体故障原因还需要通过直接诊断和用简单仪器进行深入诊断。

(3)利用简单仪表诊断 就是利用以万用表和示波器为主的通用仪表,对电控发动机故障进行诊断。因为电控系统的各部件均有一定的电阻值范围,工作时有输出电压信号范围和输出脉冲波形,因此用万用表测量元件的电阻或输出电压,用示波器测试元件工作时的输出电压波形,用万用表测量导通性等可判断元器件或线路是否正常。

(4)利用专用诊断仪器诊断 专用诊断仪器有电控发动机故障分析仪、发动机ECU综合分析仪,其中发动机ECU分析仪所占比例最大,诊断效果最好。

这些专用诊断仪器大多数为带有微处理器的电子计算机系统,对汽车故障的诊断十分有效。

2. 电控发动机常见故障诊断程序

1)不能起动时,诊断程序如下:

```
                    电控燃油喷射发动机不能起动
                                │
                    按规定程序调取故障码
                    ┌───────────┴───────────┐
          无故障码,检查高压火花      有故障码,按故障码诊断故障
                    │
        ┌───────────┴───────────┐
  火花正常,发动机起动时有无着火征兆   无火花或火花弱,点火系统故障
        │
  ┌─────┴─────┐                  ┌─────┴─────┐
有,检查空气滤清器滤芯              无,检查燃油泵是否工作
  ┌─────┴─────┐                  ┌─────┴─────┐
脏污,空气   正常,检查进气      工作,检查喷   不工作,燃油泵
滤清器故障   管是否漏气         油器是否工作   或其电路故障
              ┌─────┴─────┐      ┌─────┴─────┐
        无漏火,检查   进气管漏气故障  工作,检查燃油  不工作,喷油器或
        火花塞跳火情况                 系统压力        其电路故障
        ┌─────┴─────┐                  ┌─────┴─────┐
    不正常,火   正常,检查燃油      正常,气缸    不正常,燃油泵、
    花塞故障   系统压力            压缩压力过    燃油压力调节器或
                                    低            燃油滤清器故障
              ┌─────┴─────┐
        不正常,燃油   正常,检查空气流量
        供给系统故障   传感器,冷却液温度
                      传感器,冷起动喷油器
                      ┌─────┴─────┐
              不正常,空气流量计、冷却液    正常,发动机机械故障或ECU故障
              温度传感器或冷起动喷油器故障
```

2）起动困难时，诊断程序如下：

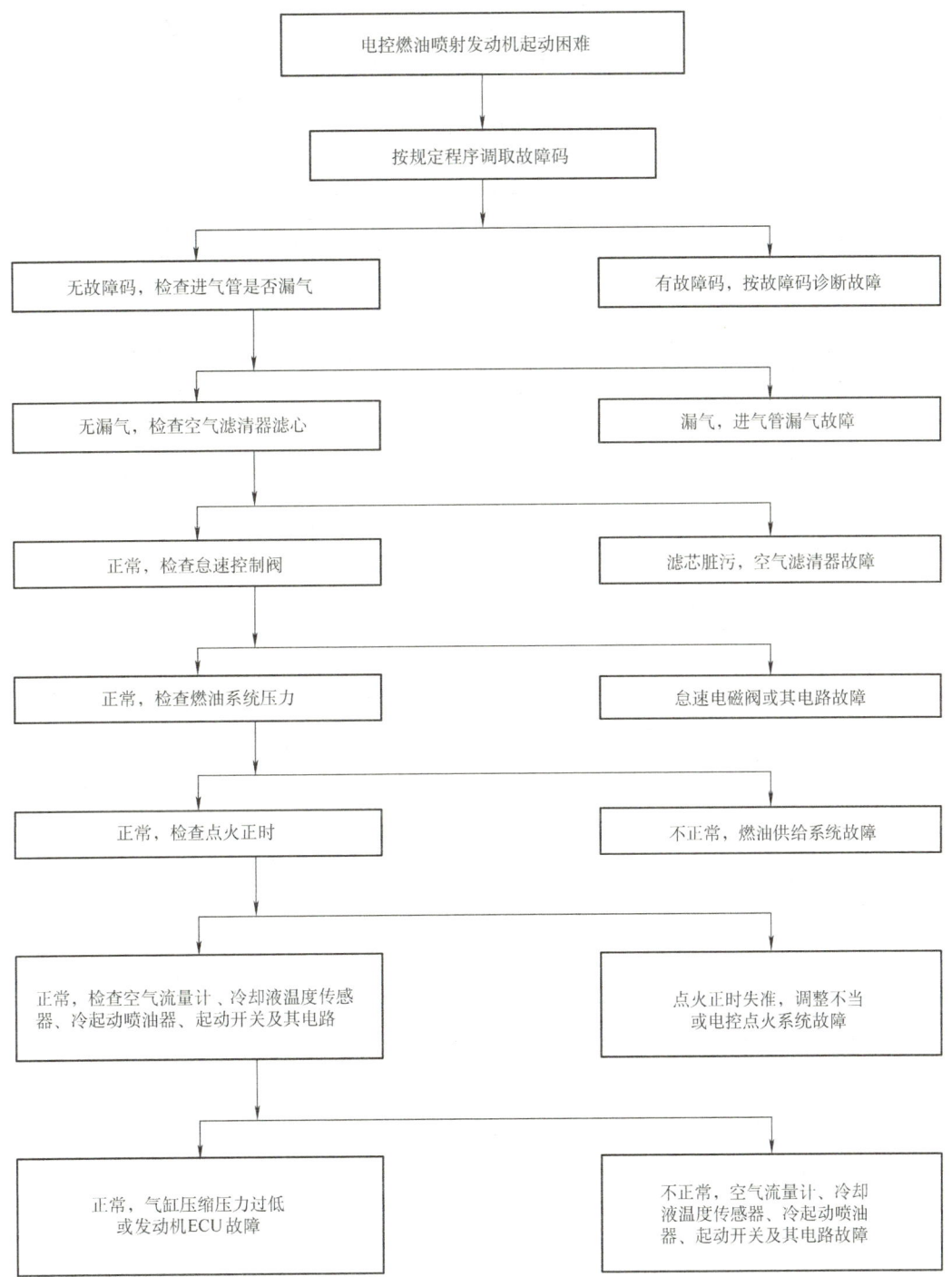

3）怠速过高时，诊断程序如下：

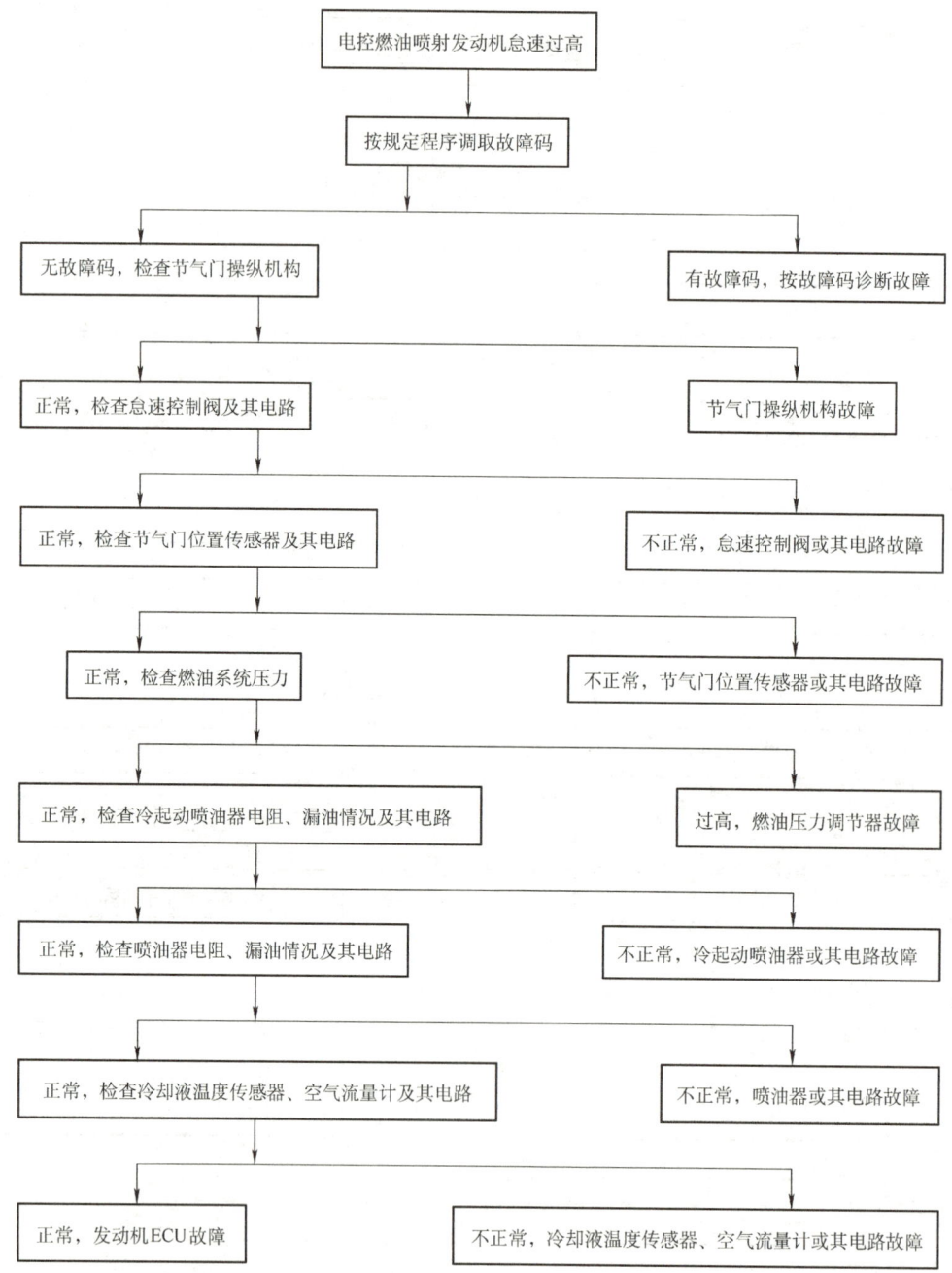

4）怠速不稳时，诊断程序如下：

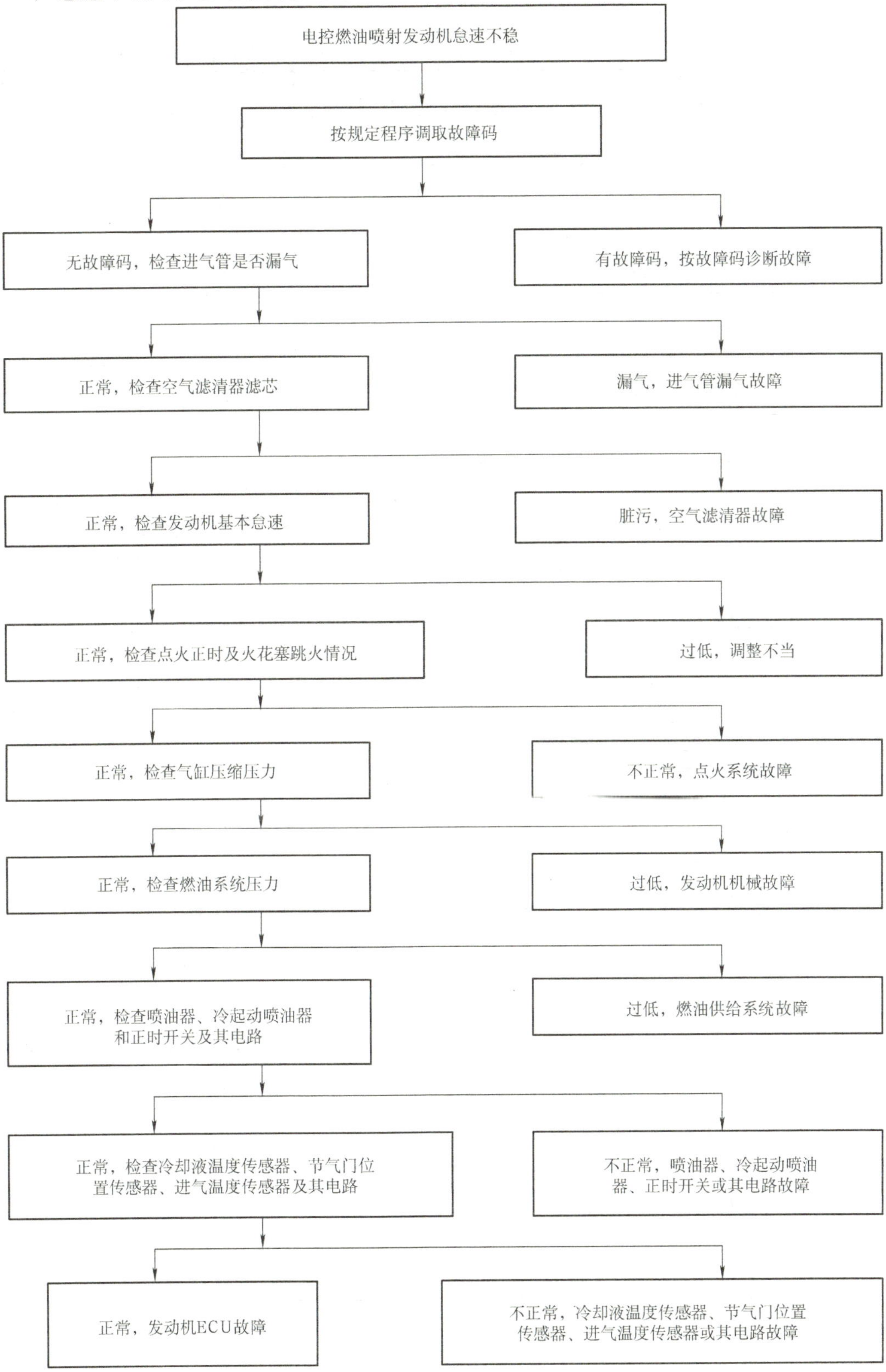

```
                电控燃油喷射发动机怠速不稳
                          ↓
                 按规定程序调取故障码
                   ↓              ↓
        无故障码，检查进气管是否漏气   有故障码，按故障码诊断故障
            ↓              ↓
    正常，检查空气滤清器滤芯    漏气，进气管漏气故障
        ↓              ↓
    正常，检查发动机基本怠速    脏污，空气滤清器故障
        ↓              ↓
正常，检查点火正时及火花塞跳火情况   过低，调整不当
        ↓              ↓
    正常，检查气缸压缩压力      不正常，点火系统故障
        ↓              ↓
    正常，检查燃油系统压力      过低，发动机机械故障
        ↓              ↓
正常，检查喷油器、冷起动喷油器     过低，燃油供给系统故障
  和正时开关及其电路
        ↓              ↓
正常，检查冷却液温度传感器、节气门位   不正常，喷油器、冷起动喷油
  置传感器、进气温度传感器及其电路    器、正时开关或其电路故障
        ↓              ↓
   正常，发动机ECU故障        不正常，冷却液温度传感器、节气门位置
                           传感器、进气温度传感器或其电路故障
```

5）加速不良时，诊断程序如下：

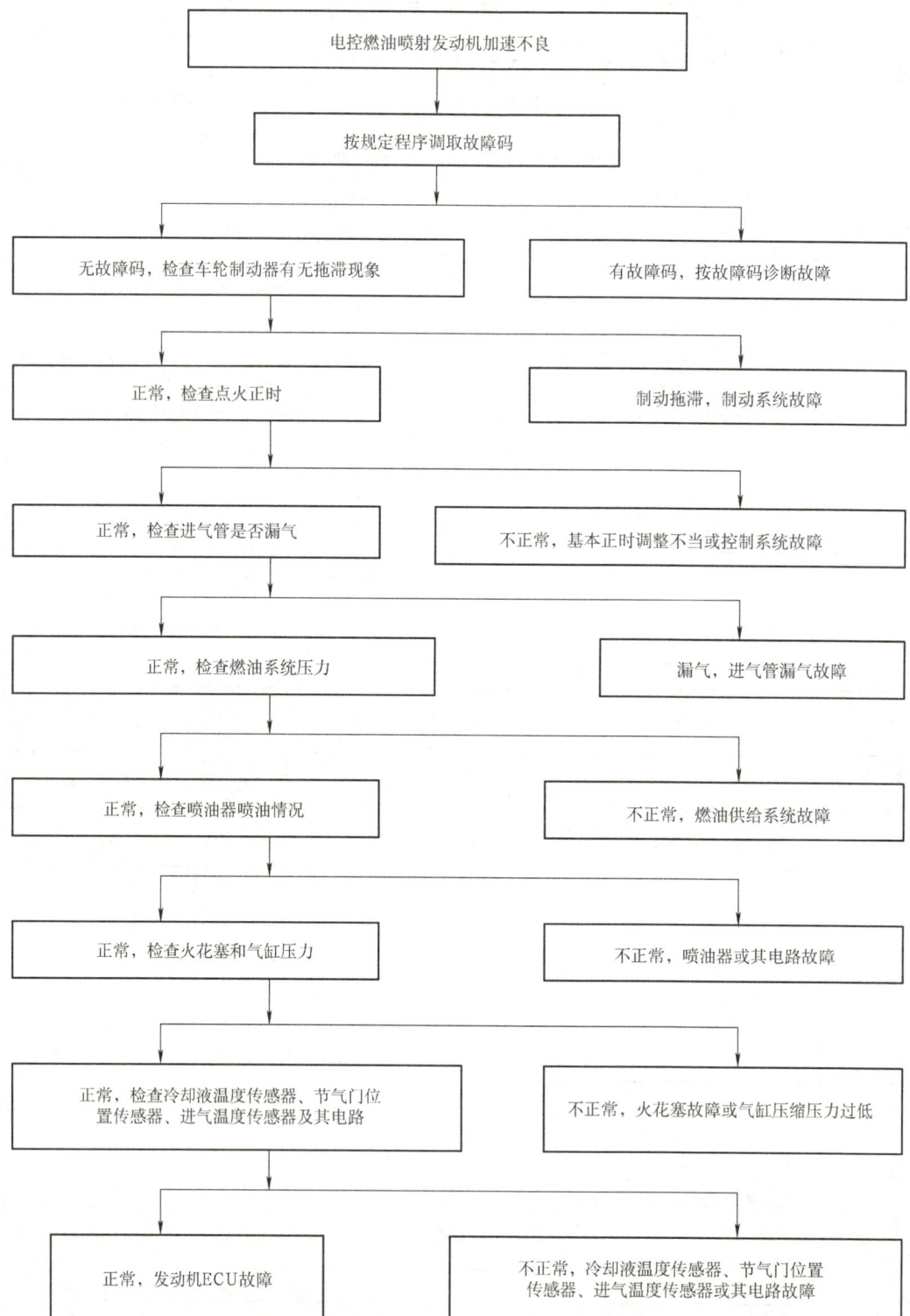

项目二十二
排除发动机电子控制系统故障的思路与方法

6）混合气过稀时，诊断程序如下：

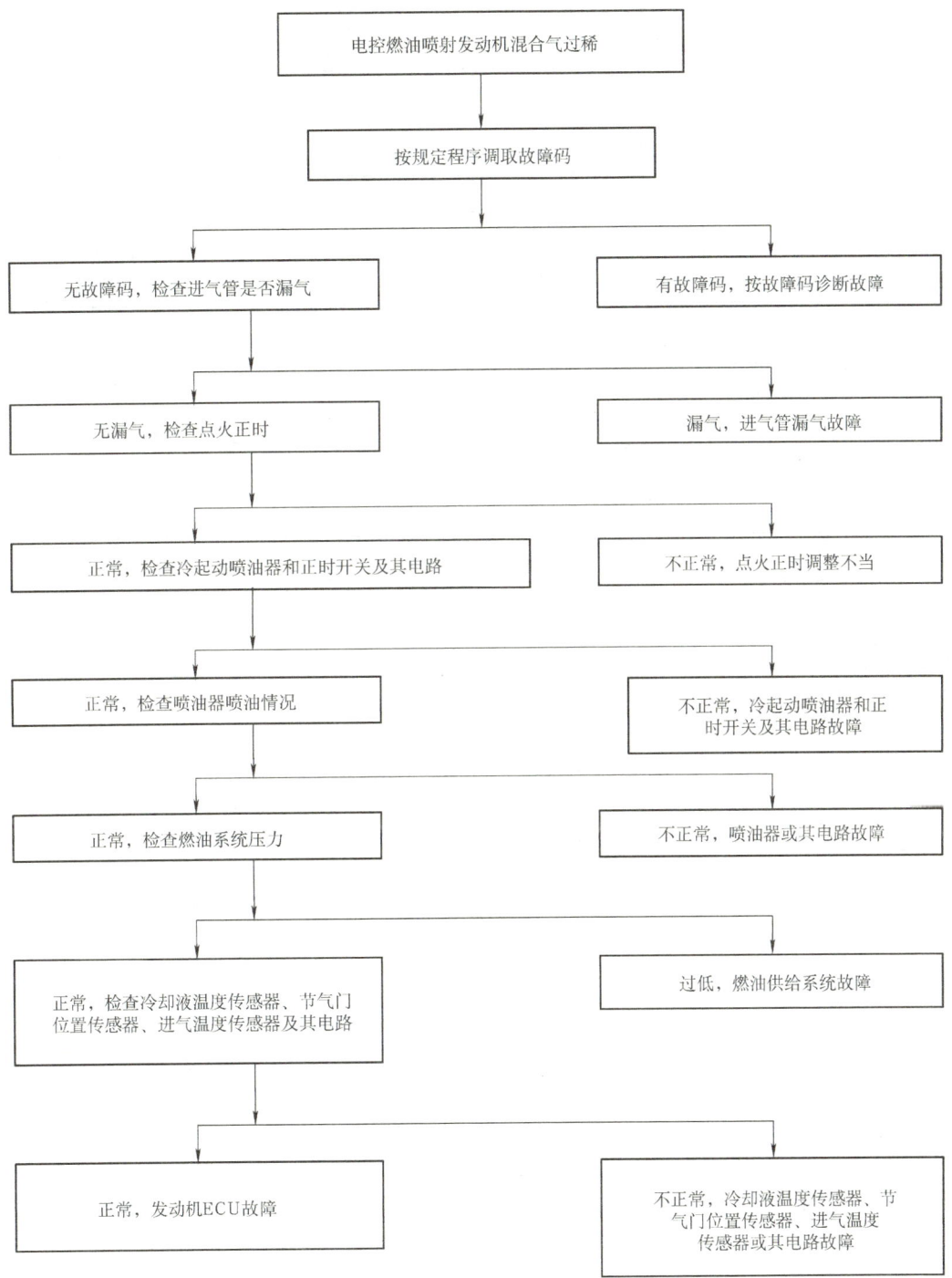

7）混合气过浓时，诊断程序如下：

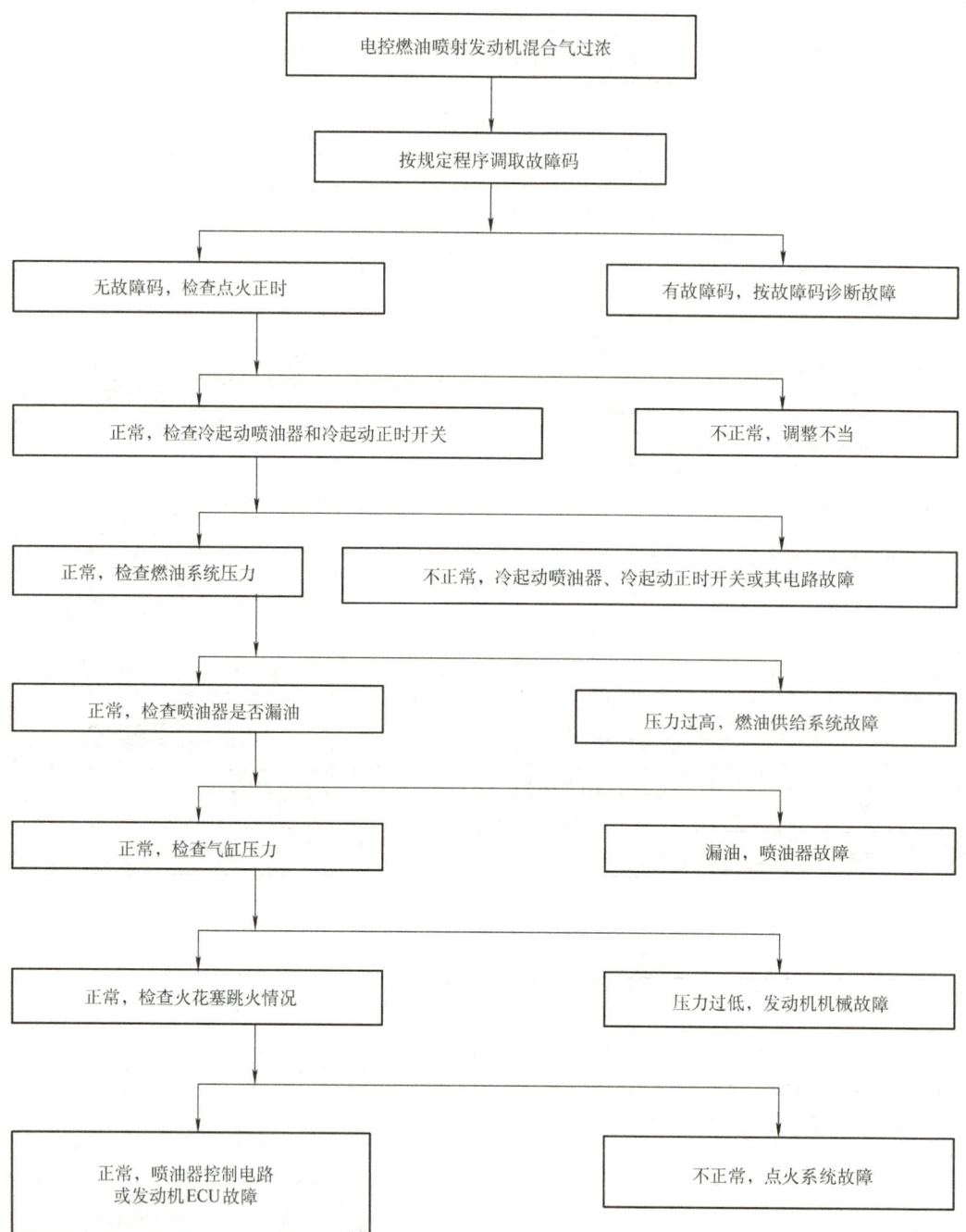

8）起动失速时，诊断程序如下：

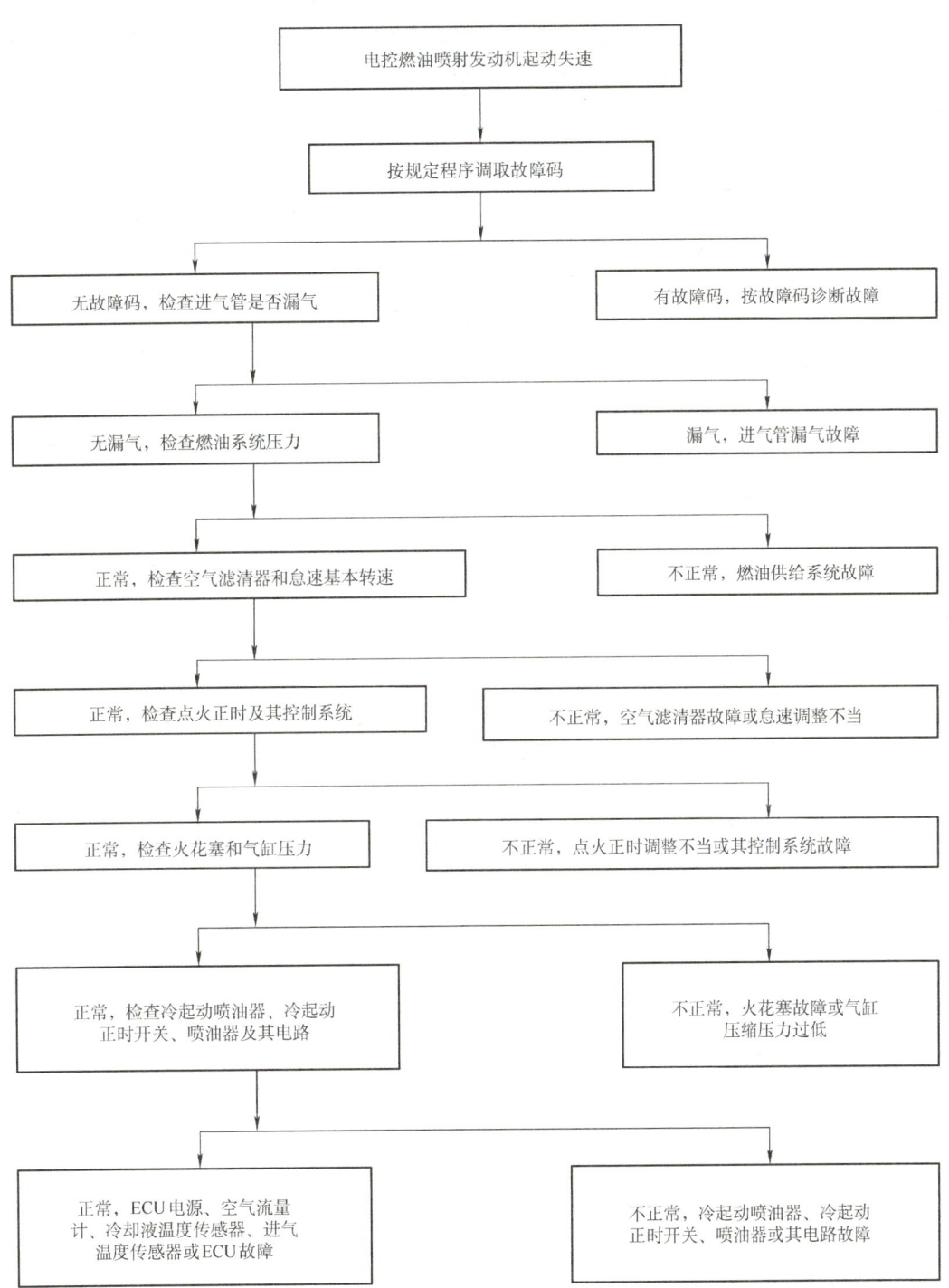

3. 基本检查

基本检查是在对电控系统故障维修之前对汽车基本情况进行的检查。针对电子控制发动机的基本检查主要包括基本怠速检查、基本点火正时的检查和燃油压力的检查等。在进行基本检查时，必须使发动机冷却液温度达到正常的工作温度（80℃以上），同时关闭车上所有附加电器装置，如空调、除霜装置等，并且在冷却风扇未动作时进行检查调整，以免风扇动作的电源消耗影响检查的准确性。有时候为了获取冷车时的数据，也可在冷车时做一些基本检查。基本检查的诊断程序如下：

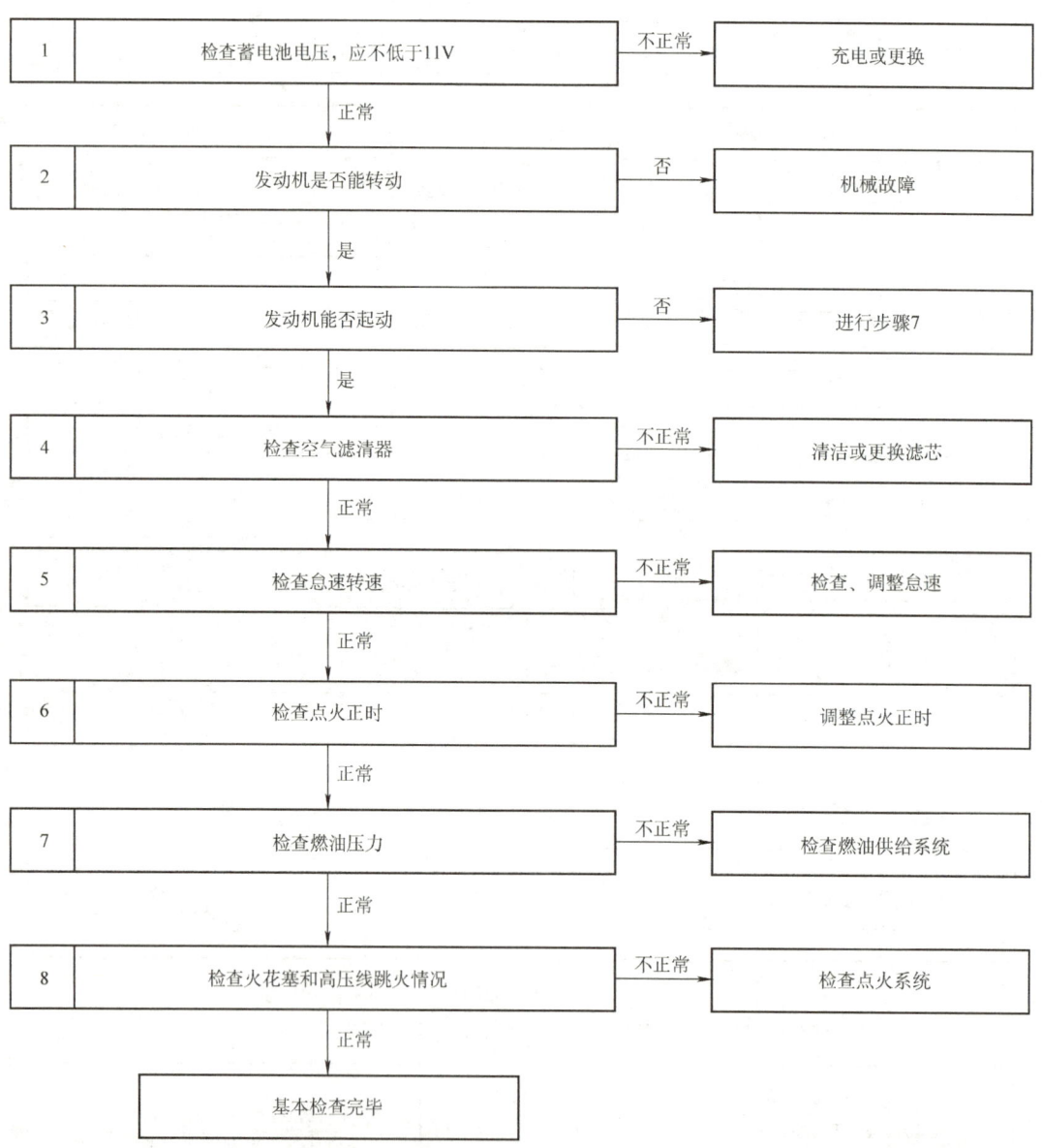

4. 故障诊断表

在对发动机电子控制系统进行故障诊断时，通过基本检查无法查明故障原因时，可根据故障现象按发动机原厂资料提供的故障诊断表进行检查。表22-2和表22-3分别为L型电控燃油喷射发动机故障诊断表和D型电控燃油喷射发动机故障诊断表。

表22-2　L型电控燃油喷射发动机故障诊断表

故障点 \ 故障现象	不能起动			起动困难				急速不良				性能不良				失速				
	曲轴不能转动	无着火征兆	燃烧不良	发动机转动缓慢	常温下起动困难	冷起动困难	热起动困难	基本急速转速不正确	急速过高	急速过低	急速不稳	发动机加速不良	进气管回火	进气管放炮	爆燃	起动后失速	踩下节气门踏板后失速	松开节气门踏板后失速	空调工作时失速	由N位挂入D位时失速
开关状态信号电源								1	1	3	1	1				1				
点火信号电路		2	5			13							7	6						
氧传感器电路											18									
冷却液温度传感器电路				9	11	9	10				9	17	4	7		6				
进气温度传感器电路					14	10	11						5	8						
空气流量计电路								7	3	2		10				2	2			
节气门位置传感器电路												7	9							
起动机信号电路					1	1	1					6								
爆燃传感器电路															2					
空档起动开关电路								5	4											1
起动系统	1																			
EFI主继电器电源	3	1						4												
备用电源电路								6	8	13										
喷油器电路		6	6		8	4	5			6	4	3	9	5	4	1				
冷起动喷油器电路			11		12	8	7					16								
急速控制阀电路		5	7		2	2	2	2	2	1	2					3			1	2
燃油泵控制电路		3	10		3	3	4		5	9	4	8	11			1				
燃油压力控制电路						3														
EGR系统控制电路					10	12				10	5		2			5				
可变电阻器电阻									6	5	3	6								
A/C信号电路					2				3	2									3	2
燃油质量						9	13					15					1	5		
进气管漏气				1			14					14	11	1				4		
空档起动开关电路																				
点火线圈					2	1	4	5	6			10	7	2						
分电器					3		5	6	8			11	8							
火花塞			4	4		6	7	9				12	9	4	3					
节气门操纵装置												12								
气缸压缩压力				8		7						8								
制动系统故障（发咬）												13								
变速器故障												10								
防盗ECU	2																			
发动机机械或其他故障		7	12		3	15						19	14	10	12	6				
发动机控制ECU	8	13			16	11	15	3	7	11	20	15	11	13	7				4	3

表22-3 D型电控燃油喷射发动机故障诊断表

故障现象 检查顺序 故障点	不能起动			起动困难				急速不良				性能不良				失速				
	曲轴不能转动	无着火征兆	燃烧不良	发动机转动缓慢	常温下起动困难	冷起动困难	热起动困难	基本急速转速不正确	急速过高	急速过低	急速不稳	发动机加速不良	进气管回火	进气管放炮	爆燃	起动后失速	踩下节气门踏板后失速	松开节气门踏板后失速	空调工作时失速	由N位挂入D位时失速
开关状态信号电源					9															
点火信号电路	2	5			10							12								
冷却液温度传感器电路				4	4	1	1	2	2	1	2	9	1	1		7				
进气温度传感器电路					11	5	4			5		10	4	5						
绝对压力传感器电路	5	1							3	10	8	3	3			6	1	2		
节气门位置传感器电路									6			7	2	4			2			
起动机信号电路					2															
爆燃传感器电路															1					
空档起动开关电路								8												1
A/C信号电路					2					7									1	
燃油压力调节器				3	5	6	5				5	11	5	2		2	4			
燃油泵控制电路	4	8			6	7	6				6	12	6			3				
燃油管路					7	8	7				7	13				4	5			
喷油器及其电路	6	6			13	9	8		9	4	11	14	8	6		8	6			
急速控制阀电路	8	2			3	4	4	3	3	2	8					5				
EFI主继电器电源	3																1	2	2	
节气门减速缓冲器									4	4										
燃油切断系统																				
燃油质量	7				1	3	2			1	3					2	1			
起动机继电器	1																			
空档起动开关	3																			
起动机	2				1															
火花塞		1			2					3	4				3					
分电器					12						4	5								
节气门操纵装置																				
冷却风扇系统															4					
制动系统故障（发咬）												2								
变速器故障												1								
气缸压缩压力	9	7			8							9	6							
发动机控制ECU	10	9		14	10	9		5	10	5	13	15	9	9	7	5	9	7	3	3

根据电控发动机常见故障诊断程序中的所述步骤，按步骤逐步进行，在实践教学环节中主要让学生掌握根据上一步的诊断结果，确定下一步的工作方向。

六、考核要点与评分标准

1. 考核要求

熟练掌握发动机故障诊断的操作步骤及方法。

2. 考核时间

考核时间：30min。

3. 考核评分

凸轮轴位置传感器的检测考核要点与评分标准见表22-4。

表22-4 凸轮轴位置传感器的检测考核要点与评分标准

序号	考核要点	配分	评分标准	考核记录	得分
1	遵守安全操作规程	10	违反安全规则记为0分		
2	仪器使用	10	不正确扣10分		
3	常见故障的诊断和排除	60	诊断方法不正确扣20分		
			操作步骤不正确扣20分		
			故障未排除扣20分		
4	规范作业情况	10	每次扣5分，扣完为止		
5	整理工具，清理现场	10	保持实习现场秩序和卫生，保证人身及设备的安全，违规一次扣5分		
	实习态度和纪律				
6	分数合计	100			

七、思考题

1. 什么是故障诊断？
2. 故障诊断的方法有哪些？
3. 故障诊断的原则是什么？
4. 简述发动机不能起动的诊断操作步骤。
5. 基本检查项目包括哪些？

项目二十三 排除发动机电子控制系统综合故障的训练

一、教学目的

1) 熟悉在故障试验台上设置故障的方法。
2) 掌握发动机控制系统综合故障的排除。

二、教学设备、工具及量具

1) 工具：常用工具1套，专用或通用解码器。
2) 设备：桑塔纳AJR电喷发动机实验台1台，根据学校现有教学设备准备各车系汽车整车或电控发动机台架及相应的维修手册。

三、课时

实训课时安排6课时。

四、相关基础知识

AJR发动机台架采用上海大众汽车公司出品的时代超人所用AJR发动机为台架的主要机械部分，其电控系统采用德国博世（Bosch）公司先进的Motronic3.8.2电子控制多点汽油顺序喷射系统，整个台架包括AJR发动机总成、发动机线束、仪表线束、发动机ECU、防盗ECU、散热器、进气装置、排气装置、蓄电池、汽油箱、仪表、显示检测面板、故障设置面板及可移动台架等组成。该台架能设置发动机故障42个，共有检测点93个，能演示发动机正常运转情况，出现电路故障时的运行情况，可供学生进行电控系统的元件检测、线路检测、读取发动机ECU故障码、消除故障码、读数据流、防盗匹配、节气门匹配、故障分析等，可训练学生实际动手排除发动机故障的能力。该台架结构紧凑，操作方便，安全可靠，教学直观，是汽车电控系统教学中不可缺少的设备。发动机台架参数见表23-1，执行器连接表见表23-2，故障设置表见表23-3。

表23-1 AJR发动机台架主要参数

发动机	4缸2气门电子控制多点喷射汽油机
排量/L	1.781
压缩比	9.3:1

项目二十三
排除发动机电子控制系统综合故障的训练

（续）

缸径/行程/（mm/mm）	81/86.4
最大功率/（kW/转/分）	74/5400
最大转矩/（N·m/转/分）	155/3800
油箱容积/L	25
润滑液量/L	3
防冻液量/L	6
电控系统	Motronic3.8.2电子控制多点汽油顺序喷射系统
故障设置数目	42个
电压检测点	93个
台架尺寸/（mm/mm/mm）	1330×910×1570
设备重量/kg	230

表23-2　ECU与传感器执行器连接表

ECU接脚编号	连接传感器执行器名称及接脚	说　　明
01	接至熔丝盒D2脚	ECU点火开关供电端子12V
02	接线束搭铁位置①	ECU搭铁端子
03	接至熔丝盒P3脚	ECU常供电12V
04	接至熔丝盒D13脚	燃油泵控制端子
06	接发动机转速表	用于仪表显示发动机转速
11	至空气质量计（G70）4脚	空气质量计5V供电
12	至空气质量计（G70）3脚	空气质量计通过ECU搭铁
13	至空气质量计（G70）5脚	空气质量计反馈信号
15	至活性炭罐电磁阀（N80）2脚	活性炭罐电磁阀控制
19	至防盗ECU	接K线
25	至氧传感器（G39）3脚	氧传感器信号
26	至氧传感器（G39）4脚	氧传感器信号
27	至氧传感器（G39）2脚	氧传感器加热控制
53	至冷却液温度传感器（G62）3脚	冷却液温度信号
54	至进气温度传感器（G72）1脚	进气温度信号
56	至发动机转速传感器（G28）3脚	转速信号
58	至3缸喷油器（N32）2脚	3缸喷油器控制
59	节气门控制部件（J338）2脚	至节气门定位器（V60）
60	至爆燃传感器（G66）1脚	3、4缸爆燃信号
62	传感器共用5V供电	5V供电
63	至发动机转速传感器（G28）2脚	转速信号
65	至4缸喷油器（N33）2脚	4缸喷油器控制
66	节气门控制部件（J338）1脚	至节气门定位器（V60）
67	传感器共用搭铁	搭铁
68	至爆燃传感器（G61）1脚	1、2缸爆燃信号
69	节气门控制部件（J338）3脚	至急速开关（F60）急速开关信号

(续)

ECU 接脚编号	连接传感器执行器名称及接脚	说 明
71	至点火线圈（N152）1 脚	1、4 缸点火信号
73	至 1 缸喷油器（N30）2 脚	1 缸喷油器控制
74	节气门控制部件（J338）8 脚	至节气门定位电位计（G88）
75	节气门控制部件（J338）5 脚	至节气门电位计（G69）
76	至霍尔传感器（G40）2 脚	凸轮轴位置信号
78	至点火线圈（N152）3 脚	2、3 缸点火信号
80	至 2 缸喷油器（N30）2 脚	2 缸喷油器控制

表 23-3　故障设置表

故障设置编号	故障设置按钮名称
1	节气门控制器 5V 参考电压故障
2	节气门控制器校正信号故障
3	节气门控制器电位计反馈信号故障
4	节气门控制器定位计反馈信号故障
5	怠速节点开关故障
6	怠速电动机"＋"控制故障
7	怠速电动机"－"控制故障
8	进气温度传感器反馈信号故障
9	进气温度传感器校正信号故障
10	冷却液温度传感器反馈信号故障
11	冷却液温度传感器校正信号故障
12	冷却液温度表信号故障
13	空气流量计 12V 工作电压故障
14	空气流量计反馈信号故障
15	空气流量计 5V 参考故障
16	空气流量计校正信号故障
17	霍尔传感器 5V 参考电压故障
18	霍尔传感器反馈信号故障
19	霍尔传感器校正信号故障
20	氧传感器反馈信号故障
21	氧传感器校正信号故障
22	发动机转速信号（转速表）故障

（续）

故障设置编号	故障设置按钮名称
23	诊断/防盗电路故障
24	ECU 搭铁故障
25	ECU 常供电源故障
26	活性炭罐电磁阀控制故障
27	执行器共用供电电源故障
28	点火开关供 ECU 电源故障
29	点火信号 1 输入故障
30	点火信号 2 输入故障
31	传感器共用 5V 参考故障
32	燃油表信号故障
33	喷油器共用供电电源故障
34	1 缸喷油器控制故障
35	2 缸喷油器控制故障
36	3 缸喷油器控制故障
37	4 缸喷油器控制故障
38	燃油泵继电器控制故障
39	燃油泵供电电源故障
40	燃油泵接地故障
41	防盗电控单元接地故障
42	防盗控制器电源故障

发动机系统电路原理图如图 23-1、图 23-2 所示（见书后插页）。

1. 台架使用前的准备工作与使用中的相关基础知识

1）实训台应安装在具有发动机尾气排放装置的场所，并置有消防器材备用。

2）安装场地应平整结实。

3）使用滚轮移动台架后，应将转向轮制动以免滑移。

4）演示场所禁止吸烟和明火作业。

5）发动机运转前应查看润滑油、冷却液、蓄电池的液面高度是否满足要求，若不足时，应进行补充后再运转发动机。

6）每运转 125h 或 4 个月时应更换发动机润滑油、机油滤清器一次，并清洁空气滤清器一次。

7）运转中应随时检查润滑油油压、冷却液温度、充电状态以及是否有油、水、电、气的泄露和机体异响，出现故障时应立即停机检修。

8）要尽量避免长时间怠速或高速运转。

9）操作时，应注意与旋转部件、高温元件保持一定距离以免发生事故。

10）操作时，应遵循电控系统要求，严禁运行中拔、接插头，测量时务必使用高阻抗电表。

11）汽油箱油位警告灯亮时，必须及时加油以免烧坏汽油泵。

12）本机熄火前，应让发动机进入怠速状态5s后才可熄火。

13）超过十天不使用本机时，务必断开蓄电池负极接线。

14）发动机不工作时，点火开关接通不得超过10min。

15）严格按照规定，使用符合要求的汽油、润滑油、冷却液。

16）移动台架应尽量推动机架主体（尽可能不要推动防护栏）。

2. 发动机台架的运转及显示功能

1）接通操作显示面板上的点火开关后，组合仪表灯、机油警告灯、蓄电池充电指示灯、防盗灯亮，同时显示蓄电池电压值。若冷却液不足，则冷却液位灯也同时亮。只有在添加冷却液且其灯熄灭后才可进行下一步操作。

2）旋转点火开关至起动档位，起动机运转（最长可延续5s），发动机运转后应立即松开钥匙（蓄电池电压值低于11V时，需充电或检查蓄电池）。

3）发动机运转正常时，防盗灯应熄灭（否则，发动机可能无法起动或运转不正常），机油警告灯、蓄电池充电指示灯应同时熄灭。

4）发动机若在冷机下运转，则进入快怠速运转工况，操作显示面板上的相关仪表显示：发动机转速在1000r/min以上，真空压力显示为0.06MPa，燃油压力显示为0.27MPa左右，蓄电池电压表应显示为13.5V以上，发动机开始热机。

5）当冷却液温度表显示温度为70~80℃时，发动机热机结束，此时怠速降到800r/min左右，发动机进入怠速工况。真空压力显示为0.06MPa左右，燃油压力显示为0.27MPa左右，若显示温度超过90℃，散热器风扇开始运转进行强制冷却，蓄电池电压表应显示为13.5V以上。

6）轻踏加速踏板，操作显示面板上的相关仪表显示发动机转速为1500~2500r/min，此时发动机进入中速工况。真空压力显示略有增加，燃油压力显示为0.27MPa以上，蓄电池电压表应显示为13.8V以上。

7）加大节气门开度，操作显示面板上的相关仪表显示发动机转速为2500~4000r/min，此时发动机进入高速工况。燃油压力显示为0.27MPa以上，真空压力显示为0.065MPa，蓄电池电压表应显示为13.8V以上。

8）把加速踏板从原始状态迅速踏下，操作显示面板上的相关仪表显示发动机转速从800r/min瞬间增至3000r/min以上，此时发动机进入的是急加速工况。真空压力显示瞬间归零，然后骤升至0.08MPa，随后回至0.06MPa，燃油压力显示从0.27MPa升至0.3MPa。

3. 故障设置与排除相关基础知识：

本台架的故障设置简单易操作，但在设置故障时，一定要注意关闭点火开关，防止在设置故障的瞬间造成ECU及其他电控元件的损坏。故障设置时，只需将故障设置面板上的故障设置按钮由接通状态变成断路状态即可。台架可以设置单个故障42个。也可以设置复杂故障数个。42个单个故障可以组合在一起任意设置，但考虑到实际在车上这样发生故障的可能性几乎为零，所以本台架一次故障设置最多不超过3个单个故障。

电控汽油喷射式发动机出现故障大部分是由于使用不当造成的，故障排除应遵循发动机故障排除的相关基础知识：

1）操作员应了解电控系统各主要元件所在位置。

2）掌握仪表盘上各开关、显示灯、仪表等的作用和功能，弄清仪表盘上的英文缩写的含义。

3）熟练掌握操作要领，避免误操作。

4）ECU 应防止电磁干扰。

5）检查线束是否有油污、潮湿、松动，保持清洁；插接器清洁、连接可靠。

6）蓄电池的极性不许接反，禁用外接电源起动发动机，以免电压过高损坏电控系统元件。

7）必须使用无铅汽油，定期更换燃油滤清器。

8）知道故障指示灯的工作情况。

9）不论发动机是否在运转，只要点火开关接通（ON），决不可断开任何 12V 电气工作装置。接通点火开关时，不允许拆开任何 12V 电器装置，防止电器装置中的线圈自感作用产生的瞬时电压损坏 ECU 或传感器。

10）当需要将装有电控发动机的汽车与其他任何车辆进行电源跨接起动时，必须首先关断电控汽车上的点火开关，才可进行跨接线的拆装。

11）在对装有电控系统的汽车进行电弧焊时，应断开 ECU 供电电源线，避免电弧焊接时的高压电造成 ECU 的损坏。

12）在靠近 ECU 或传感器的地方进行车身修理作业时，应特别小心，以免碰坏这些电子元件。

13）在拆卸电控系统各电线接头时，首先要关掉点火开关（OFF）并拆下蓄电池负极接线。如果仅检查电子控制系统，那么仅关掉点火开关（转到 OFF 位置）即可。

14）拆下蓄电池负极搭铁线后，ECU 内所储存的所有故障信息（代码）都会被清除掉，因此，如有必要，应在拆下蓄电池负极接线前，读取 ECU 内的故障信息。

15）在对蓄电池进行拆卸与安装时，务必使点火开关和其他用电设备开关均置于关断位置（OFF）。

16）切记电控汽车上所采用的供电系统均为负极搭铁，安装蓄电池时，要特别注意正、负极不可接反。

17）车上不宜装功率超过 8W 的无线电台，如必须装时，天线应尽量远离 ECU，否则，会损坏 ECU 中的电路和部件。

18）在装上或取下 PROM 时，操作人员应先使自已搭铁（接触车身），否则，身体上的静电会损坏 ECU 电路。

19）人体的静电放电可能产生很高的电压，因此，对 ECU 操作和数字式仪表进行检修作业或靠近这种仪表时，一定要带上接铁金属带，将其一头缠在手腕上，另一头夹在车身上。

20）拆开任何油路部分时，应首先对燃油系统进行卸压。检修油路系统时，千万不能吸烟，并要远离明火。

21）对电控系统进行检修时，应避免电控系统由于过载而损坏，为此还应注意以下几点：

① 不可用试灯对电控系统的传感器部分和电控单元进行检查（包括对其接线端子的检查）。

② 不能用指针式万用表检查电控系统部分的电阻，而应该用高阻抗的数字式万用表（10MΩ以上）或是电控系统专用检测仪表。

③ 坚决禁止用搭铁试火或拆线刮火的方法对电路进行检查。

22）切记不可用水冲洗电控单元和其他电子装置。当刮水器出现泄漏时，应及时进行维修，并注意ECU控制系统的保护，避免其因受潮而引起ECU电路板、电子元器件、集成电路和传感器的工作失常。

23）在一般情况下，不要打开ECU盖板，因为电控发动机上的故障是外部设备故障，ECU故障一般比较少，即使是ECU有故障，在没有检测手段（检测ECU工作的示波器、信号发生器等设备）的情况下，打开ECU盖板也不可能解决任何问题；相反，很可能因为操作不当而导致新的故障。在确认是ECU故障时，应由专业人员对其进行测试和维修，发动机发生故障时，忌盲目拆检。

24）在对发动机台架检修时，应防止将水溅到ECU及其线路上。

25）在拆下导线插接器时，要注意松开锁紧弹簧（卡环）或按下锁扣；在安装导线插接器时，应注意一定要插到底并锁好锁止器（锁卡）。

26）电控系统的线路故障主要是配线和插接器故障，在没有设置故障时，一般为导线折断、插接器接触不良、插接器端子被拔出或没有插到底或配线搭铁。

27）对AJR电控发动机，由于ECU主要是根据空气流量计测得的空气量来控制喷油器的喷油量的，因此进气系统不密封对电喷系统的不良影响要比化油器式发动机影响更大。特别要注意：发动机油量尺、润滑油加注口盖、乙烯塑料软管等的脱落会引起发动机运转不稳；当空气流量计与气缸盖之间的进气系统零件脱开、松动或裂开时，均会吸入空气并导致发动机运转不稳。

28）不可在缺油的状态下强行运转发动机，因为电动燃油泵是依靠流过燃油泵的燃油进行冷却的，缺油运转会使电动燃油泵因过热而烧毁，因此在对燃油泵（单体）进行通电试验时，时间也不宜过长。

29）不可在发动机运转时拔下任何传感器的导线插头（插接器），这样会使ECU中出现人为的故障码（假码的一种），影响维修人员正确地判断和排除故障。

30）橡胶密封件千万不要沾污汽油、润滑油。

31）在检查喷油器性能时，一定要清楚喷油器是高电阻型的还是低电阻型的。高电阻型的喷油器电阻一般有12~14Ω，可以直接接蓄电池电压来进行喷油器喷油性能试验。低电阻型的喷油器其电磁线圈的电阻一般只有2~3Ω，直接接蓄电池会因电流过大而烧坏喷油器，需采用专用插接器与蓄电池插接，若用普通导线，则需串联一个8~10Ω的电阻。AJR发动机属于高电阻型喷油器。

五、实训操作

1. 故障设置与排除

由于台架可设置故障较多，在此只以故障设置为点火线圈供电故障为例，其他故障设置与排除不再赘述。

在使用台架设置故障之前，应先确定台架工作是否正常，润滑油、燃油和防冻液不可缺，起动发动机时，发动机工作应正常。

关闭点火开关，将故障设置面板的故障设置按钮拨至断开位置，故障设置完毕。

故障诊断与排除的过程：首先起动发动机，发动机能转动，但不能正常发动，说明起动系统正常，发动机机械方面正常，不能正常起动运转的原因有点火系统故障、发动机机械故障、进气系统漏气、燃油系统阻塞、主继电器故障、喷油器线路断路、电动燃油泵不转、电线束或系统搭铁的连接松脱、ECU 有故障等。本着故障诊断的原则，先读取故障码，由于是点火器执行器故障，所以在本车型上 ECU 不记录故障码，在没有故障码的情况下，可先看有没有高压火，再试有没有油压等方法对此台架进行检测。起动起动机，测试高压火有没有，结果为没有高压火。

没有高压火的原因很多，例如点火线圈损坏、点火模块损坏、ECU 出现故障、供电及搭铁线路出故障等。用万用表在故障检测显示面板上测量 ECU 及点火模块的供电电压，经检测，点火线圈总成 T4/2 没有电压，熔丝盒 D23 电压为蓄电池电压，说明可能由熔丝盒 D23 到点火线圈总成 T4/2 脚出现断路，进一步用电阻档测量电路的导通性，点火线圈总成 T4/2 脚与熔丝盒 D23 脚断路，故障找到。

找到故障点后，由学生分析找出故障的正确思路和方法，故障排除由老师将故障设置按钮恢复原状。

2. AJR 型发动机电子控制汽油喷射系统故障码（表 23-4）

表 23-4　AJR 型发动机故障码表

故障码	故障内容	故障原因
00513	发动机转速传感器（G28）无信号	1）G28 线路断路或短路 2）G28 损坏
00515	霍尔传感器（G40）	1）G40 线路对正极断路或短路 2）G40 损坏
00518	节气门电位计（G69）	1）G69 线路对正极断路或短路 2）G69 损坏
00522	冷却液温度传感器（G62）	1）G62 线路断路 2）G62 损坏 3）G62 线路对地短路
00524	1 号爆燃传感器（1、2 缸）（G61）	1）G61 线路对地断路或短路 2）G61 损坏
00527	进气温度传感器（G72）	1）G72 线路断路 2）G72 损坏 3）G72 线路对地短路
00530	节气门定位计（G88）	1）G88 线路对正极断路或短路 2）G88 损坏
00540	2 号爆燃传感器（3、4 缸）（G66）	1）G66 线路对地断路或短路 2）G66 损坏
00553	空气流量计（G70）	1）G70 线路对地断路或短路 2）G70 损坏
00668	30 号端子电压过低	蓄电池电压低于 10.0V

（续）

故障码	故障内容	故障原因
01165	节气门控制组件（J338）基本设定错误	J338 与发动机 ECU 不匹配
01247	活性炭罐电磁阀（N80）	1）N80 线路对地断路或短路 2）N80 损坏
01249	1 缸喷油器（N30）	1）N30 线路对正极断路或短路 2）N30 损坏
01250	2 缸喷油器（N31）	1）N31 线路对正极断路或短路 2）N31 损坏
01251	3 缸喷油器（N32）	1）N32 线路对正极断路或短路 2）N32 损坏
01252	4 缸喷油器（N33）	1）N33 线路对正极断路或短路 2）N33 损坏

3. 线路的检测

关闭点火开关，从 ECU 上拔下插头，再拔下要检测的组件插头，检测其接线的电阻。检测时，为了避免损坏电子组件，要注意量程必须符合检测条件。检测项目见表 23-5。

表 23-5　线路的检测

检测步骤	检测项目		检测部位		额定值/Ω
			ECU 插座端子号	组件插座端子号	
1	至空气质量计（G70）		11	4	<0.5
			12	3	<0.5
			13	5	<0.5
2	节气门控制部件（J338）	至节气门定位器（V60）	66	1	<1
			59	2	<1
		至怠速开关（F60）	69	3	<0.5
		至节气门电位计（G69）	62	4	<0.5
		至怠速开关（F60）	75	5	<0.5
			67	7	<0.5
		至节气门定位电位计（G88）	74	8	<0.5
		怠速开关闭合	67 与 69		<1
		怠速开关打开	67 与 69		∞
3	至冷却液温度传感器（G62）		67	1	<1
			53	3	<0.5
4	至进气温度传感器（G72）		54	1	<0.5
			67	2	<1

（续）

检测步骤	检测项目	检测部位		额定值/Ω
		ECU 插座端子号	组件插座端子号	
5	至发动机转速传感器（G28）	发动机搭铁点	1	<0.5
		63	2	<0.5
		56	3	<0.5
		6	D26	<0.5
6	至氧传感器（G39）	熔丝530	1	通
		27	2	<20
		25	3	<1.5
		26	4	<1.5
7	至点火线圈（N152）	搭铁点	4	通
			2 与 D23	通
		78	3	<0.5
		71	1	<0.5
8	至霍尔传感器（G40）	62	1	<0.5
		76	2	<0.5
		67	3	<1
9	至活性炭罐电磁阀（N80）	15	2	<0.5
		熔丝530	1	通
10	至空调压缩机	8	压缩机电磁开关插头触点	<0.5
		10	空调（A/C）开关	<0.5
11	至车速传感器	20	3	<0.5
12	至爆燃传感器（G61）	68	1	<0.5
		67	2	<1
		2	3	<0.5
13	至爆燃传感器（G66）	60	1	<0.5
		67	2	<1
		2	3	<0.5
14	至1缸喷油器（N30）	73	2	<1.0
15	至2缸喷油器（N31）	80	2	<1.0
16	至3缸喷油器（N32）	58	2	<1.0
17	至4缸喷油器（N33）	65	2	<1.0

4. 组件的检测（接 ECU）

在进行各组件检测时，应首先检查蓄电池电压是否正常，汽油泵继电器、熔丝是否正常。其组件检测见表23-6。

表23-6 组件检测（接ECU）

检测步骤	检测项目	检测条件（附加操作）	检测部位	额定值
1	1~4缸喷油器电阻	关闭点火开关，拔下1~4缸喷油器插座	插座两端子	13~18Ω
2	1~4缸喷油器供电电压	喷油器插座端子1和喷油器熔丝间线路正常	插头端子1和发动机搭铁点	蓄电池电压
3	汽油泵继电器	关闭点火开关，从中央拔下汽油泵继电器，测2号位继电器上端子4和搭铁点		接近12V
4	氧传感器加热装置	关闭点火开关，拔下氧传感器4个端子的插头	插座端子1和2	1~5Ω（电阻随温度升高）
5	氧传感器输出电压	发动机正常工作，改变工况	插座端子3和4	0.1~0.3V与0.7~1.1V间变化
6	氧传感器供电电压	加热正常，打开点火开关	插头端子3和4	蓄电池电压
7	活性炭罐电磁阀（ACF阀）	关闭点火开关，拔下插头	插座两端子	22~30Ω
8	节气门电位计（G69）	关闭点火开关，拔下插座，再打开点火开关	插头端子5和7	约5V
9	节气门定位电位计（G88）	关闭点火开关，拔下插座，再打开点火开关	插头端子4和7	约5V
10	空气质量计（G70）供电电压	汽油泵继电器和熔丝正常	插头端子4和搭铁点	约5V
11	发动机转速传感器	关闭点火开关，拔下发动机转速传感器插头	插座端子2和3	480~1000Ω
12	发动机ECU供电电压	蓄电池电压高于11V，熔丝517正常，关闭点火开关打开点火开关	V.A.G1598/22测试盒端子3和2 V.A.G1598/22测试盒端子1和2	接近蓄电池电压
13	爆燃传感器输出电压	发动机运转	插座端子1和2	0.3~1.4V
14	霍尔传感器（G40）输出电压	拔下插座，打开点火开关	插座端子1和3	接近5V
15	霍尔传感器（G40）输入电压	拔下插座，打开点火开关	插头端子2和3	接近蓄电池电压

由辅导教师根据本台架所能设置的故障，任意设置故障1~3个，然后按故障诊断的思

路与方法所述演示故障的诊断方法。

六、考核要点与评分标准

1. 考核要求

要求学生全面系统地掌握发动机电子控制系统综合故障排除原则、思路与方法，达到具备实际排除发动机电子控制系统故障的能力。

2. 考核时间

考核时间：45min。

3. 考核评分

发动机电子控制系统综合故障排除训练考核要点与评分标准见表23-7。

表23-7 发动机电子控制系统综合故障排除训练考核要点与评分标准

序号	考核要点	配分	评分标准	考核记录	得分
1	仪器使用	10	不正确扣10分		
2	电控发动机线路的检测	20	检测不正确扣20分		
3	电控发动机组件的检测	20	检测不正确扣20分		
4	数据流的分析	10	错误一次扣5分		
5	故障的排除	30	排放方法不正确扣15分		
			故障未排除扣15分		
6	整理工具，清理现场 实习态度和纪律	10	保持实习现场秩序和卫生，保证人身及设备的安全，违规一次扣5分		
7	分数合计	100			

七、思考题

1. 发动机进入怠速工况后真空压力显示是多少？燃油压力显示是多少？
2. 对电控系统进行检修时，应避免电控系统由于过载而损坏，为此应注意哪几点？
3. 至少写出一个故障的排除过程，及排除过程中所测得的数据。
4. 为什么在点火开关接通（ON）时，决不可断开任何12V电气工作装置？
5. 发动机急加速工况时，真空压力和燃油压力的变化规律是什么？

参 考 文 献

[1] 董辉. 汽车用传感器 [M]. 北京：北京理工大学出版社. 2000.
[2] 张宝诚，等. 汽车电子技术与维修 [M]. 北京：国防工业出版社，1998.
[3] 王化祥. 传感器原理及应用 [M]. 2版. 天津：天津大学出版社，2003.
[4] 边焕鹤. 汽车电器与电子设备 [M]. 北京：人民交通出版社，1997.
[5] 赵琢. 汽车电控燃油喷射系统的运用与检修 [M]. 北京：人民交通出版社，1996.
[6] 姚国平. 桑塔纳2000/桑塔纳电气系统使用与维修. 北京：北京理工大学出版社，1999.
[7] 何渝生，石晓辉，等. 汽车电子技术及控制系统 [M]. 北京：国防工业出版社，1997.
[8] 秦明华. 汽车电器与电子技术 [M]. 北京：北京理工大学出版社，2003.
[9] 李明才，等. 汽车电工技术手册 [M]. 南京：江苏科学技术出版社，1997.
[10] 林平. 汽车电子控制汽油喷射系统结构原理检修 [M]. 福州：福建科学技术出版社，1996.
[11] 陈德宜. 新型汽车电子装置结构原理检修 [M]. 福州：福建科学技术出版社，1997.
[12] 藤沢英也·小林久德. 最新电控汽油喷射 [M]. 林学东，译. 北京：北京理工大学出版社，2000.
[13] 吉永棋，刘建国. 汽油喷射发动机的原理与检修 [M]. 重庆：重庆大学出版社，1996.

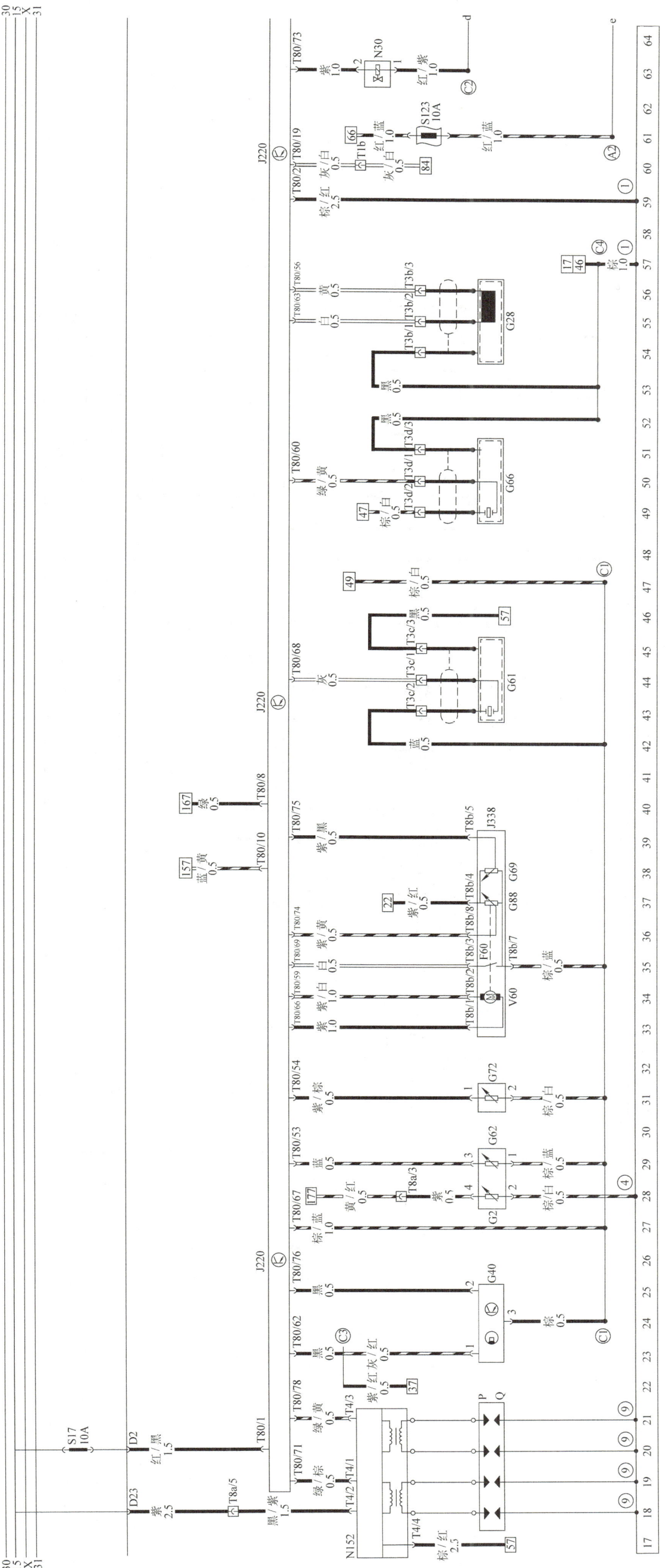

图 23-1 电路原理图 1

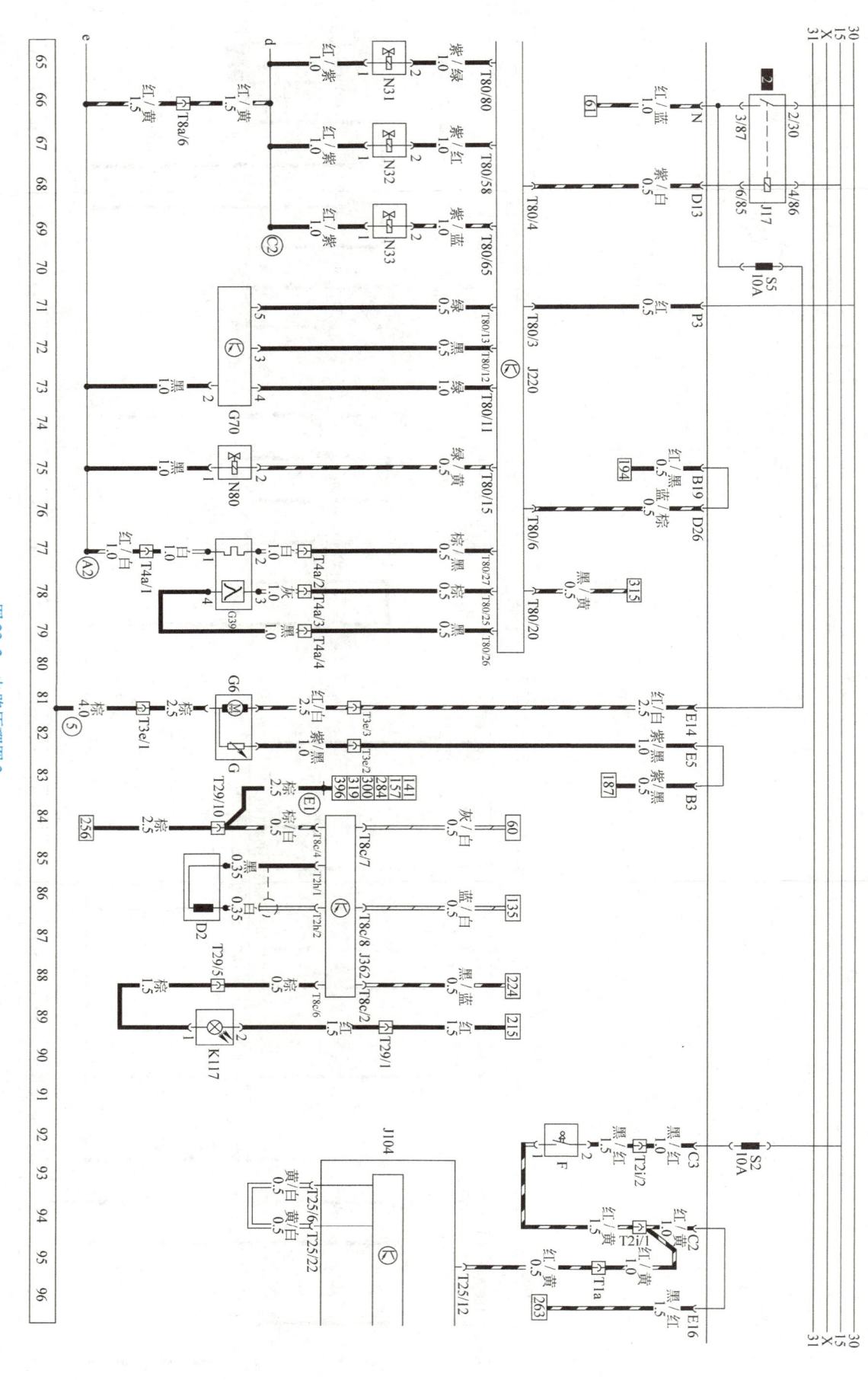

图 23-2 电路原理图 2